高等院校小学教师培养（初中起点）规划教材

小学数学课程与教学论

XIAOXUE SHUXUE
KECHENG YU JIAOXUELUN

胡重光◎主　编

杨高全　阎　颖◎副主编

北京师范大学出版集团
BEIJING NORMAL UNIVERSITY PUBLISHING GROUP
北京师范大学出版社

图书在版编目(CIP)数据

小学数学课程与教学论 / 胡重光主编 . 一北京：北京师范大
学出版社，2018.10(2025.1 重印)
高等院校小学教师培养(初中起点)规划教材
ISBN 978-7-303-24255-9

Ⅰ.①小… Ⅱ.①胡… Ⅲ.①小学数学课－教学理论－高等
学校－教材 Ⅳ.①G623.502

中国版本图书馆 CIP 数据核字(2018)第 247591 号

图书意见反馈　　gaozhifk@bnupg.com　010-58805079
营销中心电话　010-58802755　58800035
编辑部电话　010-58806160

出版发行：北京师范大学出版社　www.bnup.com
　　　　　北京市西城区新街口外大街 12-3 号
　　　　　邮政编码：100088
印　　刷：北京虎彩文化传播有限公司
经　　销：全国新华书店
开　　本：787 mm×1092 mm　1/16
印　　张：16.25
字　　数：307 千字
版　　次：2018 年 10 月第 1 版
印　　次：2025 年 1 月第 7 次印刷
定　　价：35.00 元

策划编辑：林　子　　　　　责任编辑：王玲玲
美术编辑：焦　丽　　　　　装帧设计：焦　丽
责任校对：李云虎　　　　　责任印制：马　洁

本册编写人员

主　　编　　胡重光

副 主 编　　杨高全　　阎　颖

编写人员　　曾玉华　　陈秀琼　　谢立红　　向正凡

序 一

顾明远[*]

百年大计，教育为本；教育大计，教师为本。

基础教育新课程改革的不断深化和素质教育的推进，对教师的能力和素质提出了更高的要求。而当前小学教师队伍特别是农村小学教师队伍，普遍存在着年龄老化、知识老化、学历偏低、数量不足、优质师资流失严重等问题，农村小学教师队伍建设面临严峻挑战。

党的二十大报告中明确指出，教育、科技、人才是全面建设社会主义现代化国家的基础性、战略性支撑。必须坚持科技是第一生产力、人才是第一资源、创新是第一动力，深入实施科教兴国战略、人才强国战略、创新驱动发展战略，开辟发展新领域新赛道，不断塑造发展新动能新优势。《国家中长期教育改革和发展规划纲要（2010—2020 年）》明确提出，要"加强教师教育，深化教师教育改革，创新培养模式""以农村教师为重点，提高中小学教师队伍整体素质。创新和完善农村教师补充机制。积极推进师范生免费教育，进一步完善制度政策，吸引更多优秀人才从教"。

为加强小学教师队伍建设，进一步优化农村师资队伍，湖南省在 2010 年率先开始了"初中起点六年制本科农村小学教师公费定向培养"试点工作，该项改革被列入国家教育体制改革试点项目。湖南第一师范学院作为最先承担该试点项目的培养学校。湖南第一师范学院素有"千年学府、百年师范"的美誉，在小学教师的培养上积累了丰富的经验，做了许多探索性的工作。目前，该项目在小学教师培养领域产生了广泛影响，并已辐射至全国多个地区。

---

[*] 作者系北京师范大学资深教授，国家教育咨询委员会委员，中国教育学会名誉会长。

从初中毕业起点培养小学教师，我非常赞同。小学教师需要的是宽广而不是专深的知识，而且他们最好在体育、艺术方面有所专长，会唱善跳，能适应儿童活泼的天性。特别是农村小学教师应是全科性的，什么课程都能胜任。但是高中毕业生，可塑性就不如中师生，艺术素养和技能都不如原来的中师生。再加上高等学校那种专业的导向作用，不利于培养小学教师。而且当年中师都提前招生，师范生都是初中毕业生中最优秀的。因此，从初中毕业起点培养小学教师是明智的，是符合实事求是精神的。记得 2007 年我访问湖南第一师范学院时就和该校校长讨论过这个问题。

　　初中起点本科学历小学教师培养模式在培养目标、培养规格、课程体系、教学内容和教学方式方法等方面均有其特殊性。教材作为教学内容和教学方法的重要载体，是实现人才培养目标的重要保障。本套系列教材就是为初中起点本科学历小学教师培养而专门编写的。

　　这套教材针对培养对象初中学历起点、教师综合素质可塑性强的特点及培养目标，从学生认知发展规律和能力培养规律入手，不仅关注了学生作为小学教师基本知识、基本技能的需求，而且关注了他们未来的职业可持续发展能力的培养，帮助学生构建合理的知识结构，提高教师综合素养。同时，又充分借鉴了国内外小学教师培养的成功经验，吸收了学科的最新研究成果，注重了对学生学习主动性和积极性的调动，对学生学习、思考、研究能力的培养。对于全面有效地达成初中起点本科学历小学教师培养的预期目标、有效地促进教育教学改革，必将起到十分重要的作用。

　　希望该系列教材的编撰者们密切关注当今世界教师教育的发展趋势，力求使新编写的教材与学生的全面发展需求相适应，与高等教育大众化条件下多样化的学习需求相契合，与国家基础教育课程改革要求相衔接，具有足够的广度、深度和梯度，成为一套富有特色的精品教材。

序 二

彭小奇[*]

党的二十大指出，要实施科教兴国战略，强化现代化建设人才支撑。《国家中长期教育改革和发展规划纲要（2010—2020 年）》提出，有好的教师，才有好的教育，要以农村教师为重点，深化教师教育改革，创新人才培养模式，提高教师培养质量。

教育之关键在基础教育，教育之质量在教师，教师之培养在师范。随着高等教育大众化，师范教育对优质生源的吸引力越来越弱。而对于培养小学教师来说，高中起点的本科师范生虽然有文化知识优势，但是其生理和心理条件都错过了高素质小学教师所应有的艺体综合素养和教师技能发展的最佳时期，培养潜质相对不足，导致师范生教学技能弱化、专业情意降低，不少毕业生"站不稳三尺讲台"，不能适应小学教学岗位需求。

为提高小学教师培养质量，促进城乡义务教育均衡发展和教育公平，湖南省人民政府在全国率先恢复免费师范教育，于 2006 年启动了"农村小学教师专项培养计划"，按照"初中起点，五年一贯，综合培养，分向发展"的思路实施专科学历农村小学教师定向免费培养。这一培养模式吸引了一大批优秀初中毕业生积极报考，走上了小学教师岗位，其中的许多毕业生迅速成长为学校的教学、管理骨干。

在初中起点五年制专科学历小学教师的培养实践中发现，初中毕业生年龄小、可塑性强、培养潜质大，特别是艺体综合素质养成教育效果好，有利于培养出"三能三会"（"能说会道""能写会画""能唱会跳"）、富有爱心和亲和力的小学教师，但其学科知识水平、教育教学研究能力和校本课程的开发能力等相对不足。而且，

---

[*] 作者系湖南第一师范学院教授、党委书记，中南大学博士生导师。

随着本科教育的日益普及，专科学历对优质生源的吸引力日益减弱。为此，2010年，湖南省又按照"自愿报名，择优录取，定向培养，公费教育，定期服务"的招生原则，采取"初中起点，六年一贯，分科培养，综合发展，定向就业"的模式，率先启动实施了初中起点六年制本科学历农村小学教师公费定向培养计划，每年面向省内县市区招收 1 500 名优秀初中毕业生，为农村小学免费定向培养热爱教育事业、基础知识宽厚、专业知识扎实、德智体美全面发展、综合素质高、发展潜力大、具有实施素质教育能力和一定的教育教学研究及管理能力的优秀骨干教师。几年来的培养实践证明，六年制本科学历小学教师培养模式所采取的免费教育、定向就业和适度缩短学制等措施，有效吸引了具有较大培养潜质的优秀初中毕业生，特别是品学兼优的农村学生，显著提高了生源质量。而长达六年的系统培养和训练使学科教育与师范技能培养能实现统筹兼顾、齐头并进，使师范生的教师专业情意明显强化、教学教研能力显著增强。这种培养模式作为我国免费师范教育的重大创举，2010 年被教育部列为国家教育体制改革试点项目，相关的改革成果不仅获得了各级领导的充分肯定，而且受到社会各界的广泛关注和赞誉，产生了深远影响，不少省市教育行政部门和众多兄弟院校纷纷来校考察交流，学习、借鉴并付诸实践。

湖南第一师范学院作为这项国家教育体制改革试点项目的具体组织和实施单位，在六年制本科学历小学教师的培养中，按照"定格在本科，定性在教育，定向在小学"的思路，立足于基础教育实际与改革发展趋势，紧紧围绕人才培养目标，科学设计人才培养方案，构建了由"通识课程""专业课程""任选课程""辅修课程""实践课程"五大板块构成的融"高等教育共性""高师教育个性""小学教育特性"和"知识、能力、素质"为一体的六年制人才培养课程体系。该体系以"立足小学、服务小学、研究小学"为主线，从小学教师所必需的知识、技能及素养出发，依照各阶段培养目标和知识发展的逻辑顺序统筹兼顾、整体设计，重点突出教育教学能力、课程实施与开发能力、教育教学创新与研究能力、终身学习能力、现代教育技术应用能力等小学教师核心职业能力的培养，使毕业生能较好适应小学教育教学岗位的特殊要求。

由于初中起点本科学历小学教师培养是一种全新的人才培养模式，它在培养目标、培养规格、课程体系、教学方法等方面均有其特殊性，很多课程尤其是基础阶段的文化课程和技能课程没有现成的教材。因此，湖南第一师范学院举全校之力、聚内外资源，组织校内外精干力量编写了这套规划教材。总体上看，这套教材有如下显著特点：一是科学性。每本教材都在精心研制教学大纲的基础上编写，力求从培养基础知识宽厚、专业知识扎实、综合素质高、具有实施素质教育能力和一定的教育教学研究及管理能力的小学教师的培养目标出发，既注重选取学生必需的知识，又注重学科内容的相对系统性和完整性；既注重学科知识内在体系的逻辑完整性，又注重吸收学科最新研究成果，反映国内外教师教育的发展趋势。二是针对性。针对培养对象初中起点、综合素质可塑性强的特点及专业培养目标需要，教材力求符合学生认知发展规律和能力培养规律，注重与学生已有知识经验、生活环境的联系，重视知识的传授及课程资源开发能力的培养，帮助学生构建合理的知识和能力结构；针对优秀小学教师基本知识、基本技能需求，切实提高学生的专业化水平，强化学生未来可持续发展能力的培养。三是时代性。教材注重吸收学科最新研究成果，力求反映当今教师教育发展趋势，与国家基础教育课程改革相衔接，力求与人的全面发展相适应，与高等教育大众化条件下多样化学习和就业相适应，具有足够的广度、深度和梯度，凸显多样化、开放性和可选择性的特点。四是综合性。根据现代科技发展和基础教育课程改革综合化的趋势，教材强化综合素质教育，加强文理渗透，体现人文精神，注重科学素养，注重课程之间的相互渗透和知识整合，形成内容互补、相互融通的知识体系，确保了学制内知识体系的一贯性。

正因为本套教材具有上述鲜明特点，所以，这项既有传承性又有开创性的工作，对于推动小学教育专业建设和课程教学改革、实现高素质小学教师培养目标、提高基础教育教学水平等具有重要意义，同时也为国内兄弟院校开展小学教师培养提供了课程教学参考。愿此举在我国教师教育史上画上浓墨重彩的一笔。

前　言

　　20 世纪以来，数学教育已经逐渐成为一门独立的学科，国际上一般称为"数学教育学"。20 世纪 70 年代，苏联的师范院校就开设了数学教育学课程，使用的教材是 A. A. 斯托利亚尔著的《数学教育学》。美国的《数学评论》和德国的《数学文摘》联合制订的《数学主题分类目录》（1991 年）将"数学教育"列为主题之一。但在我国这门学科还没有统一的名称，人们通常习惯称之为"数学教学论"或"数学课程与教学论"。本书的书名仍然按照我国的习惯，名为"小学数学课程与教学论"。

　　本书的作者来自有上百年师范教育历史的湖南第一师范学院，在长期的探索和研究中，对我国的小学数学课程与教学和小学教师培养深有体会，也发现了大量问题。本书是作者多年思考的结晶，凝结了作者多年的经验。

　　书中提出了大量的新思想、新观点和新方法，并结合小学数学教材与教学进行了具体而深入的分析。例如，有对儿童数学学习兴趣的系统论述、对儿童数学认知发展（特别是皮亚杰理论）的系统论述、对小学数学教学原则的系统论述等。

　　这些新思想、新观点和新方法都有大量的文献和案例做支撑，有理有据。作者为此做了大量艰苦而细致的工作。

　　本书的实用性非常突出。无论是总论部分（前 4 章）还是分论部分（后 5 章），都是密切结合小学数学教学实际的，并举了大量的实例。特别是分论部分，几乎都是直接针对小学数学教材的具体分析，提出了许多具体的方法和意见。所以本书不但可供师范生学习，而且也可以作为小学教师的很好的参考资料。

　　比较难理解的是第一章，但这是无法避免的。每一位想成为优秀的小学数学教师的师范生和教师都必须在认识数学的本质上下功夫。

　　全国数学教育研究会秘书长代钦教授对本书进行了全面仔细的审阅，提出了许多宝贵意见；北京师范大学出版社的相关编辑为本书的出版做了大量细致的工作，在此一并表示深深的感谢！

　　本书由胡重光主编，杨高全、阎颖任副主编，参加编写的老师有曾玉华、陈秀琼、谢立红、向正凡。

　　本书是湖南省普通高等学校哲学社会科学重点研究基地"小学教师教育研究基地"、湖南省重点建设学科"课程与教学论"及湖南省高校创新平台开放基金项目

"高等师范学科教学论与小学教育适切性研究"（编号 13K119）的研究成果之一。

我国编写本科小学数学教育学教材的时间还不长，至今仍处于探索阶段，没有形成成熟的、统一的内容和体系。本书也是编写这类教材的探索之一，由于作者水平有限，不妥之处在所难免，望各界读者不吝赐教。

胡重光

2018.9

目　录

绪　论

一、数学教育的产生和发展

(一)数学教育历史的简单回顾

小学数学课程与教学论是研究小学数学课程与教学的一门学科,属于数学教育的一部分。

如果只把数学作为一门学科来教学,那么数学教育的历史可以追溯到奴隶社会时期。我国在周代已将数学作为"国子"的必修内容。《周礼·保氏》载:"养国子以道,乃教之六艺。"六艺即礼、乐、射、御、书、数。数即数学。古希腊将数学作为上流人士的必备修养,并崇尚几何学,古希腊学府柏拉图学院的门口写着:不懂几何学的人不准入内。

现代意义下的学校数学教育开始于18世纪工业革命时代,我国则直到20世纪初期辛亥革命后,才真正建立了学校数学课程。

由于数学在科学中的重要地位,数学教育越来越受到国际学术界的重视。1905年,美国的史密斯教授倡导成立国际数学教育组织,1908年在第四届国际数学家大会上成立了国际数学教育委员会(ICMI)。

起初,国际数学教育委员会并没有与国际数学家大会分离。1966年,荷兰著名数学家弗赖登塔尔(1905—1990)当选为国际数学教育委员会主席,他建议单独为数学教育召开国际性大会,并办一份国际性的数学教育杂志。1968年,《数学教育研究》创刊;1969年,第一届国际数学教育大会在法国里昂召开,来自42个国家的600多名数学教育家与会。这两件大事标志着数学教育已成为一个独立的研究领域。

我国在1908年被列为国际数学教育委员会的联系国,从1980年的第四届国际数学教育大会起,除第五届外,每一届大会我国都有代表参加。

对近代和现代数学教育有重大贡献者,首推德国大数学家F.克莱因(1849—1925)。作为国际数学教育委员会的首届主席,他倡导了以以下三点为核心的中学数学教育改革:

(1)提倡数学理论的应用;

(2)数学教材的内容应以函数概念为中心;

（3）运用教育学、心理学的观点指导数学教学。

20世纪下半叶国际公认的数学教育权威有两位，一位是美国著名数学家G.波利亚，他的系列著作《怎样解题》《数学与猜想》《数学的发现》生动地介绍、深刻地分析了数学思维活动。

另一位则是前面提到过的弗赖登塔尔。他在20世纪30年代是国际上享有盛名的拓扑学家，在数学教育方面的著作也极为丰富，提出了一套真正具有数学特点的数学教学原则，对当代的数学教育影响很大。

上面三位数学教育权威有一个共同特点：都是著名数学家，有长期的数学研究经历。

20世纪50年代以来，数学教育的面貌发生了巨大的变化，改革的浪潮一浪高过一浪。

（二）现代数学教育改革

1. 从"新数学"运动到"回到基础"

20世纪50年代末期，从美国兴起的"新数学"（New Math）掀起了一场风靡全球的运动。一门学科的改革竟发展成为世界性的运动，这在人类的文化史上是空前的。

1957年10月4日，苏联将人类第一颗人造卫星送入地球轨道，震惊美国。美国政府立即进行反省为什么会落后于苏联。反省的结果认为，问题主要出在作为一切科技的基础和工具的数学上。学者们指出，中学数学基本上是300年前的东西，已经不适应现代科学技术的要求，必须用"新数学"来代替这些过时的"旧数学"。

1958年，美国国家科学院召集35位高层科学家在伍兹霍尔举行会议，由著名心理学家布鲁纳担任主席，全面研究了中小学数理学科的改革工作。这次会议的精神成了"新数学"运动的指导思想。

美国的行动在世界范围内得到了响应。欧洲经济共同体、日本、英国、苏联纷纷成立机构，召开研讨会，制定新的数学教学大纲，编写新的数学课本。非洲、拉丁美洲、东南亚地区也都成立了类似的机构或召开会议来推进"新数学"运动。

"新数学"运动的改革内容主要是：

（1）增加现代数学的内容；

（2）强调公理化方法；

（3）废除欧几里得几何；

（4）强调结构，用集合、运算、关系和映射等把数学课程统一为一个整体，组成综合的数学课程；

(5)削减传统的运算；

(6)追求新的处理方法，强调趣味性和直观性，提倡发现法。

虽然教育界对于"新数学"运动所提倡的教学法研究、生动的课本设计及为提高学生兴趣而采取的种种措施加以了肯定，但是随着改革的实施，"新数学"运动也暴露出了许多缺点。首先，"新数学"运动过分强调公理化和严谨性，导致大多数学生难以接受，结果使得数学教育质量降低；其次，贯穿"新数学"运动的教材的集合论的教学效果不好；最后，"新数学"运动过多地将大学数学内容移植到了中学，在数量和难度上都超出了合理的范围。

"新数学"运动忽视了数学的实际应用，忽视了学生实际计算能力和归纳、类比、猜想等合情推理能力的培养。数学教师们在耗费了过多的劳动以后发现，实际结果与预想的相差甚远——许多低年级学生甚至不会做加法！因此，在1973年，美国数学教育界又出现了一个新的口号："回到基础"(Back to Basics)！

"回到基础"，顾名思义就是重视数学基础知识的学习，从而纠正"新数学"运动片面重视理论，过分强调结构，忽视应用和计算的错误。但是它强调"最低基本要求"，重视"计算技术"的训练，全面抛弃了以往数学教育改革所取得的成果，又走向了另一极端。结果导致学生理解概念和解决问题的能力大幅下降，也引起了相关人士的忧虑。美国国家课程测试主席曾说："一段时期以来公众特别强调基础，而评估数据都显示学生的数学能力下降了，解决问题、理解概念的能力下降得尤其明显。"

为了制止这种倒退，并同时纠正"新数学"运动过于偏重理论结构、忽视应用的倾向，1980年4月，美国国家数学教师理事会出版了一份名为《行动议程——80年代数学教育的建议》(以下简称《行动议程》)的报告。提出必须把解决问题作为中学数学的核心，并认为"在解决问题方面的成绩如何，将是衡量个人和民族数学教育是否成功的有效标准"。

2. 问题解决

1980年8月，第四届国际数学教育大会在美国加州伯克利召开。会上讨论了美国国家数学教师理事会提出的中学数学的改革方案——《行动议程》，"问题解决"的口号由此第一次在国际数学教育界出现。这一口号一经提出，立即得到其他国家的关注，并逐渐发展成为世界性的数学教育改革的口号。在数学教育史上，从来没有一个口号像"问题解决"那样得到如此普遍的支持，世界上几乎所有的国家都把提高学生的问题解决能力作为数学教学的主要目的之一。1982年英国数学教育界指出："应将解决问题作为课程的重要组成部分"，强调"数学只有在解决各种实际问题的情况下才是有用的"，问题是数学的心脏，数学的真正组成部分是问题和问题解决，数学教学的核心就是培养学生解决数学问题的能力。

1989年，美国国家数学教师理事会出版了《学校数学课程和评估标准》，将1980年《行动议程》的建议发展为详细的数学教学和学习要求，并提出了五条标准作为学生具有"数学素养"的准则，其中第三条为：有解决问题的能力。这里的问题可以来自数学内部，也可以来自数学外部，但主要是来自现实世界。要求学生有归纳问题、进行调查研究、收集数据、进行论证、找出答案的能力。

但是，"问题解决"作为数学课程的核心也暴露出了一些缺陷。例如，"几何经验主义"在美国学校的盛行，就暴露出问题解决的局限性。因此美国数学教育家萧恩菲尔德指出："单纯的问题解决的思想过于狭窄了，我希望的并非仅仅是教会我的学生解决问题……而是帮助他们学会数学的思维。"

3. 为大众的数学

1984年，在澳大利亚举行的第五届国际数学教育大会设置了"为大众的数学"专题讨论组，并确认它为当时数学教育的主要问题之一。其后，联合国教科文组织根据这次会议编辑了"为大众的数学"文集。1986年，国际数学教育委员会在科威特召开"90年代的学校数学"专题研讨会，又把"为大众的数学"列在首位。于是，这个口号成了国际数学教育界的重要思想和行动指南，其影响一直延续至今。

"为大众的数学"主要有两层含义：一是数学教育必须照顾到所有人的需求，并使每个人都从数学教育中尽可能多地得到益处；二是指在数学学习中，不同的人可以达到不同的水平，但存在一个人人都能达到的水平。由此可知，"为大众的数学"是与"升学数学"对立的，它更多地考虑学生走向社会后的就业和生活问题。我国正在改革应试教育，提倡素质教育，"为大众的数学"显然是符合素质教育思想的。

二、小学数学教学的目的

从前面介绍的数学教育发展过程中提出的理念和口号来看，数学教育的目的是一个头等重要的因素。"新数学"运动就是美国为了培养科技精英，在科技方面赶超苏联而提出的。当时美国有学者提出：100个平凡的博士不如一个费米（中子物理学之父，美国研制原子弹的主要科学家之一）。"问题解决"的目的是着眼于培养学生的数学能力，而不只是传授数学知识。"为大众的数学"则以提高全体学生的数学素养为目的，主张不同的人学不同的数学，人人都在数学上得到发展。

数学教学的目的并不只是一种抽象的理论，它对数学教学实践有基本的、具体的指导作用，每一个数学教师都是按自己所主张的数学教学目的进行教学的。例如，许多数学教师是以升学为目的来教数学的。因此正确确定小学数学教学的目的，是小学数学教学的首要任务之一。

(一)使儿童懂得数学源于生活，用于实践

数学的现实性是人们对数学的最基本的认识。对于儿童来说，数学的现实性就是：数学源于生活，用于实践。

我国数学家华罗庚曾经说过："宇宙之大，粒子之微，火箭之速，化工之巧，地球之变，生物之谜，日用之繁，无处不用数学。"这是对数学与现实关系的精彩描述。最初的数学都来源于实践。原始人类以狩猎和采集野果为生，因此辨别方向(以便寻找回家的路)和计算日期(以便确定某处的野果什么时候成熟)是他们必须掌握的最重要的知识，由此就产生了最初的数学知识。古埃及人生活在尼罗河畔，尼罗河每年泛滥，洪水退后，淤泥掩盖了地界，人们不得不通过测量重新划定地界，这样就产生了最初的几何学。

我国古代的数学都是用来解决具体问题的。成书于公元1世纪左右的我国古代数学专著《九章算术》，是《算经十书》中最重要的一部。该书收录的246个问题，都是与当时的生产、生活实践密切联系的应用问题，分成九类，每类为一章。

古希腊数学家欧几里得总结了古埃及的几何知识，并将其公理化，写成了《原本》一书。这本数学经典将逻辑推理和公理化方法引入数学，极大地推动了数学的发展。但是，正如美国数学史家 M. 克莱因所指出的，"它既是人类智慧的胜利，却又是教学法上的大不幸。"因为它带来了另一个后果：数学变得越来越形式化，越来越远离现实，成了一门枯燥无味的学科。M. 克莱因强调："数学本身是一副骨骼，数学的血肉和生命在于用数学做什么。""要对数学有较彻底的理解与领会，就必须去掉那些纤巧的细节，深入其深层的思想之中；要知道它的目的和用处，知道创造它的人们的动机，以及这些概念和结构的创生背景。"

枯燥的概念和形式化的运算往往使儿童丧失学习数学的兴趣，脱离实际的数学知识会使儿童觉得学习数学只是为了通过考试和满足教师、家长的要求。因此，小学数学教学首先要使儿童懂得数学源于生活，用于实践，以激发他们学习数学的兴趣，使他们形成对数学的正确印象。

(二)使儿童初步体会到数学的美

许多数学家承认，数学美是推动他们研究数学的主要动力。著名数学家 G. H. 哈代说："如今很难找到一个对数学的美学魅力无动于衷的知识分子了。可能很难定义数学的美，但任何一种美都是如此——我们也许不甚明了一首诗歌的优美，但这并不妨碍我们在阅读中鉴赏。"著名哲学家、数学家罗素说："数学，如果正确看待它，它不但拥有真理，而且具有至高无上的美。"数学美是激发儿童数学学习兴趣的另一个重要因素，它对儿童的作用比成人更显著。英国教学法专家帕梅拉·利贝克说：数学对于孩子们的吸引力几乎与音乐或美术对他们的吸引力一样，是以他们对智和美的反应为基础的。

数学的美主要是它的内在美。我们举几个例子。

1. 卡布列克运算

任取两个不相等的自然数，如3和5，分别按从小到大和从大到小的顺序排列，得到两个数：35和53。用大数减小数：$53-35=18$。再对得数用同样的方法运算，就会发现一些奇妙的现象：

$$
\begin{array}{ccccccc}
53 & 81 & 63 & 72 & 54 & 90 & 81 \\
-35 & -18 & -36 & -27 & -45 & -9 & -18 \\
\hline
18 & 63 & 27 & 45 & 9 & 81 & 63
\end{array}
$$

做到第七次时，出现了重复！接下来就会不断循环，其中还有一些有趣的现象。所有得数都是9的倍数。从第二个算式起，减数、被减数也都是9的倍数。每个算式的结果还可以这样得到，将十位与个位数字相减，再将差乘9，如对第二个算式有：$(8-1)\times9=63$。从第二个算式起，结果还可以用"交叉相乘"再将积相减的方法得到，如对第三个算式有：$6\times6-3\times3=27$。类似的，还有三位数、四位数的卡布列克运算。

这个例子体现了数和计算的规律美和奇异美。类似的例子不胜枚举，因此，有的数学家认为，数是"上帝的宠物"。

2. 三角形的性质

任意三角形的三个内角之和等于$180°$，三条高、三条角平分线、三条中线都交于一点。这也是十分奇特的规律美和奇异美。

3. 数学思想方法美

除了研究对象的内在美之外，数学还有自身思维方法的美，如有这样一类问题：

小花去阿姨家，阿姨送给她1盒点心。在回家的路上，她碰到一个朋友甲，就把点心分给他一半；往前走不远，又碰到另一个朋友乙，剩下的点心又分给他一半；后来，又碰到第三个朋友丙，又把剩下的点心分走了一半。小花到家时，只剩下了1块点心。那么，阿姨送给了小花几块点心呢？

这类问题从头想不好着手，但采用"逆推法"却出奇的简单：最后剩1块，那么碰到丙以前应当有2块；从而碰到乙以前应当有4块；继而碰到甲以前应当有8

块。所以阿姨送给她的点心是 8 块。

这些数学美都会引起孩子们极大的兴趣，使他们热爱数学，积极、主动地学习数学。因此，使儿童体会到数学的美，应作为小学数学教学的一个重要目的。

(三)使儿童掌握日常生活、生产和进一步学习所需要的数学初步知识

这是历来的数学教学大纲都提到的一项目标，也是显而易见的。但是，随着社会的进步和数学的发展，具体情况也有所变化。由于电子计算器的普及，整数运算的重要性大大降低；由于概率和统计在当代社会的应用日益普遍，重要性大大增加，各国都将概率和统计初步知识纳为小学数学教学内容；由于同样的原因，几何初步知识中还增加了方位、平移和旋转等内容。

(四)培养初步的计算能力、逻辑思维能力、空间观念和抽象概括能力

计算能力、逻辑思维能力和空间观念是我国传统小学数学教学的三大能力目标。我国的小学数学教学历来重视计算，并把计算能力摆在数学能力的首位。但是，如前所述，在当代社会，许多数的计算已由电子计算器代替，因此其地位已降低。美国小学数学中数的计算内容已大大减少，要求也降低了很多，重点放在运算律和性质的教学上。美国有的小学生只知道 $7+8=8+7$，而 7 加 8 究竟等于多少，要按计算器才知道。他们也不背乘法表。

然而也有不同的观点。有 30 年教龄的教育大师苏霍姆林斯基说："学生日后的数学教养的牢固性取决于数学知识的基础。这个基础就是关于自然数列的构成原则的知识。我努力做到，使一年级学生能够随时脱口而出地回答一百以内的加、减法的任何问题。为了达到这一目的，我们编了一整套练习，这些练习都是对数的构成的分析。我还认为，如果学生不牢固地掌握乘法表，那么无论在小学也好，还是在日后的学习中也好，我都无法想象学生能够进行创造性的学习。"

值得注意的是，2008 年，由贾廷斯·哈尔伯达带领的美国约翰斯·霍普金斯大学的一个研究小组在英国《自然》杂志刊登的一篇文章指出，学生的数学能力与其在早期教育阶段对数字的直觉密切相关。这一研究成果也是支持苏霍姆林斯基的上述观点的。

逻辑性是数学的重要特点之一，因此，逻辑思维能力是学好数学必备的能力，也是应用数学知识必备的能力。小学数学中不但有形式逻辑，也有辩证逻辑，如圆面积公式和圆柱体积公式的推导都要用到辩证逻辑。我国的数学教学重视演绎推理而忽视归纳推理，而归纳推理是数学发现的主要方法之一。

空间观念并不是指几何图形的面积、体积等的计算，而是指空间想象能力。例如，由实物的形状想象出几何图形，由几何图形想象出实物的形状；进行几何体与其展开图之间的转化等。还包括怎样确定和描述位置及方向；能利用图形来描述问题；能利用几何直观帮助思考等。

抽象概括能力在小学数学中很少提到，其实，数学知识都是通过抽象、概括得到的，小学数学知识也不例外。自然数是对有限等价集合的共同性质的抽象，各种图形是对它们的空间形式的抽象。抽象概括能力也是科学研究的基本能力。

(五)培养用数学的思维方式观察、分析和解决简单问题的能力

依据《义务教育数学课程标准(2011年版)》(以下简称《标准(2011年版)》)，数学的思维方式包括看问题"心中有数"，能自觉地从数量方面观察和分析问题，能为解决问题选择恰当的算法，并有意识地进行正确的估算；懂得符号的意义，理解符号所代表的对象，并能用符号来表示数学对象；能由物体的形状想象出几何图形及由几何图形想象出物体的形状，能利用图形形象地描述问题，进行直观的思考；理解统计对决策的意义，能从统计的角度思考得到的数据信息，能通过收集数据、描述数据、分析数据做出合理的决策；理解推理的意义，能运用推理来对问题做出判断，并从一个结论推出另一个结论等。运用这些简单的数学思维，儿童可以解决生活和学习中碰到的简单问题，这样可以提高他们学习数学的兴趣，增强他们学习数学的信心，培养他们分析问题和解决问题的能力。

三、小学数学教师的专业基本素养

小学数学教师在专业方面的基本素养包括两个内容：一是要深刻理解教学内容，二是要深刻理解教学对象。因此，小学数学教师专业基本素养可分为数学素养和儿童数学学习心理学素养两方面。

(一)数学素养

一样东西只有自己深刻理解了，才能教好它，这是显而易见的道理。优秀的运动员一般都能成为优秀的教练，就是因为他们本人就是这项运动的高手。

我们很少提到小学数学教师需要良好的数学素养，认为小学数学教学主要是教学方法上的问题。因为一般认为，小学数学很简单，而教小学的教师一般至少也都达到了高中的数学水平，教小学数学在知识上绰绰有余。然而发达国家都要求小学教师具有本科学历，这就说明了小学教师知识素养的重要性。如果我们深入小学数学课堂就可发现，课堂教学中出现的许多问题都是知识性的问题。如果知识上有问题，那么教得越好，错误的东西在儿童头脑中的印象就越深刻，偏离正确的道路就越远。

苏霍姆林斯基十分重视教师的学科知识，他强调："教师教育素养的第一要义，

就是教师要熟知学科内容，并且做到知识烂熟于心。""没有深刻的学科知识，就谈不上教育素养。"

特别值得注意的是，苏霍姆林斯基认为，如果没有足够深刻的学科知识，跟教师谈讲课方法、分析文艺作品的方法，是毫无帮助的。如果数学教师只能勉强对付当天要教的一部分教材，那么这个班中是出不了数学人才的。

教师的学科知识应达到什么程度呢？苏霍姆林斯基认为："他应当能够分辨清楚这门学科中最复杂的问题是什么，清楚地了解那些学科前沿问题。""只有当教师的知识视野比学校教学大纲所规定的要宽广的时候，教师才能成为教育过程中真正的能手、艺术家和诗人。""他的知识要如此深刻，以至处于他的注意中心的并不是教材内容，而是儿童们的脑力劳动。"

怎样才能达到这种程度呢？苏霍姆林斯基说："达到这种程度的办法只有一个，就是读书、读书、再读书！""每天不间断地读书，跟书籍结下终身的友谊"。"一些优秀教师教育技巧的提高，正是由于他们持之以恒地读书，不断地补充他们的知识。如果一个教师在他刚参加教育工作的头几年里所具备的知识，与他要教给儿童的最低限度的知识的比例为 10：1，那么到他有了 15 年、20 年教龄的时候，这个比例就变成了 20：1，50：1。这一切都归功于读书。"这就是说，教师的知识素养不是通过一次性的学历教育就能拥有的。

小学数学教师不但需要丰富的数学知识，懂得小学数学的来龙去脉，而且要懂得：数学是一门怎样的科学？它的本质特点是什么？数学经历了怎样的发展历史？怎样从现代数学的高度来看小学数学？

教师的数学素养不仅包括数学知识，还包括数学能力。教师必须进行大量的具有创造性的数学活动，必须具备解决数学问题的经验和能力。否则，教师不仅不能教学生进行这种活动，而且不能对学生的数学创造活动做出正确的判断——这是波利亚所强调的。事实上，在小学数学教学中，对学生的解题方法做出错误判断的事例屡见不鲜。

(二)儿童数学学习心理学素养

小学教育的对象是儿童，要教好儿童，必须知道儿童是怎样学习的，也就是说必须懂得儿童学习心理。特别是对于小学数学教师来说，还必须懂得儿童数学学习心理。儿童的学习与成人的学习有很大的不同，甚至存在根本性的区别，儿童的数学学习也是如此。并且这种不同常常是成人想象不到的。例如，成人一般认为平面图形比立体图形简单，所以以前小学的几何知识一直是从平面图形开始教学的。然而儿童却感到立体图形比平面图形更具体、直观，所以现在小学的空间与图形知识是从立体图形开始教学的。

儿童的数学学习心理必须通过观察和实验来进行研究，经过许多心理学家的长期研究，儿童数学学习心理学已取得了丰富的成果。认真学习和掌握这些成果，并把它们用于教学实践，在教学实践中不断丰富自己的儿童数学学习心理学知识，提高运用这些知识指导教学的能力，是小学数学教师专业基本素养的一个重要方面。

思考与练习

1. 谈谈你对数学美的认识。

2. 为什么小学数学教师要具备深厚的数学知识素养？

3. 为什么小学数学教师要懂得儿童数学学习心理？

第一章　数学的本质与数学教育

▶ 第一节　数学是什么

一、数学教育的基本问题

对于数学教育，有一点可能是出人意料的，数学教育首要的、最基本的问题是：数学是什么？赫斯说："问题并不在于教学的最好方式是什么，而在于数学到底是什么……如果不正视数学的本质问题，便解决不了教学上的争议。"托姆说："事实上，无论人们的意愿如何，一切数学教学法根本上都来自某一数学哲学，即便是很不规范的教学法也如此。"

为什么这样说呢？道理其实很简单：如果教科书写的、学生学的、教师教的不是真正的数学，那么不管学生学得多好，教师教得多棒，都将是南辕北辙，达不到预定的目标；并且教学效果越好，偏离真正的数学就越远。

不过马上就会有人说，数学是什么，这还称之为问题吗？难道数学教科书上写的、教师教的，不是真正的数学吗？

事情并不像看起来的那样简单。实际上，对于数学的本质，人类曾长期认识不清。只要看看数学大师、哲人们给数学下的定义，就足以说明这一点。皮尔斯（美国数学家）泛泛地说："数学是得出必要结论的科学。"罗素（英国哲学家、数学家）的定义既广阔又狭窄："数学是所有'P 蕴含 Q'的类。"庞加莱（法国数学家）认为："数学是给予不同的东西以相同名称的技术。"有的学者认为数学是一种语言，有的学者又认为数学是一门艺术。罗素还对"数学到底是什么"的问题给出了一个看似十分奇怪的回答："数学是这样一门科学，我们全然不知道我们在数学中谈论些什么，也不知道我们说的是不是真的。"恩格斯曾指出，数学的研究对象是现实世界中的数量关系和空间形式。我国曾长期把它作为数学的经典定义，但是数学的研究对象早已突破了数量关系和空间形式的范围。人类对数学本质的认识持续了 2 000 年，罗素曾指出："现代数学最主要的成就就在于发现了什么是真正的数学。"

有学者认为，数学的本质是运算。这种观点在小学数学中也有体现，我国的小学数学教育实际上一直把计算摆在首位。小学数学教材至今仍然是以计算为核心和主线的，计算技能也一直是教学和考试的重点。

除了计算之外，我国小学数学教学还很重视概念的辨析。比如说，小学数学测试中有这样的题目：

最大的分数单位是什么？

如果 $a \div b = 30$，选择下面哪句是正确的：①a 是 b 的倍数；②a 可能是 b 的倍数。

这类题没有现实背景，也不涉及任何实际问题；后一道题还包括儿童难以理解的抽象的逻辑关系。这反映了出题的人不重视数学的实际背景和在现实中的应用。

有的教学设计采用这样的方式引入小数：出示许多数，除一个是小数外，其他都是整数和分数；要求学生"找与众不同的数"。类似的引入至今仍经常见到。这种引入显然是完全脱离小数的现实意义的。

以上例子都是数学观的体现。由此可见，数学观对数学教育起着最基本的指导作用；表面上似乎与数学观不相干的现象，实际上却是数学观在背后起作用。

二、数学的研究对象

研究对象是一门学科最基本的要素，也是区别于其他学科的最主要因素。

在传统的学科分类中，数学是属于自然科学的。然而现在数学已经从自然科学中分离出来了。数学不属于社会科学容易理解，但是数学为什么不属于自然科学呢？

仔细思考一下可以发现，数学的研究对象与物理、化学、生物等自然科学的研究对象是有本质区别的。自然科学研究的是自然界客观存在的物质和现象，它们的共同性质是具有客观性。早期数学的研究对象是数和形，而数和形是人类思维的创造物。数是人类创造出来表示数量的符号。你可能会说，"形"不就是客观世界存在的实体吗？其实客观世界存在的是具有各种形状的物体，并没有数学中的立方体、圆柱体、球体等立体图形，更不存在没有大小的点、没有粗细的线、没有厚薄的面、无限延伸的直线。这些图形实际上也是一种符号，也是人类思维的创造物。也就是说，数学的研究对象具有主观性。

随着数学的发展，数学的研究对象越来越抽象。在数的领域内，实数虽然是人类的主观创造，但还是源于现实的。而虚数的出现则完全是基于数学本身的需要，并没有任何现实背景。近世代数中的群、环、域的抽象程度则更高。数学的这些研究对象与自然科学的研究对象形成了鲜明的对比。

三、一个实例

R. 柯朗和 H. 罗宾指出："唯一能回答'数学是什么？'这个问题的，不是哲学而是数学本身中的活生生的经验。"遵循这一途径，我们来考察一个数学史上著名的"哥尼斯堡七桥问题"的解决过程。原题是：如图 1-1，一个人在哥尼斯堡市内散步，是否可以每座桥只经过一次而走完市内所有的 7 座桥？

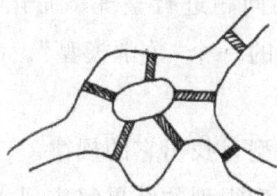

图 1-1

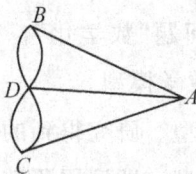

图 1-2

许多人热衷于解决它，但都失败了。直到大数学家欧拉出来，他才给出了正确的解答。

解决这个问题首先应把它简化，因为这个问题与陆地和岛的大小，桥的长短、宽窄都没有关系，所以可以用点来表示陆地和岛，用线表示桥。这样图 1-1 就变成图 1-2，而问题也就归结为：从图 1-2 的 A，B，C，D 中的任一点出发，能否只经过每条线一次而走遍 A，B，C，D 四点？或者说，能否不重复地一笔画出图 1-2？

像图 1-2 这样的图叫作"网络"，网络中的点叫顶点，线叫弧。现在我们只需研究这个网络。我们把有偶数条弧经过的顶点叫偶顶点，有奇数条弧经过的顶点叫奇顶点。不难发现，一个网络如果全是偶顶点，就一定可以"一笔画出来"，因为我们沿某一条弧到达一个偶顶点，就一定有另一条没有走过的弧让我们离开这个顶点。对于奇顶点则不然，由于经过奇顶点的弧是单数条，所以一定存在一条弧，沿这条弧到达顶点后，没有一条没有走过的弧让我们离开。不过如果恰好有两个奇顶点的话，我们可以从一个奇顶点开始，不重不漏地画完所有的弧，到另一个奇顶点结束。如图 1-3，我们可以从 B 点（或 D 点）出发，不重不漏地画完所有的线段，到 D 点（或 B 点）结束。

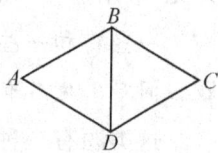

图 1-3

综上所述，一个网络能"一笔画出来"的充要条件是：它只有偶顶点或只有 2 个奇顶点。

最后把上述研究结果用到"七桥问题"上。因为图中 A，B，C，D 四个点都是奇顶点，所以一定不能不重复地一次走遍。这样就圆满地解决了这个问题。

这一结果不仅解决了"七桥问题",而且可以用于所有由顶点和弧组成的网络,判断它们能否"一笔画出来"。不仅如此,在解决这个问题的过程中还形成一个十分重大的数学成果。欧拉在研究中意识到,他研究的是一种新的几何学。因为他发现所研究的图形与它的大小和形状都无关,不涉及长度、面积、角和形状。由此出发,就产生了一个新的数学分支,即我们现在熟知的拓扑学。

从这个问题的研究过程我们发现,完整的数学活动包括三个方面:

(1)建立现实问题的数学模型。将现实问题进行整理、简化,并用数学语言来表达它,即将现实问题"数学化",得到它的一个"数学模型"。前面的网络图就是"七桥问题"的一个数学模型。

(2)研究数学模型。研究得到的数学模型,找出它的规律。

(3)运用数学模型。即运用研究数学模型得到的结果解决现实问题。

从这一"活生生的经验"可以清楚地看到,数学是建立数学模型、研究数学模型和运用数学模型的科学。苏联数学家库德廖夫采夫认为:"数学就是研究数学模型的一个人类知识领域。"这是很有道理的。但是要研究数学模型首先要建立数学模型,因此建立数学模型是数学研究的第一步。

那么,什么是数学模型呢?数学的特点之一是,它有一套独特的、形式化的数学语言,即数学的术语和符号。当我们研究现实中的数学问题时,首先要把关于对象的描述"翻译"成数学语言。例如,在解决"七桥问题"时,首先用点来代表陆地和岛,用线来代表桥,将它简化、一般化,从而得出问题原型的一个数学化的抽象,即网络图,这就是一个数学模型。换言之,模型是对原型的抽象,而使用数学语言将原型抽象化的结果,就是数学模型。

中国古代数学中有一类特定的问题,现在称为"典型应用题"。但这种"应用题"并无"应用性",如所谓的"鸡兔问题":

一些鸡和一些兔子关在一只笼子里,从上面数有 20 个头,从下面数有 52 条腿。问鸡、兔各有几只?

这类题有一种固定的解法——假设法。假设笼子里全是鸡,那么只有 40 条腿。为了达到 52 条腿,我们把一些鸡换成兔子。需要把多少只鸡换成兔子呢?把一只鸡换成兔子可以增加 2 条腿,要增加 12 条腿,只需把 6 只鸡换成兔子。所以兔子有 6 只,鸡有 14 只。

那么设计这种题目是否只是为了进行思维训练呢?回答是否定的,其实它是一个数学模型。凡能"套上"这个模型的,就可以用假设法来解答。例如,以下两题都可以用假设法来解答:

学校买大、小椅子共 20 把，共用 960 元。大椅子每把 60 元，小椅子每把 40 元。大、小椅子各买了多少把？

上山、下山共走 19 km，共用 5 h。上山的速度是 3 km/h，下山的速度是 5 km/h。上山、下山各走了几小时？

这类数学模型是中国古代数学所特有的。

思考与练习

1. 为什么说"一切数学教学法根本上都来自数学哲学"？

2. 完整的数学活动包括哪三个方面？你认为哪方面最重要？我国的数学教育最重视哪方面？

3. 一百馒头一百僧，大僧三个更无增，小僧三人分一个，大小和尚各几人？（用假设法解）

4. 一项工程，甲队独做需 6 h 完成，乙队独做需 10 h 完成。甲队做若干小时后，因另有任务由乙队接着做，合起来共用了 7 h 做完。问甲队做了几小时？（用假设法解）

▶第二节 数学的严谨性

谈到对数学的印象，人们首先想到的通常是它的严谨性。数学被认为是一门最严谨的学科，这是数学的特点，也是数学的优点。由于严谨，数学的结论是最可靠的。数学的严谨性体现在哪些地方呢？

一、数学的逻辑性

数学的严谨性首先体现在数学具有严密的逻辑性上，即每一个数学定理，不管它看起来多么显而易见，都要通过严格的逻辑推理来证明。有的数学家甚至认为，数学就是逻辑。例如，本章开头所引的罗素关于数学的定义就是如此。

为什么数学要坚持这样麻烦的推理证明呢？原因之一是，人的感官往往是不可靠的。例如，观察下面的四个图（图 1-4），图 1-4(1)的四边形看起来不是正方形；图 1-4(2)中的长斜线看起来并不互相平行；图 1-4(3)的线段 AB 看起来比线段 CD 长；图 1-4(4)的线段 CD 看起来比 AB 长。但是如果我们使用测量工具测量一下，就会发现，以上结论都是错误的。

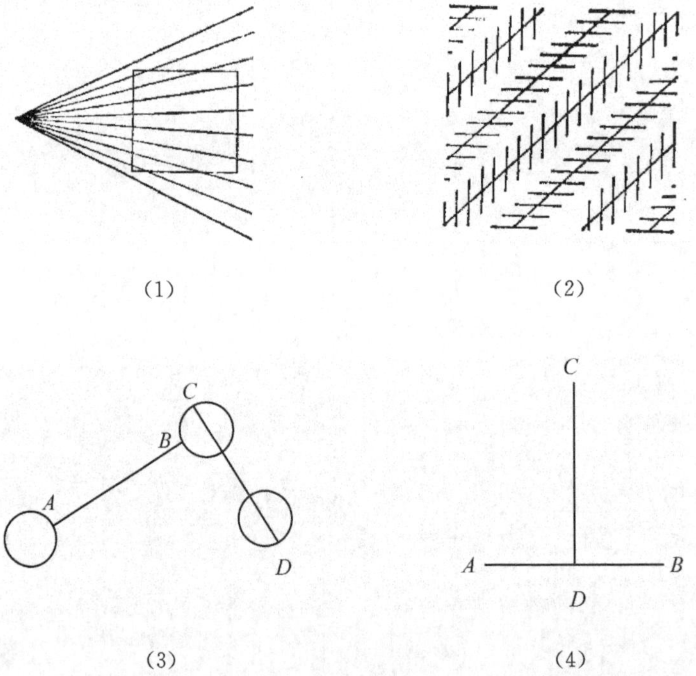

(1)

(2)

(3)

(4)

图 1-4

那么是否只要使用测量工具就可保证结论正确呢？可惜也不是。因为测量总是有误差的，并且只能测量有限的对象。例如，不管我们测量多少个三角形的内角和，尽管它们都是 180°，我们仍然不能下结论说，所有的或任意一个三角形的内角和都是 180°。而三角形内角和定理的证明是以任意三角形为前提进行的，所以可以作为一般性的结论。

在数的领域里也有类似的例子。例如，有人宣称 $f(n)=n^2+n+41$ 是一个质数公式，确实，我们用许多自然数去代替 n，计算的结果都是素数。但是，当 $n=41$ 时，$f(n)=41^2+41+41=41\times43$，即 $f(41)$ 不是质数。事实上，由于 n 可取的值是无限的，不管有多少个 n 使 $f(n)$ 的值为质数，都不能说对任意的 n，$f(n)$ 都是质数。再如，著名的哥德巴赫猜想，每一个不小于 6 的偶数都可以表示为两个奇素数之和。例如，$6=3+3$，$12=5+7$ 等。有人对 33×10^8 以内的大于 6 的偶数一一进行验算，发现哥德巴赫猜想都成立。但严格的数学证明虽历经 200 多年，但至今仍未得出，哥德巴赫猜想仍然只能是一个"猜想"，而不能成为"定理"。

二、数学的公理化方法

按照逻辑推理的要求，一个命题 P 的正确性必须至少有另一个命题 P_1 来保证它；而 P_1 的正确性又必须至少有一个命题 P_2 来保证……如此继续下去。因为命题的个数是有限的，最后必然至少有一个命题 P_n，没有命题来保证它的正确性。因此一种数学理论的逻辑体系必须确定少数不加证明的命题，作为推理的出发点。这些不加证明的命题叫作公理。

古希腊学者欧几里得把当时积累的零散的几何知识汇集起来，加以整理，弄清了它们之间的逻辑关系，以五个公理、五个公设及一些初始概念，如"点""线""面"等，作为推理的基础，组织成了一个逻辑体系，写成《原本》一书。他创立的这一几何体系被称为欧几里得几何，简称"欧氏几何"，也就是我们在中学学习的平面几何和立体几何。

欧氏几何的公理和公设大都是十分简单的、显而易见的事实，如五条公理是：

(1)由任意一点到另外任意一点可以画直线。

(2)一条有限直线可以继续延长。

(3)以任意点为圆心以任意的距离可以画圆。

(4)凡直角都彼此相等。

(5)同一平面内一条直线和另外两条直线相交，若在某一侧的两个内角的和小于二直角的和，则这两条直线延长后在这一侧相交。

这样，只要这些显而易见的公理是正确的，则由它们推出的命题都是正确的。这种理论体系的严谨性确实十分令人满意，可以说是十分美妙的。正因为如此，欧氏几何的体系受到了极大的推崇。《几何原本》(《原本》中的几何部分)是发行最广而且使用时间最长的数学著作，被译成多种文字在全世界广泛发行，共达二千多种版本。它的问世成为整个数学发展史上意义极其深远的大事，也是整个人类文明史上的里程碑。两千多年来，这部著作在几何教学中一直占据着统治地位。但是事物总是具有两面性的，在前文中我们已经谈到，《几何原本》也导致数学教育出现了严重问题。这一点后面还要谈到。

欧氏几何的这种组织数学理论的方法，称为数学的公理化方法。也就是说，公理化方法就是指从尽可能少的不加证明的原始命题(公理)和原始概念出发，按照逻辑规则推导出其他命题，建立起一个演绎系统的方法。

公理化方法要求公理体系具备以下"三性"：

(1)相容性：在一个公理体系中不能出现互相矛盾的定理。

(2)完备性：一个公理体系的公理必须能推出该体系的全部命题。

(3)独立性：在一个公理系统中，每一条公理都必须独立存在，不允许有一条公理能用其他公理推导出来。

具备以上"三性"的公理体系就是数学家认为的理想的数学理论体系。但是《几何原本》并不能满足这些要求，书中有些定理的证明所采用的不完全是逻辑推理，有的也依赖了图形的直观；有些定义使用了未确定含义的概念；有些定义又是多余的。

表面上看来，公理体系的这"三性"不但是应该做到的，而且是可以做到的。然而理想与现实总是有差距的，后面我们将会看到，这样的公理体系只不过是数学家们的美好愿望。

三、三次数学危机

数学的发展史上有一个奇怪的现象，那就是出现了三次数学危机。这是数学这门学科所特有的现象。什么是数学危机？为什么数学会出现危机呢？这些问题对我们认识数学的特点有重要的意义。

(一)无理数和第一次数学危机

1. 无理数的发现

"无理数"这个名称的起源可以追溯到古希腊。古希腊著名的毕达哥拉斯学派认为，对于任何两条线段，都能找到另一条线段，使得这两条线段都是它的整数倍。

或者说，任何两条线段都是**可公度**的。这条线段就叫作这两条线段的**公度**。对于两条可公度的线段，它们的长度的比可以写成一个整数比。例如，设一个量是公度的 p 倍，另一个量是公度的 q 倍（p，q 都是整数），那么这两个量的比就是 $p:q$。因此，古希腊人把"可公度"称为"可比的"。

　　然而，后来这个学派的希帕索斯却发现，存在不可公度的线段。希帕索斯是怎样发现的，现在已经无从得知。一种可能是在求正方形的边长与对角线的公度时发现的。如图 1-5，BC 是正方形的一边，AC 是对角线，现在用辗转相截的方法求两者的公度。先在 AC 上截取 $DC=BC$，作 $DE\perp AC$，交 AB 于点 E，显然 $AD=DE=EB$。AC 截去 DC 后剩下一段 AD，$AD<AE<AB=BC$。下一步应该在 BC 上截取等于 AD 的线段，但 $BC=AB$，所以也可以在 AB 上截取。截取 $EB=AD$ 之后，剩下的 AE 正好是以 AD 为边的正方形的对角线。于是情况又和开始时一样，以下的步骤只是重复前面的方法。这种重复永远不会完，因此不可能存在公度。即正方形的边与对角线是不可公度的量。

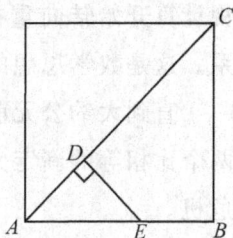

图 1-5

　　不可公度的量的比不能表示为整数比，如正方形的对角线与边长的比等于 $\sqrt{2}$，它是一个无理数，不能表示成两个整数的比。在古希腊人看来，这样的量就是"不可比的"。

　　希腊文"可比的"一词后来转成拉丁文 rationalis，在拉丁文中这个词还含有"有理的"的意思。后来它的另一个意义渐渐被遗忘，只剩下"有理的"这一含义。这就是"有理数"一词的来历。同样，"无理数"一词就来源于希腊文"不可比"。

　　2. 第一次数学危机

　　不可公度线段的发现看起来似乎不是什么了不起的大事，然而它却引发了第一次数学危机。

　　原来，毕达哥拉斯学派的比例和相似形的全部理论，都是建立在"任意两条线段都是可公度的"这一假设之上的。现在，人们突然发现，这一假设不成立，这等于宣告数学大厦的根基坍塌了，已经确立的几何学的大部分内容因为它们的证明无效而必须被抛弃！确实，如果矩形的两条边不能公度，我们甚至连矩形的面积也无法确定。

　　逻辑上的矛盾是如此之大，以至于有一段时间，他们费了很大的精力企图将这一发现保密。据说正是因为这一发现，希帕索斯被毕达哥拉斯学派的人投进了大海。但是人们很快发现不可公度并不是罕见的现象。古希腊的泰奥多勒斯指出，面积等于 3，5，6，…，17 的正方形的边与单位正方形的边也不可公度，并对每一种情况都单独作了证明。随着时间的推移，无理数的存在逐渐成为人所共知的事实。

这一发现震惊了当时的西方数学界，改变了古希腊人的数学观念。它表明，直觉和经验并不可靠，推理和证明才能保证数学的严谨性。从此以后，古希腊人由重视计算开始转向重视推理，由重视算术转向重视几何，并由此建立了几何公理体系。这是数学思想的一次大革命。

直到大约公元前 370 年，古希腊最大的数学家、才华横溢的欧多克索斯给出了两个比相等的新定义，说明这一定义与所涉及的量是否可公度无关，才消除了这一危机。

第一次数学危机的产生和解决，使古希腊数学走上了另一条完全不同的发展道路，形成了以欧几里得《原本》为基础的公理体系与亚里士多德的逻辑体系，也为全世界数学的发展做出了杰出的贡献。但是，自此以后，古希腊人把几何看成了全部数学的基础，认为数的研究隶属于形的研究，割裂了它们之间的密切关系。这样做的最大不幸是他们放弃了对无理数的研究，使算术和代数的发展受到了很大的限制，基本理论十分薄弱。这种畸形发展的局面在欧洲持续了 2 000 多年。

(二)※第二次数学危机①

17 世纪，牛顿(1643—1727)和莱布尼茨(1646—1716)几乎在同一时期各自独立地发明了微积分。这一数学工具一问世，就显示出了巨大的威力，许多从前不能解决的问题在运用这一工具后轻而易举地就可以解决了。但是牛顿和莱布尼茨所创立的微积分理论都是不严格的。两人的理论都建立在无穷小分析之上，但他们对无穷小量的理解和运用却是混乱的。因而微积分从诞生起就遭到了一些人的反对与攻击。其中攻击最猛烈的是英国大主教贝克莱。

1734 年，贝克莱以"渺小的哲学家"的笔名出版了一本书，对牛顿的理论进行攻击。他在书中指责牛顿在求导数的过程中存在着明显的逻辑矛盾。例如，对于函数 $y = x^2$ 而言，牛顿求导数(牛顿称为"流数")的计算过程如下：

$$y + \Delta y = (x + \Delta x)^2 \tag{1}$$

$$x^2 + \Delta y = x^2 + 2x\Delta x + (\Delta x)^2 \tag{2}$$

$$\Delta y = 2x\Delta x + (\Delta x)^2 \tag{3}$$

$$\frac{\Delta y}{\Delta x} = \frac{2x\Delta x + (\Delta x)^2}{\Delta x} = 2x + \Delta x \tag{4}$$

---

① 打星号的是选学内容，下同。

$$舍去 \Delta x, 得 y = x^2 的导数是: \frac{\Delta y}{\Delta x} = 2x。 \tag{5}$$

在上述推理中，从(3)到(4)要求 Δx 不等于 0，否则就不能用 Δx 作除数；而从(4)到(5)又要求 Δx 等于 0，否则就不能将其舍去。一会儿说是 0，一会儿又说不是 0，显然在逻辑上是矛盾的。这就导致了第二次数学危机。消除矛盾，把数学分析建立在坚实的逻辑基础之上就成为数学家们迫在眉睫的任务。

在为数学分析奠定坚实基础的工作中，法国著名数学家柯西(1789—1857)迈出了第一大步。柯西的突破在于他创造性地引入了极限的概念，用极限来描述变量，并以极限概念为基础，分别建立了连续、导数、微分、积分等理论。例如，利用极限的概念，导数可定义为：当自变量的改变量无限趋近于 0 时，函数的改变量与自变量的改变量之比的极限。根据这个定义，求 $y = x^2$ 的导数可按下述方法计算：

$$\frac{\Delta y}{\Delta x} = \frac{2x\Delta x + (\Delta x)^2}{\Delta x} = 2x + \Delta x, \tag{1}$$

$$y' = \lim_{\Delta x \to 0} \frac{\Delta y}{\Delta x} = \lim_{\Delta x \to 0}(2x + \Delta x) = 2x。 \tag{2}$$

在(1)式中，自变量的改变量 Δx 不为 0，所以可以约去；在(2)式中，由于 Δx 以 0 为极限，所以 $2x + \Delta x$ 的极限为 $2x$。这就消除了矛盾。

(三)第三次数学危机

19 世纪下半叶，德国数学家康托尔创立了集合论。集合论刚诞生时，遭到了许多人的猛烈攻击。但后来这一开创性的成果逐渐为广大数学家所接受，并且得到了高度赞誉。数学家们发现，从自然数和康托尔的集合论出发，可建立起整个数学大厦，集合论也就成为现代数学的基石。

可是，好景不长。1903 年，一个震惊数学界的消息传出：集合论是有漏洞的！这就是英国数学家罗素(1872—1970)提出的著名的"罗素悖论"。罗素悖论可以表述为：所有集合可分为两大类，一类称为本身分子集，如由许多图书书目所构成的集合 M 仍然是图书书目，所以 M 是 M 自己的元素，即 M 是本身分子集。我们权且称之为甲类集合。而由全体自然数所构成的集合 N 就不再是自然数，所以 N 不是 N 的元素，即 N 是非本身分子集。我们称之为乙类集合。这样分类后，罗素问：乙类集合的全体也是一个集合，它属于哪一类呢？如果它属于乙类，那么根据本身分子集的定义，它是本身分子集，于是它又应该属于甲类；如果它属于甲类，那么它是非本身分子集，因此它又应该属于乙类——不管怎样回答都将自相矛盾。

罗素悖论还有一个通俗的说法，称为"理发师悖论"。一个村子只有一位理发师，他规定：本村凡是不自己刮胡子的人，都要由他刮胡子。有人问："那你的胡子该由谁刮?"理发师突然发现他无法回答:如果由别人刮,那么他是不自己刮胡子的人,他的胡子又应该由他自己刮;而如果由他自己刮,按规定,他应该是不自己刮胡子的人。

罗素悖论所涉及的是集合论中最基本的东西,所以一提出就在当时的数学界与逻辑学界引起了极大震动,这一悖论动摇了整个数学的基础,从而导致了第三次数学危机。

危机产生后,数学家纷纷提出了自己的解决方案。1908 年,德国数学家策梅洛提出了第一个公理化集合论体系,后来经弗兰克尔、斯克朗和冯·诺伊曼的改进,成为更为严谨的集合论公理系统,现在通常称为 ZF 公理系统或 ZFS 公理系统。这一公理化集合系统在很大程度上弥补了康托尔朴素集合论的缺陷。随着公理化集合系统的建立,集合论中的悖论被成功地排除了,从而比较圆满地解决了第三次数学危机。

思考与练习

1. 数学定理为什么必须通过演绎推理来证明?
2. 什么是数学的公理化方法?
3. 数学为什么会出现危机?这体现了数学的什么特点?

▶第三节　数学的现实性

一、数学源于现实

美国数学史家 M. 克莱因的《古今数学思想》被誉为最好的数学史著作。M. 克莱因在该书中指出，作为一门学科的数学，在古希腊之前是不存在的，但数学的萌芽和开端则早在原始文明社会就已出现。

（一）月历与记数

英国学者 L. 霍格本的《数学的奇境》一书具体而通俗地介绍了数学是怎样从原始社会起源的。L. 霍格本指出，在长达几千年的历史中，原始人类对任何大于 3 的量都只看作"一堆"或"一群"。类似的，美国学者 G. 盖莫夫在《从一到无穷大》中讲了一个有趣的故事：两个原始氏族社会的贵族比赛，看谁能说出更大的数。甲冥思苦想了一阵，说了一个"3"。乙绞尽脑汁想了很久后，说："你赢了。"

为什么原始人类的算术知识这样贫乏呢？原因是他们不需要更多的算术。原始人类以采集野果和猎取鸟兽为生。对于采集野果，他们最需要的知识是各种野果的成熟季节。当他们看见一些没有成熟的野果时，有经验的人判断，这些野果会在下一次月圆时成熟。但是在阴雨季节常常看不到月亮，于是他们不得不记录日期。最初，原始人用刻痕或在绳子上打结的方法记录日期，一道刻痕或一个结代表一天。可以想见，他们一定用手指头来确定刻痕的多少：2 道刻痕跟 2 个手指一样多，5 道刻痕跟 5 个手指一样多……当刻痕太多时，就必须将它们分成相等的组。显然，由于人有 10 个手指，分成 10 道一组是很自然的。慢慢地，人们又用特殊的符号和名称来表示 10，100，1 000 等计数单位，并给出了各个数码的符号和名称。只有到这时候，他们才能进行真正意义上的数数。

通过记录日期，原始人类发现，从一次满月到下一次满月之间一般总是 30 天。经过一年又一年，他们又发现，每经过 12 个满月（约 360 天），季节就会重复出现。这样，不知经过多少年，人类第一个包括四季的粗糙的月历终于形成了。中国、古埃及、古巴比伦等最初出现的文明都是与历法知识有关的，这一共同现象显然并非是偶然出现的。我国使用至今的"阴历"也是一种月历，对于它的起源的最合理的解释，当然是远古人类利用月相的周期性变化来记录日期。

（二）建造房屋与勾股定理

塔米姆·安萨利是世界著名的网络科普作家，他在《10 个伟大的科学发现》中总结了对人类社会发展有重大影响的、最伟大的 10 个科学发现，勾股定理位列榜首（后面 9 个是微生物的存在、三大运动定律、物质结构、血液循环、电流、物种进化、基因、热力学四大定律、光的波粒二象性）。小小的勾股定理为何能获此殊荣呢？

勾股定理可能是数学史上最早出现的几何定理。我国有关勾股定理的最早文献是约公前 1 世纪成书的数学著作《周髀算经》。它的第一章叙述了西周开国时期（约公元前 1000 年）周公姬旦与商高的对话，其中商高对周公说了这样一句话："故折矩，以为，句广三，股修四，径隅五。""句"即"勾"，"句广三，股修四，径隅五"的意思就是"勾长三，股长四，弦长五"。这就是我们常说的"勾三，股四，弦五"的来历。当然，这只是勾股定理的特例。一般的勾股定理在秦以前是否已被发现，由于史科缺乏，现在还难以下结论。但这个特例的出现说明，人们对此很早就有了认识。

西方把这一定理称为"毕达哥拉斯定理"，认为是古希腊数学家毕达哥拉斯发现的。毕达哥拉斯约生活在公元前 580 年至公元前 500 年，比商高生活的年代约晚 500 年。他的著作已全部散失，人们仅在亚里士多德等人的著作中可以了解其部分观点。

为什么在东、西方两大古文明的发祥地人们都首先发现了勾股定理，而不是其他几何定理呢？这是值得思考的。由此我们还想到一件事：20 世纪末，科学家为寻找地外文明，向太空中发出了一些代表智慧生物的信息，其中一条信息就是一个直角三角形。为什么要把直角三角形作为智慧生物的一个标志呢？

人类的生活离不开衣、食、住、行，其中"住"是一个很重要的方面。当原始人离开洞穴住进自建的简陋房屋中时，真正的人类文明就开始了。我国古代就有"有巢氏构木为巢"的传说，足见建造房屋是人类文明发展的重要标志。

由于地心引力，房屋的柱子、墙壁必须是铅垂的，而桌子等家具的上表面必须是水平的。要做到铅直或水平就必须作出直角，而且这个直角还必须十分精确，因为墙脚、柱脚的毫厘之差就可能引起墙头、柱顶的尺寸误差，建成的房屋就会摇摇欲坠。而观察周围的环境就可发现，自然界中很难找到现成的直角。由此可知，作出一个精确的直角乃是人类最重要的任务之一。而按照勾三、股四、弦五的方法就可以作出一个精确的直角，并且这也是作出一个直角三角形的最简单的尺寸，这也说明了勾股定理为什么最先出现。

在数学史上，古埃及常常被认为是几何起源最早的国家。《数学的奇境》一书指出，古埃及的几何起源于两个方面：建造金字塔和测量地界。金字塔是古代埃及统治者法老的坟墓，底面多为正方形，侧面为等腰三角形，即是一个正四棱锥。金字塔的高度有的超过百米，全部用巨大的整块石料砌成。建造这种建筑物无疑需要许多几何知识。古埃及人生活在尼罗河边，河水每年泛滥，水退后淤泥淹没了地界，这样古埃及人每年都必须通过测量，重新确定地界。年复一年，他们就学会了很多几何知识。

(三)我国的《九章算术》

《九章算术》是我国古代最重要的算术著作，曾长期作为教材使用。全书由问题及其解法组成，共收有 246 个问题，分成九类，每类为一章。九章的主要内容如下。

第一章　方田：田亩(一亩约 666.67 m²)面积计算问题，与面积计算有关的分数四则计算问题。

第二章　粟米：各种粮食的按比率折算问题，砖、竹、漆、布等生产、生活资料的买卖问题问题。

第三章　衰(cuī)分：按比率分配问题，有关罚款、计工、借贷等的计算问题。

第四章　少广：已知面积求边长，圆、立方体、球的求积问题。

第五章　商功：土石工程的计算问题，筑城、开渠、修坝等的计算问题，多种立体物体的体积计算问题。

第六章　均输：税收、徭役的计算问题。

第七章　盈不足：用"盈不足术"解答的各种问题。

第八章　方程：用方程解答的各种问题。

第九章　勾股：用"勾股术"解答的各种问题。

显然，这些都是当时社会生产生活中的现实问题。中国的数学也就是在解决这些现实问题的过程中发展起来的。

二、数学用于现实

古希腊数学兴起之后，数学走上了公理化的发展道路。许多数学家钻入了象牙塔，热衷于研究那些纯数学理论体系中的超级难题，甚至为此付出了毕生精力。纯数学统治了整个数学，数学变得越来越抽象，越来越远离现实。在数学教育中，数学的应用得不到应有的重视。然而，进入 20 世纪，随着生产的发展和社会的进步，数学与现实的关系发生了巨大的变化。

20 世纪以前，数学在自然科学中的应用主要集中于物理学领域。恩格斯在 19 世纪后期曾指出，数学在生物学中的应用等于 0。然而 20 世纪以来，随着生物学的发展，出人意料地出现了一个十分活跃的应用数学领域——生物数学，它包括生物统计学、生物微分方程、生物控制、生态系统分析等。由于数学在生物学中的成功应用，生物学产生了一门新的分支——数学生物学，其内容十分丰富，包括数量分类学、数量生理学、数量遗传学、数量生物经济学、数学生态学、细胞动力学、传染病动力学、分子动力学、数理医药学及神经科学的数学模拟，等等。今天，生物数学几乎进入了生物学的每一个领域，成为最振奋人心的数学应用领域之一。DNA 分子的三维空间的拓扑构型、X 射线计算机断层扫描仪、磁共振显像（MRI）、计算机数值诊断等，都是数学用于生物学和医学所取得的辉煌成果。

20 世纪以前，数学在人文社会科学中的应用甚少。然而进入 20 世纪，这种情况有了根本的改变。1971 年，美国《科学》杂志发表的美国哈佛大学卡尔·多伊奇等人的调查报告列举了 1900—1965 年全世界社会科学方面的 62 项重大成就，其中数学化的定量研究占三分之二，在 1930 年以后的重大成就中，定量研究更占到了六分之五。

在社会科学领域中，经济学是最成功地实现数学化的科学。自 1969 年设立诺贝尔经济学奖以来，三分之二以上的获奖者是由于运用数学方法解决经济问题获重大突破而获奖的。概率论、数学分析、集合论不但在经济学研究中有重要作用，数学家们还惊讶地发现，极其抽象的拓扑学最有用的领域竟是经济学。数学在经济学中的应用产生了一系列最新的经济学分支，经济计量学、数理经济学、经济控制论、经济信息学、经济预测学等，以至于一些学者认为，当代经济学实际上已成为应用数学的一个分支。确实，美国著名数学家约翰·纳什同时也是 1994 年诺贝尔经济学奖的得主。更有意思的是，经济学的核心内容之一的一般均衡理论的学术文献，与纯数学的文献一样，完全是公理化的。

20 世纪中叶计算机刚刚被发明出来，数学家就把计算机用于语言研究，很快就形成了一门新的学科——数理语言学。它包括三个主要分支：统计语言学、代数语言学（或形式语言学）、算法语言学。数理语言学使用了包括图论、模糊数学在内的一系列数学理论和方法，取得了许多令人惊叹的研究结果，如确认肖霍洛夫就是《静静的顿河》的原作者，解决了苏联现代文坛长期争论不决的一大疑案。

数学用于政治领域也取得了重大成果。1986 年，荷兰数学家给出了关于选举的两个有趣的悖论。一个叫"扩大委员会悖论"：一位候选人可以被选进一个由 N 个成员组成的委员会，而当委员会由 $N+1$ 个成员组成时，他却未必能当选。事实上，N 人委员会与 $N+1$ 人委员会的成员可能毫无关系。另一个叫"离任委员悖论"：在有一名已当选的委员退出委员会时，如果指定票数仅次于最后一名当选者的候选人当选，那么可能产生一个这样的委员会，它与如果选民再次投票选出的委员会毫无关系。那么能否设计出一种选举规则可用于一切情况而不产生上述悖论呢？答案是否定的。美国的阿罗用数学方法证明了著名的"不可能性定理"，指出这样的规则是不存在的。换言之，一个绝对公正合理、使各方都满意的政治模式是不存在的！这使政治家们大跌眼镜。

数学还进入了历史领域，导致了计量史学的诞生。它使史学的研究对象从传统的以少数杰出人物为中心转向以大众和历史过程为主体，并向总体史或综合史转移，开辟了史学的新时代。

更出人意料的是，数学在艺术领域的应用也取得了许多重要成果。计算机用于音乐，产生了计算机音响技术，其基本原理是用数字处理方法给出所需声波的数学描述，再转化为声波。这样，人们可以得到想要的任何音高和音色的音响。由此又产生了计算机作曲：计算机可按照作曲家预定的要求，创造出他们想要的曲子。1979 年，美国数学家 D. R. 霍夫施塔特的《歌德尔、埃舍尔、巴赫：一条永恒的金带》一书轰动了美国，该书揭示了数理逻辑、绘画、音乐等领域之间的深刻的共同规律，似乎有一条永恒的金带把这些表面上毫不相干的领域连接在了一起（书名中的三人分别为著名数学家、画家和音乐家）。

精妙绝伦的三维动画的理论基础首先是数学。在计算机上生成图形，需要综合运用几何表示、代数编码与计算机算法。这些综合运用加上数学中的分形理论和方法，最后发展出了虚拟现实技术，它可以直接用于飞行员、外科医生和宇航员的培训。

由以上十分简略的介绍就可清楚地看到，数学的应用多么广泛，数学的力量多么强大。数学的意义在于它的用处——它是人类认识世界和改造世界的强大武器——而不在于它的高深。

三、经验科学是数学发展的强大动力和灵感源泉

"经验科学"指偏重于经验事实的描述和有明确具体的实用性的科学。显然经验科学具有很强的现实性。早期的自然科学都是经验科学。

17 世纪以来数学的发展清楚地表明，社会生产推动自然科学的发展，自然科学又推动数学的发展，并为数学发现提供灵感。

数学家自己的经历和工作明确地说明了这一点。发明微积分的牛顿主要是物理学家；有"数学王子"美誉的高斯并不是数学教授，在将近 50 年的时间里，他一直是天文学教授和哥廷根天文台台长；柯西投入物理研究的精力与投入数学研究的一

样多，他是"数学物理"这一分支的创始人；被公认为是 19 世纪后期的领袖数学家的庞加莱，他在天体力学方面的研究成果是自牛顿以来的天文学中的第二个伟大的里程碑，他对电子理论的研究被公认为是相对论的理论先驱……类似的例子还有很多。事实上，17 世纪以来的数学家几乎都是物理学家。物理学研究的需要推动他们研究数学，并为他们提供数学研究的灵感，如微积分就是为了解决物理学中求变速运动的瞬时速度之类的问题而发明的。而物理学的发展又是由社会生产的发展直接推动的。

数学家们自己的论述也充分说明了这一点。以创立"傅立叶变换"著称的法国数学家傅立叶说："对自然的深入研究是数学发现的最丰富的源泉。"被誉为"现代电子计算机之父"的大数学家冯·诺伊曼说："数学上某些最了不起的灵感，那些想象之中纯得不能再纯的数学部门中的最好的灵感，全部来源于自然科学……"庞加莱说："忘记外部世界的存在的纯数学家将会像一个知道如何和谐地调配色彩和构图，但却没有模特的画家一样，他的创造力很快就会枯竭。"

20 世纪以来，如前所述，数学在社会科学甚至是在艺术中也得到了广泛地运用，因此这些领域也为数学研究提供了动力和灵感，给数学以极大的推动。总之，时至今日，所有的科学领域都在迅速地数学化，数学在这些领域的成功应用也极大地丰富了数学的理论、思想和方法。

思考与练习

1.《九章算术》的内容体现了中国古代数学的哪些特点？

2. 数学源于现实、用于现实，这对数学教育有什么启示？

3. 数学的特点之一是应用的广泛性。扼要地说一说 20 世纪以来，数学有哪些广泛的应用。

4. 数学的灵感来源于其他科学，这对数学教育有什么启示？

▶第四节 数学的不确定性

像严谨性一样，确定性也是数学的一个突出的特点。然而 M. 克莱因却写了一本书，书名就叫"数学：确定性的丧失"。这是怎么一回事呢？

一、纯数学和应用数学

谈到数学的不确定性，首先要区分纯数学和应用数学。顾名思义，应用数学（Applied Mathematics）是指有明确的应用目的的数学理论和方法，它研究如何利用数学知识解决现实问题和进行其他领域的研究。我们熟悉的概率论、数理统计就是典型的应用数学。相反，纯数学则是没有明确的应用目的的、与现实没有明确联系的数学理论和方法。例如，数论、抽象代数就是典型的纯数学；我们熟悉的哥德巴赫猜想则是典型的纯数学问题。

20 世纪以前没有"应用数学"这一术语。19 世纪的大数学家，如高斯、欧拉、柯西等都是既搞纯数学，又搞应用数学。

应用数学得以发展的一个原因是数学的发展越来越高度抽象化，渐渐地只有数学家自己才能理解他们究竟在搞什么，其他科学家和工程师无法利用这种数学。在这种情形下，他们就只好自力更生，不依赖纯数学家，而自己搞起数学来了。他们所搞的数学自然是要用于他们研究的自然和社会的实际问题的。应用数学就这样产生了。

小学数学也有纯数学和应用数学之分。例如，纯数字的运算属于纯数学，而对带单位的数进行的运算就有了应用的成分，有实际背景的应用题当然就属于应用数学了。

二、应用数学的不确定性

我们通常说的数学的确定性是对纯数学来说的。例如，$1+2=3$ 是确定不移的；自然数的四则运算都是如此。然而对应用数学来说情况就不同了。德国物理学家、数学家亥姆霍兹在《算术与量》（1887 年）一书中指出：只有经验能告诉我们算术公式能用在什么地方。他举出了许多例子说明盲目应用算术会导致谬误：两体积的氢与一体积的氧混合，产生的不是三体积而是二体积的水蒸气；3 匙水加上 1 匙盐，不会产生 4 匙盐水；将体积相同、温度分别为 40 ℉和 50 ℉的两杯水混合，得到的并不是温度为 90 ℉的一杯水；将频率分别为 100 Hz 和 200 Hz 的两个单音叠加，得到的并不是 300 Hz 的单音等。这些例子说明，应用数学的正确性是依赖于实际的，并不是确定不移的。

1921 年，爱因斯坦对数学与现实世界的关系给出了这样的论述："只要数学的命题是涉及实在的，它们就不是可靠的；只要它们是可靠的，它们就不涉及实在。"

三、※纯数学的不确定性

纯数学的不确定性比较复杂。我们需要回顾一下数学史，正是数学史使我们对数学的确定性的认识发生了改变。

历史上许多数学家和科学家认为，数学在科学中是得天独厚的。从苏格拉底（前 469—前 399）的时代起，古希腊人就确立了数学的至高无上的地位，之后数学一直被尊为"科学的女皇"。文艺复兴时期的大多数自然科学家都坚定地相信上帝按数学方案设计了大自然，伽利略说："世界是按上帝的计算创造的。"牛顿、莱布尼茨、拉普拉斯都确信上帝是世界上最伟大的数学家。既然数学是上帝创造的，它当然是最为完善和确定的。

然而，随着数学的发展，形势出现了转折性的变化。首先是非欧几何的出现（1825 年）表明，几何不止一种；令人震惊的是，数学不能判断哪一种是正确的。接着爱尔兰数学家哈密尔顿发明了四元数（1843 年），它能解决大量的物理和几何问题，却不满足实数和复数都满足的乘法交换律；不久，英国著名代数几何学家凯莱引进了矩阵，矩阵的运算也不满足乘法交换律，并且即使两个矩阵都不为 0，它们的积也可能为 0；之后，德国数学家格拉斯曼又发明了许多这样的代数，它们甚至比四元数还要一般化。这些新代数的出现使人们对熟悉的代数乃至算术中的真理产生了同样的质疑。

这些事实使数学家不得不对数学的绝对真理地位产生怀疑。德国数学家 F. 克莱因曾写道："这样多的至少是部分矛盾的几何学居然都能用来描述物理空间，我们真不知道，对于物理空间来说，究竟哪一种是真实的了。""正像有几种几何一样，代数也并不是只有一种，而是有好几种。因此普通代数也是一种人工产品，人们根本不能保证它的规则能适用于物理世界。""数学自命为真理的态度已经是必须被抛弃的了。"

M. 克莱因针对这些事实写道："算术和几何基本结构的公理是受经验启发得出的，因而这些结构的适用性是有限的，它们在哪里是适用的只能由经验来决定。古希腊人试图从几条自明的真理出发和仅仅使用演绎的证明方法来保证数学的真实性被证明是徒劳的。""公理的实质在于符合经验而并非其不证自明。""数学向世界证明了人能获得真理，然后又毁掉了这个证明。正是非欧几何和四元数这两个推理的重大胜利导致了这场灾难。""'人类推理的骄傲'随着真理大厦的坍塌而崩溃了。历史的教训是，我们最坚定的信念不是凭主观所做出的论断。事实上它们是最不可信的，它们标示的不是我们的成功而是我们的局限性。"

　　然而，数学家仍然有一种优越感，那就是数学由于拥有严密的逻辑推理而具有比其他科学更高的严谨性。数学家们相信，他们可以把数学知识组织成一个以公理为基础的严密的逻辑体系，这个体系的所有定理相互之间没有矛盾，即具备相容性；从公理出发，可以对它的每一个命题进行证明或证伪，即具备完备性。德国大数学家希尔伯特的话表达了许多数学家的美好愿望："我想把数学基础中所有的问题按照其现在提出的形式一劳永逸地解决，换言之，即把每一个数学命题都变成一个可以具体表达和严格推导的公式。经过这样治理的数学所推导出来的结果就会无懈可击，同时又能为整个科学描绘一幅合适的景象。我相信我能用证明达到这一目标。"

　　希尔伯特的形式主义学派和其他几个学派的数学家，从不同途径殚精竭虑地开始了构建数学基础的完备性和相容性的伟大工程。然而，正当他们为取得的进展欢欣鼓舞时，"灾难"再次降临。1931年，25岁的哥德尔发表了他的惊世骇俗的"不完备性定理"。

　　哥德尔第一定理　在任何包含自然数集的相容的形式体系 T 中，一定存在不能在 T 中得到证明的命题。即 T 中一定存在这样的命题 S，S 和非 S 在 T 中都是不可证明的。

　　这就是说，任何数学系统，只要它能包含自然数的算术，如果它是相容的，就一定是不完备的。因为 S 和非 S 必有一真一假，所以一定存在关于自然数的命题，或者它是真的，却无法证明；或者它是假的，但无法判定。

　　数论中有许多猜想，到目前为止，既没有被证明也没有被推翻，如著名的哥德巴赫猜想就是其中之一。它是那种不可判定的命题吗？如果是，我们的一切努力就都会徒劳无功，而只有到数论之外去寻求证明。

　　哥德尔第二定理　对于包含自然数集的任何相容的形式体系 T，T 的相容性不能在 T 中得到证明。

　　希尔伯特曾希望证明自然数系统的无矛盾性，根据哥德尔第二定理，这种无矛盾性不可能在自然数系统内得到证明。

　　那么，有没有办法判断一个命题能否得到证明呢？也没有！1936年，美国逻辑学家丘奇证明了以下定理：

丘奇定理 对于包含自然数集的任何兼容的形式体系 T，不存在有效的方法来确定 T 中哪些命题在 T 中是可以证明的。

并且，著名的**勒文海姆·斯科伦定理**（1933 年）还表明：一组公理能够容纳多种具有本质区别的解释，因而试图用公理系统来描述唯一的数学对象是不可能的。

至此，数学家们认识到，试图建立一个可普遍接受的、逻辑上合理的数学体系的努力已经失败。希尔伯特的美好愿望遭到了致命的打击。

M. 克莱因在总结了这段历史后写道："所有的观点最终得到这样一个结论，决定数学的合理性的不是能在某一天被证明是正确的某一种基础，数学在物理世界中的应用决定其'正确性'，数学和牛顿力学一样是一门经验科学。当它有效时，就是正确的，若其无效，则须加以修正。尽管两千年来，数学一直被看作一门先验知识，但实际上并非如此，数学不是绝对的、不可变更的。""历史支持这种观点：没有固定的、客观的、唯一的数学体系……在这方面，数学就像任何一门自然科学。当与先前的理论相抵触的新现象或新的实验结果出现时，就必须修改这些理论，而且必须将这些新现象、新结果纳入其内，没有时限的对数学真理的描述是不可能存在的。"

但是数学的真理性与其他自然科学也有不同的地方。自然科学的合理性一般取决于它们是否与自然现象或实验结果相吻合；而对于数学来说，由于它是一种工具，其合理性就取决于它是否有用和有效。例如，虚数，我们很难说它是符合现实的，但由于它有用，所以成为重要的数学模型。

思考与练习

1. 爱因斯坦说："只要数学的命题是涉及实在的，它们就不是可靠的；只要它们是可靠的，它们就不涉及实在。"谈谈你对这句话的理解。

2. 数学的不确定性对数学教育有什么启示？

3. 罗素说："数学是这样一门科学，我们全然不知道我们在数学中谈论些什么，也不知道我们说的是不是真的。"通过本节的学习，你怎样理解这句话？

第五节　数学的工具性

通过前文对数学活动的分析可以看到，数学活动，即使是它最抽象的部分，也与现实世界的空间形式和数量关系有着割不断的联系，并非是思维的自由创造。正如沙利文所指出的："整个数学是由两个概念构成的，一个是数，一个是空间。这两种东西都是现实的一部分。我认为数学被这两个概念牢牢地系在物质现实上。"然而，数学研究的自由程度仍然使我们感到惊奇。康托尔曾写道："数学在它自身的发展中是完全自由的，对它的概念的限制只在于，必须是无矛盾的并且和先前由确切定义引进的概念相协调……数学的本质就在于它的自由。"苏联数学家亚历山大洛夫指出：现代数学的自由性表现在它的研究对象已经由"已给出的量的关系和空间形式"过渡到了"可能的量的关系和空间形式"。这是数学与其他学科的一个根本不同的地方。数学为什么要研究"可能的量的关系和空间形式"呢？

一、数学是科学研究的工具

这里涉及一个数学学科的基本性质：数学是一门工具性学科。人们研究数学的目的不只是要直接认识现实世界、发现客观规律，而且也包括要为科学研究提供工具。

这种工具可大致分为两类。一类是在生产和科研的直接推动下而产生的数学工具。例如，微积分就是在工业生产的推动下，因物理学发展的需要而产生的。它一出现，就为工业生产和物理学研究提供了十分有效的强大工具。这一类可称为实时工具。另一类则与现实的科研和生产无关，纯粹是因数学自身发展而产生的。例如，虚数和非欧几何就是如此，它们诞生很长时间后都没有实际应用，只是放在那里供科学研究选用。这一类可称为备选工具。

纵观现代数学，其工具性是十分明显的。一方面，自 20 世纪 50 年代以来，数学与计算机相结合，针对生产和科研中的实际问题，建构了许多数学模型，提供了大量强有力的实时工具。另一方面，纯粹数学的发展开辟了一个又一个的数学新领域：各种结构，各种空间，各种群，各种拓扑学，各种几何学，等等，如繁星灿烂，令人目不暇接。这些极度抽象的数学理论在它们诞生时几乎都看不出有什么用。然而，随着时间的推移，它们却逐渐在科学研究中得到了应用。例如，高度抽象的群论和拓扑学在化学中得到了广泛应用，群论被用来研究分子的对称性、分子振动和晶体结构，拓扑学被用来研究分子的结构，形成了分子拓扑学。数学家们还惊奇地发现，拓扑学最有用的地方竟是经济学领域。当然，还有大量的数学理论没有得到应有，但是，如果要问它们有什么用，数学家们可能会援引法拉第对"电有什么用"的回答："婴儿有什么用？"——它们是可能前途无量的备选工具。

二、数学是科学的语言

从前述七桥问题的解决过程中我们还可看到，用数学语言描述对象的过程就是舍弃具体内容的过程。由此可知，数学语言的运用在数学模型建构中起到了关键性的作用。事实上，数学研究的一个重要特点是，它总是伴随着符号的使用。在数学发展的早期，数学的研究对象是事物的空间形式和数量关系。为了描述空间形式，人们引入了点、线、面等符号；为了描述事物的数量和顺序，人们引入了数的符号。每一种新的数和形都伴随着新的数符号和形符号。随着计算的出现，又引入了运算符号、关系符号。同时还引入了一系列概念和术语。这些符号、概念和术语统称为数学语言。

数学的有力武器是运算和推理，然而，没有数学语言，运算和推理很难进行。随着数学的发展，运算和推理越来越复杂，没有数学语言就几乎不可能进行了，只有用数学语言表述的对象，才能进入数学的研究领域；而不管什么对象，只要它能用数学语言表述，就可以用数学方法来处理，从而成为数学的研究对象。

不仅如此，新符号的使用往往可以开辟新的数学领域。字母的使用开辟了代数学，平面直角坐标系开辟了解析几何，行列式和矩阵开辟了高等代数……数学语言成了数学创造的工具。美国数学史家斯特洛伊克就曾指出："一种合适的符号要比一种不良的符号更能反映真理。而合适的符号，它就带着自己的生命出现，并且它又创造出新生命来。"

一些科学家认为，数学语言对数学和科学具有决定性的作用。爱因斯坦写道："人们总想以最适当的方式来画出一幅简化的和易领悟的世界图像……这就是画家、诗人、思辨哲学家和自然科学家所做的……理论物理学家的世界图像在所有这些可能的图像中占有什么地位呢？它在描述各种关系时要求尽可能达到最高标准的严格精确性，这样的标准只有用数学语言才能达到。"庞加莱说："研究这些空虚框架的数学分析是精神的空洞游戏吗？它给予物理学家的只不过是方便的语言，这难道不是平庸的贡献吗——严格地讲，没有这种贡献，也能够做到这一点吗？远非如此！没有这种语言，事物的大多数密切的类似对我们来说将会是永远未知的；而且，我们将永远不了解世界的内部和谐。"

数学这门科学有一个奇怪的现象：随着自身不断深入的发展，人们越来越不清楚它的研究对象究竟是什么了。数学的研究对象早已突破恩格斯所说的"现实世界中的数量关系和空间形式"的范围，苏联数学家亚历山大洛夫指出："一般说来，现实世界的任何形式和关系都可以成为数学的对象，只要它们在客观上与内容无关，能够完全舍弃内容，并且能用清晰、准确、保持着丰富联系的概念来反映，使之为理论的纯逻辑发展提供基础。""清晰、准确、保持着丰富联系的概念"就是数学语言的一部分，而要成为"纯逻辑发展"的基础，就必须且只需用数学语言表述所研究的对象。也就是说，一切舍弃了具体内容并用数学语言表述的对象，都是数学研究的对象。

三、几点结论

对数学的本质的考察使我们看清了数学教育的一些根本问题。

(一)数学与现实世界的关系

它体现在以下几方面。

1. 数学源于现实

古希腊数学并不是凭空在头脑里产生的，没有古埃及为丈量尼罗河泛滥后的田地和修建金字塔而产生的几何知识，就没有欧几里得的《原本》。数学教育必须牢牢地把握"实践"这一数学的本源。

2. 数学用于现实

M. 克莱因说："数学是科学的王后，同时也是它的女仆。"数学或者直接为其他学科服务，或者作为其他学科的语言和工具间接为自然科学服务。解决现实问题乃是数学的生命力之所在，数学教育应围绕现实问题进行。

3. 现实需要是数学发展的强大动力和灵感的源泉

社会生产推动自然科学的发展，自然科学又推动数学的发展，并为数学发现提供灵感。

4. 实践是检验数学真理的唯一标准

如前所述，数学其实是不确定的。数学家已经认识到了这一点，前面所引的罗素的话的意思就是：数学不能保证也无法判断它的理论的正确性。M. 克莱因的观点则是：只有经过实践的检验，才知道我们建立的数学理论是不是正确的。

(二)全面的数学观

完整的数学活动包括建立数学模型、研究数学模型和运用数学模型三个方面，而数学模型的研究往往内容丰富，成果众多。汗牛充栋的数学著作一般都是记录现成的数学理论，也就是关于研究数学模型的结果的，以至于人们往往把数学理论当作数学的全部。受这种观点影响，传统的数学教育只教学生理解这些数学理论。

建立数学模型是数学活动中最具开创性的工作。每一种新数的引入都开创出了一个数学的新领域；笛卡儿的平面直角坐标系开创了解析几何；牛顿和莱布尼茨的微积分运算开创了数学分析；康托尔的无限集开创了集合论……在这些新领域的开辟工作中，建立数学模型起到了奠定基础，勾画蓝图，提出新思想、新方法的作用。大数学家都在这方面做了开创性的工作。

运用数学理论解决实际问题也具有较强的创新性。解决实际问题首先要判断它是不是数学问题，其次要将问题数学化，然后才能运用数学理论来解决它。真正的数学"问题解决"必须有头两个环节，但传统的数学教育却没有这两个环节，所谓"应用"只是解答那些已经做过数学加工的、条件完备的练习题。

上述分析揭示了数学教育改革的一条根本途径：数学教育应源于现实并用于现实，应让学生完整地参加数学活动的三个方面，数学教材应为学生提供具有现实情境的学习材料。

思考与练习

1. 数学为什么要研究"可能的量的关系和空间形式"？

2. 数学语言对数学和科学有哪些重要意义？

3. 数学与现实的关系体现在哪些方面？

4. 全面的数学观对数学教育有什么启示？

第二章　儿童数学学习心理

▶ 第一节　知识的三种类型和数学知识的心理起源

20 世纪 50 年代，皮亚杰创立了"发生认识论"，专门研究儿童认识的心理起源和发展问题。皮亚杰采用"临床法"对儿童进行了长期的跟踪研究，揭示了大量不为人知的儿童思维发展的规律，在全世界产生了极大的影响，受到了人们的高度赞赏，他也被誉为与爱因斯坦、弗洛伊德齐名的伟大学者。皮亚杰关于数学知识的心理起源的研究是数学学习心理的最基本的理论之一，对小学数学教育有重要的指导作用，已成为世界各国进行教学改革的重要理论根据。

一、知识的三种类型

皮亚杰把知识分为三类：社会知识、物理知识和数理逻辑知识。

社会知识的基本来源是人们制定的种种风俗习惯和语言、文化等。例如，中国阴历年的第一天是春节；对长辈的各种称呼；长大米的植物叫"水稻"，等等。社会知识的基本特点主要是具有主观性。有些人过春节，有些人不过；不同的语言对长辈的称呼也不同；长大米的植物叫"水稻"并无特别的理由，在不同的语言中，可以用不同的名称。所有这些知识并没有任何物质或逻辑上的理由，是约定俗成的。

物理知识指的是物体具有的各种性质，如颜色、质量、温度、硬度等。这些知识存在于物体本身，是客观存在的，是不以人的意志为转移的。

数理逻辑知识也是客观存在的，也是不以人的意志为转移的。但是这种知识与物理知识不一样。我们同时看见一个红球和一个蓝球，就知道它们是不同的，这种"不同"就是数理逻辑知识的实例。球虽然可以看见，但它们之间的区别却是看不见的。这种区别既不存在于红球中，也不存在于蓝球中，而是观察球的人从心理上把这两个物体联系起来形成的一种关系。如果观察者没有把这两个球联系起来，他就不会认识到这种区别。事物之间的各种关系都是数理逻辑知识。数学知识属于数理逻辑知识的范畴。

物体的顺序、数量和形状也是数理逻辑知识。物体的顺序和数量是客观存在的，但顺序和数量并不存在于物体之中，儿童必须把若干个物体联系起来，抛弃它们的物理性质，并与自然数列建立一一对应关系，才能得出物体的顺序和数量。儿童要认识物体的形状也必须抛弃物体的物理性质，并把不同形状的物体进行分类。例如，儿童要认识四边形，就必须抛弃物体的颜色、大小、质量等物理性质，并把四边形从其他形状的图形中区分出来。

二、数学知识的心理起源

(一)儿童的数学知识起源于动作

从以上三种知识的性质可知，儿童获得社会知识，基本上靠语言传递，通过记忆就可得到。而物理知识必须经过亲身体验才能得到：我们可以告诉儿童"红色"这个词，但什么是红色，必须自己看了才知道。冷、热，轻、重等物理知识都是如此，要摸过、掂过才知道。因此，物理知识是不能只用语言传授的。

数理逻辑知识也是不能用语言传授的。首先，数理逻辑知识都包含物理知识，儿童先要认识各种颜色，才能比较颜色的不同。其次，数理逻辑知识要通过更复杂的动作来认识。例如，数数、测量，都是由多种简单动作组成的复杂的动作系统。

(二)物理动作和数理逻辑动作

皮亚杰把获取知识的动作分为两类。一类是物理动作，即直接作用于外界的个别动作，如推、敲、摸、压、掷，等等。这些动作是直接作用于物体的，并且都只有单独一个动作。另一类是数理逻辑动作，即个别动作组成的协调组织，或者说一系列相关联的动作组成的动作系统。例如，儿童数一堆小石子的个数包含一系列动作：拿起一个小石子，把它放到一边(或者点一下某个小石子)，同时念出一个自然数(这也是动作)。并且他不能把一个小石子数两次，也不能漏掉一个小石子不数，这样他就必须按照一定的顺序进行，而他数小石子的动作就组成了一个系统。儿童测量桌子一边的长度也包含一系列动作，这些动作也组成了一个动作系统。由此我们可以看到，相同的几个动作也可以组成动作系统，从而成为数理逻辑动作。

(三)简单抽象和反省抽象

知识来源于动作，但动作并不能直接产生知识，主体还需要对动作进行抽象，才能获得知识。例如，儿童用手拿起一件东西，如果他舍弃这件东西的形状、大小、颜色等性质，只感受它给自己的手施加的力，就得出"物体有质量"这一知识。这一思考过程就是抽象。对物理动作的抽象称为"经验抽象"或"简单抽象"。这种抽象是从对象本身抽象出来的，轻、重，光滑、粗糙，热、凉，都是物体本身具有的性质。由简单抽象得到的是物理知识。

对数理逻辑动作的抽象称为反省抽象。反省抽象是对行动过程进行抽象，而不是对对象本身进行抽象。例如，一个儿童数一堆小石子，数完后得出结果是 10 个，但是个数并不存在于小石子中，是儿童把小石子与自然数列的一部分建立了一一对应，才得出小石子的个数。儿童数数的过程就是建立这种一一对应的过程，而个数就是从这一过程中抽象出来的。儿童数小石子要按一定的顺序，顺序并不存在于小石子之中，而是儿童把它们排成各种顺序的。进一步，他把小石子排成一行，从左数到右，结果是 10 个；为了好玩，他又从右数到左，很奇怪，结果还是 10 个；他又把小石子排成一个圈，沿不同的方向再数，结果总是 10 个。不管他把小石子排成什么形状来数，结果总不变。最后他发现了"数数的结果与数数的顺序无关"这一重要的数学知识。由反省抽象得出的知识是数理逻辑知识。

儿童的数理逻辑知识是逐渐建立起来的。数理逻辑知识包含着各种关系，在建立数理逻辑知识的过程中，先要了解物体之间的简单关系，如"相同""不同""多些""少些"等关系，之后儿童才能推断出一些较复杂的关系，如"珠子总比红珠子多""如果甲比乙高，乙又比丙高，那么甲一定比丙高"。

皮亚杰认为，儿童行动的协调经过一定的发展阶段而变成了心理运算乃至逻辑的和数学的概念。一切经验、知识发源于实际动作，而非来源于物体本身，而思维则是对事物所采取的行动的抽象。

三、皮亚杰理论的数学教育意义

由以上分析可以得出，皮亚杰理论对我国的小学数学教育有以下重要意义。

(一)数学教学应区分数学知识和社会知识，采取相应的教学方法

我国小学数学教学的一个普遍问题是，常常把数学知识当作社会知识来教，认为数学知识都可以通过语言来传授，教学中以语言传授（讲解或对话）为主，并让儿童通过记忆概念和法则来学习数学。这样儿童会由于不理解而失去对数学的兴趣，也不能产生有效的知识迁移，更不能培养创新精神。

小学数学中也有社会知识，如三角形不叫"三边形"，就是一种社会知识，没有什么道理可讲。编码也是一种社会知识，邮政编码中的那几个数字代表什么意思，基本上也是编码的人约定的。然而有的教师在教学编码知识时，却花大量的时间让学生"探索"邮政编码中那几个数字表示什么意思，其实是没有必要的。

（二）小学数学教学必须让儿童动手操作

1. 数的概念、大小关系及数的运算都是数理逻辑知识，是不能只通过讲授就教会的

皮亚杰的研究表明，让儿童机械地模仿数数的过程，儿童往往只学会了数数的形式，而没有认识到数数的本质。例如，让他们数 8 根小棒，他们会认为 1 到 8 的数就是这 8 根小棒的名称，而数数的结果就是最后那根小棒的名称，常常漏数或多数某一根小棒。儿童必须接触大量的不同数量的实物并加以比较，通过大量的动手数数、合并和分开等操作活动，才能懂得"多些""少些""同样多""相加""相减"这些概念，并最后理解数的概念和运算的本质。我们可以教会儿童正确回答 2 加 3 是多少，但儿童只有在自己的头脑中建立了两数相加的关系，才能真正懂得加法。而两数相加关系的建立，必须通过实物的操作活动。

2. 儿童理解空间观念必须依靠动作性活动

对于几何图形的概念，至今我们的教学几乎都是让儿童观察几何图形，然后讲解，很少让学生进行实物操作。也就是说，我们相信儿童凭视觉就可以建立几何图形的表象，头脑的工作就像用照相机照相，拍下的形状就成为头脑里的一个"表象"。对于成人来说这似乎是显而易见的，然而对儿童来说情况却并非如此。皮亚杰和一些西方心理学家进行了许多这方面的实验，结果都表明，儿童要建立几何表象，单凭知觉或视觉是不够的，还必须有儿童对物体施加的动作。在这些实验中，必要的动作就是儿童用手指或双手沿着物体的轮廓运动，形状正是这样抽象出来的。但是如果儿童只是偶然地沿着一个物体的轮廓运动，那还是不够的，还必须是有目的的、协调的动作。皮亚杰强调："动作性的活动对于儿童理解空间观念具有无比巨大的重要性。"

3. 多媒体课件和教师的实物演示都不能代替学生的学具操作

目前我国的小学数学教学大力提倡使用多媒体课件，认为其美观、形象、生动，因而必然效果好。其实多媒体课件提供的是一种半具体水平的学习材料，只能产生视觉效果，与动手操作具有本质的区别。小学生的思维发展处于"具体运算"阶段，他们的第一感官是手，而不是眼睛。儿童只有通过动手操作才能真正理解，并留下深刻的印象。"儿童的智慧在他的指尖上""动手出智慧"，就是这个道理。

教师的实物演示比多媒体画面更具体，儿童看到的是真正的实物，是否就能满足儿童的认知需求了呢？可惜还是不能——因为它同样只能产生视觉效果。视觉的发展落后于手的触觉的发展，儿童看见一个感兴趣的东西，第一个冲动就是用手去抓它，原因就在这里。更小的婴幼儿则抓住东西就放进嘴里吮吸，原因是嘴唇是最

早发育的感官。

当代的小学数学课堂教学根据处于"具体运算"阶段的儿童的思维特点，普遍重视学生的动手操作。许多国家为小学生配备了专门的学具，像教材一样人手一套。美国的教学法专家发明了多种小学数学学具，如奎逊耐彩棒、迪恩斯多层算术积木、斯特恩木块等。其中奎逊耐彩棒已在世界各国普遍使用。我国却至今没有认识到学具的重要意义，没有对学具进行认真的研究，推出广泛适用的学具，在教学中也很少使用学具。这是我国的小学数学教学亟须改进的一个方面。

思考与练习

1. 解释名词：社会知识，物理知识，数理逻辑知识；物理动作，数理逻辑动作；简单抽象，反省抽象。

2. 为什么要让儿童通过操作来学习数学？

3. 谈谈皮亚杰理论的数学教育意义。

▶第二节 儿童思维的发展

一、脑细胞的发育

思维是脑的功能，脑是思维的物质基础。因此，脑的发育对思维起着决定性的作用。人体的任何部分都是由细胞组成的，大脑也不例外，据大脑生理学者的推断，一个人的脑细胞大约有140亿到150亿个。但是，脑细胞与其他器官的细胞不同。其他器官的细胞是通过新陈代谢来发育成长的，老的细胞死去，新的细胞诞生，器官就在这一过程中发展变化。然而脑细胞却不发生这种新陈代谢，从人诞生到死亡都不发生更替。那么，脑细胞究竟依靠什么发育成长呢？

原来这150亿个脑细胞有另外一种完全不同的发育形式，它的每一个细胞都是依靠接受外部对它的刺激，对刺激做出反应，并且不断地增加反应次数来促进其自身的发育成长的。如果脑细胞受不到外部给它的刺激，它就不会有正常的发育。受到的外部刺激越多，脑细胞的发育就越好。这样，在150亿个脑细胞中，必定会有发育得好的和发育得不好的。能对外部刺激做出反应的脑细胞越多，大脑就越发达，思维就越灵敏。

（一）髓鞘化

当脑细胞受到外部刺激后，它是以什么形式发育成长的呢？我们可以设想，在婴儿眼前发出一种声响，婴儿脑细胞中的若干个细胞就会接受这种声响刺激。接受了声响刺激的脑细胞便通过神经纤维向眼睛发出一种好像电流一样的信号，示意眼睛搜寻发声物体所在的地方。这种信号如果正好给了眼睛，婴儿就会把眼睛朝向发出声响的物体。

可是，当婴儿第一次接受这种刺激时，在接受刺激的脑细胞与眼睛之间相当于电线一样的起连接作用的神经纤维是裸露着的，就好像电线未包绝缘皮一样。这样，从这里通过的"电流"就会发生"漏电"现象，"电流"就会流进别的"电线"里去。这样一来，信号不光传给了眼睛，也会传遍全身。婴儿受到惊吓会全身颤抖，就是因为这样的原因。在这种情况下，婴儿即使听到声响，脑细胞也支配不了眼睛，不能使眼睛朝向声响发生的方向。然而奇怪的是，如果反复不断地给予脑细胞无数次刺激，这种裸露的"电线"就会被一种"绝缘"物质所包裹而不再"漏电"。这种现象在大脑生理学上称为"髓鞘化"。髓鞘化的过程一旦完成，从脑细胞发出的信号就能原原本本地到达目的地，只有这时才是婴儿大脑功能活动的开始。因此，髓鞘化乃是婴儿智力发育的第一步。髓鞘化的初步完成是在 3 岁的时候，所以，人一旦过了 3 岁，就能应付来自外部的刺激而采取相应的应对行动了。

以上事实表明，作为人类智力发育第一步的髓鞘化过程并不是自然发育成熟的，而是反复接受来自外部的刺激才形成的。掌管思维的脑细胞也是接受外部的刺激才发育成长的，甚至可以说只有依靠外部刺激它才能够发育成长。所以，有的大脑生理学家甚至认为，脑细胞几乎没有遗传的因素，没有足够的外部刺激，即使有优良的遗传和丰富的营养，大脑也不可能发育良好。这是我们要特别注意的。

(二)神经传导

髓鞘化完成后，人虽然能对外部刺激做出反应，但还不能说是拥有了思维能力。因为一些复杂的刺激需要很多的脑细胞联合起来才能应付。为了应付复杂"局面"，脑细胞之间的联络网和联络通路就成为必不可少的了。脑细胞之间的这种联络通路，在大脑生理学上称为神经传导作用。只有这种神经传导功能发育完成，人的思维能力才算最终形成了。

需要特别强调的是，脑神经细胞传导功能的发育和脑细胞本身的发育一样，也是受到的外部刺激越多、越复杂，发育就越早越快。如果我们对孩子过分爱护，不让他们自由玩耍和充分接触大自然，或者让他们长时间地上课、做作业，就好比把孩子与外界隔离了一样，会严重影响神经传导功能的发育成长。

大脑生理学家把神经传导功能的发育大体分为 5 岁、7 岁、10 岁三个阶段。儿童的思维能力在 5 岁、7 岁、10 岁各完成一个飞跃，到 10 岁左右，智力的发育大体已经完成，到 12 岁以后智商就基本固定了。由此可知，在整个小学阶段，儿童的大脑都应该充分地接受各种刺激，而大自然则是提供这种刺激的最佳源泉。苏霍姆林斯基认为："大自然是思维的最丰富的源泉，是创造性的、探索性的智力的最丰富的源泉。"在苏霍姆林斯基任校长的巴甫雷什中学，学生在九月里每天待在教室里的时间不超过 40 分钟，在十月里不超过两小时。苏霍姆林斯基"一课接一课地把孩子们领到永远常新的、取之不尽的知识源泉——大自然中：让孩子们到果园、森林、河边、田野中去"。他把这种课称为"思维课"，并指出："这一套思维课是我们训练思维的'学校'，没有它，我们就很难设想在小学的所有课堂上，在以后的教学和智力发展的各个阶段，会有圆满而有效的脑力劳动。"他的这些主张所依据的，就是科学的大脑生理学。

二、图式、同化和顺应

初生的婴儿具有两种本能：吮吸和抓握。他们抓住东西就往嘴里放，并且常常津津有味地吮自己的手指。许多母亲认为这是不卫生的坏习惯，想方设法不让孩子这样做。其实这是一个极大的误解。这时的孩子认识事物的方式只有一个，就是用嘴吮它。他们甚至还不知道手是自己身体的一部分，他们不断地吮自己的手，刺激与手相连的脑细胞，促使它们发育，最后建立了手与脑的各部分的联系。这时，手就成了他们认识事物的第一感官，儿童看见一个新事物，第一个冲动就是用手去摸它、摆弄它。在这一阶段，儿童主要是通过手的动作来认识事物的，直到小学阶段仍然是如此。

(一)图式

皮亚杰认为，儿童对事物的认识既不是天生的，也不是一下子就学来的，而是在发展中所形成的心理结构。最基本的认知结构就是动作的结构，皮亚杰称之为"图式"。儿童认知的发展就是这种图式的发展。

(二)同化与顺应

图式的发展有两个途径。一个叫"同化"。当外部刺激作用于图式时，图式总是从已有水平出发来理解新的知识和经验，对输入的刺激加以选择和改造，以使刺激能够被纳入现有的图式中去，这个过程称作同化。同化丰富了原有的图式。

另一个叫"顺应"。当新刺激作用于图式时，现有的图式如果不能同化它，就会修改或建立新的图式以适应新信息，这个过程称作顺应。顺应发展了原有的图式。

由此我们看到，儿童认知的发展是一种自我调节过程，是连续不断地建构过程。这一过程最基本的特点是具有主动性，外部刺激只有通过儿童心理的同化和顺应才能引起儿童认知结构的改变。这一理论与"学习是知识的被动积累和增长，是技能的简单重复和熟练"这种传统观念是根本不同的，"主动学习"的教学思想就是以此为理论依据的。

三、儿童思维发展的阶段性

皮亚杰花了几十年时间研究儿童认识的发生和发展，他采用"临床法"，长期系统地观察、分析个体从婴儿到少年的思维发展过程。他发现，以运算为标志，儿童智力的发展呈现出阶段性。从出生到十四五岁，儿童思维的发展可以分为四个阶段，每一个阶段的思维各具有其特点和规律，这些特点和规律对数学教学具有很大的指导作用。

(一)运算(Operation)

运算是皮亚杰儿童认知发展理论的主要概念之一，这是一种心理运算，它有四

个重要特征:

(1)心理运算是一种在心理上进行的、内化了的动作。例如,把茶壶里的水倒进茶杯,可以看到一系列动作,这一系列动作作用于我们的感官。然而对于成人和达到一定年龄的儿童来说,即使不去做这些动作,也可以在头脑里想象这些动作并预见其结果。这种心理上的倒水过程,就是一种"内化的动作"。新生婴儿也有哭叫、吮吸、抓握等动作,但他们不能将这些动作内化,所以不能成为运算。

(2)运算具有可逆性。仍然以倒水为例,我们不但可以在头脑中将水从茶壶倒入杯中,也能够在头脑中让水从杯中回到茶壶中去,这就是可逆性(reversibility)。

(3)运算具有守恒性。所谓守恒性(conservation)是指物体的数目、长度、面积、体积、质量等在不同的形式下保持不变。例如,8 粒扣子摆成一行或堆成一堆,个数不改变;装在茶壶中的 100 ml 的水倒进杯中仍是 100 ml;一个苹果切成 4小块后其质量还是一样。

(4)运算具有逻辑结构。儿童的动作一般不是单独的、孤立的,而是互相联系的、有结构的。例如,用茶壶往茶杯里倒水,首先要将壶嘴对准茶杯;然后倾斜茶壶,让水流入杯中;最后将茶壶放到原来的位置,倒水停止。这一系列动作是相互联系的,并具有因果关系:由于茶壶倾斜,壶嘴对准茶杯,所以水会流入茶杯中。这种联系就是一种逻辑结构。

(二)儿童智力发展的阶段性

1. 阶段性的含义和特点

(1)阶段出现的先后顺序不变,不能跨越,也不能颠倒,并且所有的儿童都遵循这样的发展顺序。

(2)任何一个特定阶段的出现不取决于年龄而取决于智力发展水平,皮亚杰在描述阶段时附上的年龄只是表示各阶段的一个大概的年龄范围。事实上,由于文化或教育的不同,各阶段出现的平均年龄会有较大差别。

(3)每一阶段都有独特的、相对稳定的认知结构,这些结构决定了儿童行为的一般特点。儿童发展到某一阶段就能从事水平相同的各种性质的活动。

(4)认知结构的发展是一个连续建构的过程,每一个阶段都是前一阶段的延伸,是在新水平上对前一阶段进行改组而形成的新结构。前一阶段的结构是后一阶段的结构的先决条件,并被后者取代。

2. 儿童智力发展的四个阶段

(1)感知—运动阶段(零至一二岁)。

这一阶段儿童用感官感知刺激,并用运动对刺激做出反应。把乳头放进婴儿口中，它就会吮吸；把东西放到婴儿的手中，它就会抓握，等等。吮吸和抓握都是婴儿的本能，最初儿童就利用这些本能来认识外界事物。通过将这些个别动作联系起来，婴儿形成了最初的习惯，如寻找声源、用目光追随运动的物体或人，等等。四个月后出现循环反应动作，如婴儿会主动地反复用手去抓挂在摇篮上的响铃，使它发出声音。11个月后出现目的性活动，如婴儿拉成人的手，把手移向他自己够不着的玩具。到这个阶段的最后时期，儿童开始能模仿大人的动作"想出"新方法。

（2）前运算阶段（两岁至六七岁）。

这一阶段最明显的发展是语言的快速习得。儿童出现了不与实物直接联系的信号性活动，这些信号包括语言、表象、象征性行为等。其具体活动形式是延迟性模仿，象征性游戏（如用小木凳当汽车、用竹竿做马），初期绘画，初期说话，等等。模仿活动产生了心理表象，从而促进活动向意识内部转化，为思维的发展打下基础。此阶段儿童的认识活动有以下特点：①自我中心性。即儿童不能从他人的角度看问题。②不可逆性。这一阶段的儿童不能意识到逻辑操作的可逆性，各种关系是单向的、不可返回的，没有守恒结构。③刻板性。在思考问题时，只能注意到某一方面，不能顾及其他方面。④缺乏概括事物性质的层次性。

（3）具体运算阶段（六七岁至十一二岁）。

这一阶段的儿童能凭借具体形象进行运算。例如，知道甲比乙大，乙比丙大，问甲与丙哪个大？他们可能难以回答。但如果说小强比小明高，小明比晶晶高，他们就可以判断小强比晶晶高。他们学会了从别人的角度看问题，能接受别人的意见，即实现了去自我中心。其认知活动具备了守恒性和可逆性，知道了数量、长度、体积、面积的守恒性，形成了类别、顺序、对应等观念；懂得物体做某些改变后，仍可以回到原来的状态；能理解减法是加法的逆运算。但是儿童的思维仍不能脱离具体实物，手仍然是他们认识事物的主要器官，动手操作是他们的认识活动的主要形式。

（4）形式运算阶段（十一二岁至十四五岁）。

这一阶段儿童的思维已经摆脱了具体事物的束缚，儿童拥有了形式思维。这一阶段的思维具有正向、逆向、互反、互反逆向的组合思维结构，可以对一个假设命题进行一切可能关系和分类的思考。儿童的思维活动已经从以外部活动为主转变为以大脑内部活动为主。因此，形式运算的形成，标志着儿童的思维已经成熟。

思考与练习

1. 苏霍姆林斯基为什么高度重视到大自然中去上"思维课"?

2. 解释名词:图式,同化,顺应。

3. 同化和顺应的理论对教学有何指导意义?

4. 小学生的思维发展处于哪一个阶段?这一阶段儿童的思维有什么特点?

▶第三节　学习兴趣与小学数学教学

学习兴趣是影响学习的一个重要心理因素。我国古代大教育家孔子说："知之者不如好之者，好之者不如乐之者。"大科学家爱因斯坦说："只有热爱才是最好的老师，它远远超过责任感。"《标准（2011 年版）》也把"对数学有好奇心和求知欲"作为数学教育的首要情感目标。数学学习兴趣的问题值得我们高度重视和认真研究。

一、兴趣的心理学意义

(一)兴趣的特征

作为心理学术语的兴趣与日常用语的兴趣是有区别的。心理学著作一般把兴趣定义为"认识倾向的情绪表现"。具体地说，要理解兴趣的意义，还应该指出兴趣具有的以下两个特征，正是这两个特征使得兴趣在教学中具有重大意义：

(1)产生兴趣时大脑高度兴奋，思维高度集中；

(2)同时伴随着愉快和满足的情绪。

由于第一个特征，在产生兴趣时脑力劳动的效率就特别高，效果就特别好；由于第二个特征，大脑就特别不容易疲倦，脑力劳动就能自发地、持久地进行下去。现代心理学已经证明，情绪对大脑有很好的调节作用，聚精会神、乐之不倦、废寝忘食、如醉如痴，正是产生兴趣时的心理状态的写照。可以断言：产生兴趣时的心理状态是学习和工作的最佳心理状态。

兴趣的这两个特征是缺一不可的。一个困在悬崖上的人，思维会高度集中防止自己坠落，但是他的情绪是紧张甚至充满恐惧的，不会感到愉快和满足，因此不能说他对困在悬崖上感兴趣。一个正在听轻音乐以放松情绪的人会感到愉快和满足，通常我们也说这人正在饶有兴趣地听音乐，但由于他处于悠闲状态，就不能说他产生了心理学意义上的兴趣。

(二)兴趣的分类

我国的心理学著作一般把兴趣分为"直接兴趣"和"间接兴趣"两类。所谓直接兴趣，"就是对事物本身感到需要而引起的兴趣"；所谓间接兴趣，"就是对某种事物本身并没有兴趣，而是对这种事物未来的结果感到需要而有兴趣"。不难看出，这里关于间接兴趣的说法是有矛盾的。按照这一说法，间接兴趣其实是没有兴趣。"事物未来的结果"与"事物本身"是两回事。一个人对钱感兴趣，所有能赚大钱的事他都乐意去干，即使是扫厕所。但是我们不能说他对扫厕所感兴趣，因为对扫厕所他本来是十分厌恶的。这里之所以对"间接兴趣"的说法提出批评，是因为我们的教学常常正是在这种意义上利用兴趣的。例如，教师并不利用教学内容和教学方法来激发学生的学习兴趣，而是利用对优秀的学习成绩给予奖励的办法来诱使学生努力学习，但按照以上说法，这可以算是"间接兴趣"。

根据引起兴趣的原因和兴趣发展的不同阶段，我们可以对兴趣做出以下分类。

(1)自然兴趣：即由生理原因产生的兴趣。例如，儿童喜欢蹦蹦跳跳，爱做游戏，就是一种自然兴趣。它不需培养，也与环境无关。不同年龄段的人，其自然兴趣也不同，儿童、青少年、老年人，各有其不同的自然兴趣。

(2)经验兴趣：由环境、教育和社会经历等外在因素引起的兴趣。

(3)意志兴趣：简称志趣，即与志向和理想结合起来的兴趣。例如，一个学生爱好数学，他又有科教兴国的志向，他还认识到数学知识在科教兴国中的重大作用，这样他的兴趣就与志向结合起来，形成志趣。志趣的特点是有鲜明的目的。

自然兴趣只能加以利用，而不能逆转。例如，如果强迫好动的儿童端坐听课，手脚都不准乱动，他就会感到苦恼、难受，而不能正常地思考问题了。自然兴趣是兴趣发展的初级阶段。

经验兴趣则正是我们要激发和培养的，是教学中要加以利用的一个重要因素。经验兴趣是兴趣发展的中级阶段。

志趣是兴趣发展的最高阶段，它的稳定性、持久性都是最强的，效能也是最好的，在学习中所起的作用当然也是最大的。教师要努力培养学生的志趣，但志趣是逐渐形成的，有一个较长的过程。

二、学习兴趣在教学中的意义

(一)兴趣与动机

动机是行动的动力，学习动机对学习具有决定性的意义。苏联著名教育家苏霍姆林斯基说："如果学生没有学习的愿望，那么我们所有的计划、所有的探索和理论都会成为泡影。"因此，培养学生良好的学习兴趣是教学的首要任务。

学习动机是多种多样的，希望实现父母的愿望、受到老师奖励、实现个人理想、追求名利、建设祖国、服务人民等，这些都是指向学习活动结果的所谓的"间接性动机"。兴趣也是动机的一种，但它是指向学习活动本身的，称为"直接性动机"。兴趣作为动机的特点是，它是一种内在的、自觉的动力，它直接推动学习活动的进行，而不需要理智来控制。

间接性动机则不然，它需要通过理智的控制来起作用。例如，某学生本来不爱好数学，但由于想升大学，而数学是必考科目，所以不得不强迫自己下功夫去学。这两种动机产生的效果是不同的，对于中小学生来说，兴趣的力量远远超过间接性动机。一位九年级学生在日记中的自述就充分地说明了这一点："我特别喜欢理科——数学呀，化学呀，真有意思。可是语文呀，历史呀，我就不爱学。我知道这是很不对的，可就是对那些功课不感兴趣，也钻不进去，所以成绩特别不好，那个可耻的 60 分就是在历史卷子上出现的。我尽我最大的努力听，但听完也就忘光了。对理科却不然，我能记得很久，这证明并不是记忆力不好。"这位学生知道不喜欢语文等科目是不对的，这说明他对这些科目的学习是有间接性动机的，但由于没有兴趣，却总"钻不进去"，虽然"尽了最大的努力听"，但"听完也就忘光了"。而对于他所喜爱的理科，情形却完全相反。

在这两种动机之下，学习活动所能达到的积极程度也是不同的。在间接动机之下，充其量只能达到锥刺股、头悬梁的程度，但如果没有兴趣，永远也不可能达到废寝忘食、如醉如痴的程度。

（二）兴趣与数学能力的发展

在数学教育改革中，发展能力历来被摆在首要位置。人们提出了许多发展能力的教学方法，但这些方法往往只着眼于教给学生分析问题和解决问题的方法、技巧，而忽略了推动能力发展的动力问题。但是一部机器不管造得多么精巧，没有动力是开动不起来的。推动能力发展的动力是什么？苏联著名心理学家克鲁捷茨基说："这种爱好，如对数学的需要，是发展能力的最强大的动力。""爱好和兴趣在这里所起的作用说明了这样一个事实：一个人对数学有了兴趣就能专心致志，从而有力地运用和发展他的能力。数学家们自己是经常指出这一点的，他们的全部生活和创造活动也证明了这一点。"能力总是和爱好息息相关的。因为"数学能力是在数学活动过程中形成和发展的"，而积极、努力、顽强地从事数学活动的强大的动力，就是兴趣。

（三）产生兴趣的必要条件

1. 学习材料的适当难度

首先，学习材料的适当难度和适度新颖性是产生兴趣的第一个必要条件。因为人对完全不理解的知识是无法产生兴趣的，而重复已经熟知的东西也只能使人厌烦。

适当难度对于数学教学来说特别重要。数学具有严密的逻辑性，对某一个问题的证明只要有一个地方没有弄懂，整个论证就无法理解了。因此，要使学生理解教学内容，必须一环扣一环，循序渐进。

其次，实践证明，只有具有一定难度的学习材料，才能引起学生的兴趣。苏联的莫罗佐夫曾用难易两组数学题目做实验，结果绝大多数学生，无论在计分或不计分的情况下，都选择了困难的题目。即使是跟不上班的学生，也有半数选择了困难的题目。

2. 成功的欢乐

产生兴趣的第二个必要条件是成功的欢乐。有 30 年教学生涯的苏霍姆林斯基说："一个孩子，只要在两三个月内看不到自己脑力劳动的成果，他的学习愿望就会消失……儿童学习愿望的源泉，就是进行紧张的智力活动和体验到取得胜利的欢乐。"他还说："成功的欢乐是一种巨大的情绪力量，它可以增强学生好好学习的愿望。请你无论如何不要使这种内在的力量消失。缺少这种力量，教育上任何巧妙的措施都是无济于事的。"

（四）兴趣的源泉

兴趣从何而来？心理学著作一般只限于指出：兴趣产生于需要。这种说法未免太笼统，因为许多需要并不会产生兴趣。一个十分明显的例子是：每一个想升大学的中学生都感到需要学好数学，但其中仍有许多学生对数学不感兴趣，有的甚至是厌恶。因为这种需要并不是心理上的，只有心理上的需要才会产生兴趣。例如，好奇是一种心理需要，所以新奇的事物能引起人的兴趣。因此，确切地说，兴趣产生于心理需要。

苏霍姆林斯基说："在人的心灵深处，都有一种根深蒂固的需要，这就是希望感到自己是一个发现者、研究者、探索者。"而在儿童的精神世界中，这种需要特别强烈。这里所说的需要正是一种心理需要，它就是学习兴趣的主要源泉。因此兴趣的主要源泉有以下两个。

（1）发现、研究、探索自然界万事万物的本质及其运动变化的规律的活动。在数学学习中，到处都存在兴趣的这种源泉，如领悟数学思想、理解数学概念、发现数学规律、探索解题方法，等等。

（2）知识的实际应用。它可以使人感到，知识在自己的手中变成了力量，智慧使自己成为自然界的事实和现象的驾驭者。这种因成功地运用知识而产生的自豪和欢乐，是激发求知兴趣的强有力的刺激物。

儿童和青少年具有一种用知识来认识自然界、解决实际问题的强烈愿望，他们希望所学的知识具有明显的实际意义。但数学比其他自然科学更抽象，这种抽象常常会使学生对它的实践性产生怀疑。因此在数学教学中，数学知识的实际应用是值得特别重视的。

三、在数学教学中如何激发和培养学习兴趣

根据前面所说的兴趣产生的必要条件和兴趣的源泉，我们可以得出在数学教学中激发和培养学习兴趣的主要方法。

（一）因材施教

前面谈到，产生兴趣的第一个必要条件是学习材料要有适当难度和适度新颖性。这一点看起来似乎容易，其实要做到是很困难的。因为一个教师要同时给几十名学生上课，而这些学生的数学基础、智力和能力及非智力因素，就像他们的体力一样，总是各不相同的。如果对所有学生都提供同样的学习内容，布置同样的习题，那就无异于给所有学生都挑同样重的担子，结果有的就会压得走不动，有的却会嫌太轻。这样的学习当然会使他们失去兴趣。反之，如果按不同程度来安排学习内容和习题，使每一个学生都有所收获，有所进步，享受到成功的欢乐，那么即使教师的教学艺术不高，由于数学本身的吸引力，他们也会逐渐产生兴趣。因此，因材施教乃是引起和培养学习兴趣的首要措施。

（二）让学生动手动脑，亲身参加数学活动

前面已经指出，兴趣来自发现、研究、探索事物的本质及其运动变化的规律的活动，如果教师只把这种活动讲给学生听，而不让他们参与到这种活动中去，那么学生将只处于一种消极理解的地位，而不能体会到亲身参与这类活动的乐趣。例如，平行四边形面积公式的教学，许多教师往往认为，让学生自己通过操作发现平行四边形面积与长方形面积的关系太麻烦，而改为自己演示或画图说明。结果学生们就失去了亲自动手探索和发现规律的乐趣。

（三）用数学的思想、方法和技巧的美来激发兴趣

虽然数学中有许多引起兴趣的因素，但不可否认，数学中也有大量乏味的、伤脑筋的工作，如机械的计算和繁难的推理。那么，这些内容能否引起学生的兴趣呢？关键在于能否让学生从中体会到数学的思想方法，找出技巧和捷径，体会到数学的美。

实际上，即使在简单的数字计算中，也到处存在着技巧和捷径，这些都是兴趣的源泉。学生从小学起就学过不少简便算法，但遗憾的是，以后就不再自觉地运用它们了，平常总是按一般方法死算。能自觉运用简便算法的人，跟速算家一样，是不会感到运算乏味的。这要求教师不要在教过之后就永远不管，而要常常做一点简便运算的示范，还要适当介绍一些简便易记的速算法。

从不同角度寻求数学问题的多种解法，不仅可以培养学生灵活的思维能力，也

是激发兴趣的强有力的刺激因素。特别是那些奇妙的构思、简洁的推理所体现出的数学美，是很具吸引力的。

如图 2-1，一个底面半径是 2 dm 的圆柱体从中间斜着截去了一段，两条母线分别是 6 dm 和 10 dm。要求剩下部分的体积。这个问题不能直接套圆柱体积的计算公式，学生可能会束手无策。这时教师引导他们：能不能把这个不规则的圆柱体变成规则的圆柱体？回想一下我们在

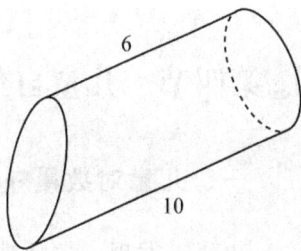

图 2-1

求梯形面积时采用的方法。如果学生能通过自己的思考想出将两个同样的不规则的圆柱体拼成一个圆柱的巧妙方法，他们就会感到十分兴奋。兴趣也就油然而生了。

（四）用数学的实际应用来激发兴趣

前面指出，数学知识的实际应用是学习兴趣的主要源泉之一。实际上，儿童不仅希望用数学知识解决实际问题，而且希望所学的知识都有明显的实际意义。例如，纯数字的计算儿童会感到枯燥乏味，而带单位的计算就会让他们感到计算是有实际意义的。因此不宜让小学生做大量的纯数字运算，而应尽量使运算带上实际背景。例如：

冰激凌 3 元一支，10 元钱可以买几支？还要找多少钱？

小明出生时妈妈 28 岁，小明 8 岁时妈妈多大？

世界最高峰是我国的珠穆朗玛峰，它高约 8 848 m。世界最深的海沟是北太平洋的马里亚纳海沟，最深的地方约 11 034 m。把珠穆朗玛峰投入马里亚纳海沟的最深处，海水将淹过峰顶多少米？

地球的直径大约是 12 756 km，地球每天自转一周，大约转了多少千米？

思考与练习

1. 为什么说产生兴趣时的心理状态是学习和工作的最佳心理状态？

2. 兴趣可以分为哪三类？对于小学生的学习来说，哪一类影响最大？

3. 兴趣作为动机有什么特点？

4. 激发和培养儿童的数学学习兴趣的主要措施有哪些？为什么把因材施教作为培养兴趣的重要措施？

第四节　儿童自然数概念的形成

一、儿童对数量守恒的认识

皮亚杰发现，教师排好 8 个黑纽扣，四岁的儿童可以把 8 个白纽扣与 8 个黑纽扣对应地摆成一排，并会说白纽扣与黑纽扣一样多，都是 8 个。但如果把他们摆的纽扣的距离拉开(并且是当着他们的面做的)，他们就会认为自己摆的纽扣比教师摆的多(如图 2-2 所示)。

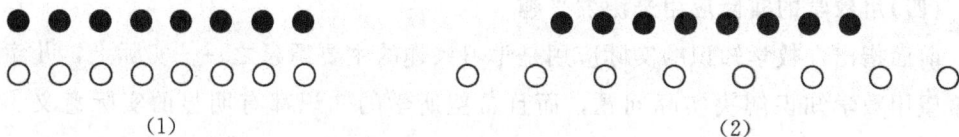

(1)　　　　　　　　　　　　　(2)

图 2-2

更奇怪的是儿童会说"每排都是 8 个"，但同时又说"长的一排多些"。

这一事实说明，四岁的儿童还没有形成对数量守恒的认识。

这种对儿童数量守恒认识的研究对教学有什么意义呢？虽然在小学儿童一般都已了解了数量的守恒性，但是守恒工作仍有它的认识论意义，这对数的教学是有指导意义的。上述事实表明：

(1)数并不能凭直觉认识，儿童并不是天生就具有数的概念的。

(2)数的概念也不是凭观察所得的经验就能够认识的。四岁的儿童能凭观察发现两个集合的元素是一一对应的，也知道一一对应的两个集合具有相同的数量，但他们仍不能完全理解数的守恒。

(3)数的概念不能通过语言传授而获得。否则儿童就不会说"每排都是 8 个"，同时又说"长的一排多些"。"每排都是 8 个"就是儿童通过语言得到的知识。但对于数量的守恒性，即使提醒儿童："你忘了，原来我们在每一个黑的下面放了一个白的，两排纽扣的个数是相等的。"他们还是不明白白的长的一排跟黑的短的一排是一样多的。

(4)进行数概念的教学首先必须弄清儿童的数概念是怎样形成的，掌握其形成的过程。数概念的教学方法应该符合儿童数概念形成的规律。

二、自然数概念的形成过程

要正确地对儿童教学数的概念，首先要明确数的本质是什么，儿童是怎样建立数的概念的。

通常我们都认为，儿童会数数，看见一堆东西能说出是几个，大人叫他拿三双筷子，他知道拿 6 根，就是懂得数量了。然而我们很少去思考，儿童建立数概念要经过什么样的心理过程。实际上，像"数"这样的数理逻辑知识，它的认知过程是相当复杂的。

1. 背诵自然数列

要得出数量首先要数数，仔细思考一下不难发现，数数就是将数数的对象与自然数列一一对应的过程：儿童拿起一个东西，同时念"1"，再拿起一个东西，同时念"2"……如此继续下去。当他拿起最后一件东西，如果同时念出的数是"8"，就说这些东西是 8 个。这一过程其实就是将这些东西与 1～8 的数建立一一对应关系。

由此可知，自然数列是计数的工具，计数首先要熟悉自然数列，要能背出自然数列的任一片段。

2. 建立顺序性

然而会背诵自然数列并不等于会数实物。大家都知道儿童数东西时有时会跳过某个东西不数，或者重复数某一样东西。这说明，儿童没有把数数的对象排出顺序来。要保证不漏数或重数，唯一的方法是把要数的东西排出顺序来。但并不一定要把物体逐个地排成一排，而是要使儿童在心理上将物体排出一定的顺序。如果不能做到这一点，即使物体排得整整齐齐，儿童还是会漏数或多数。

"顺序"是物体之间的关系，但这种关系并不存在于物体之中，而是儿童在心理上把物体相互联系起来形成的。也就是说，"顺序"是儿童通过反省抽象获得的一种数理逻辑知识。皮亚杰把这种关系称为"顺序性"。

3. 建立类包含关系

儿童理解顺序性后，是否就建立了数概念呢？答案仍是否定的。

在儿童的数数实验中人们发现，儿童虽然准确无误地数了 8 个东西，并能正确地说出数量是 8 个，但是如果要求他把"8 个"指给我们看，有时他会指着最后一个，即第八个东西。这一情况表明，这个儿童认为"8"是最后一件东西的名称。同样他认为 1～7 的数都是相应的一件东西的名称。

为什么儿童会这样认为呢？因为他们没有把这些东西看成一个整体。要把它们看成一个整体，儿童还需要在头脑中建立另一种关系，即皮亚杰所说的"类包含关系"。这种关系如图 2-3 所示，其意思是儿童在思维中把"1"包含在"2"之内，把"2"包含在"3"之内，等等。

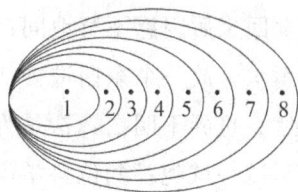

图 2-3

我们再举一个例子来说明类包含关系。给儿童 6 只小狗和 2 只猫的图片，通过解释使儿童理解猫和狗都是动物，懂得"所有的狗""所有的猫""所有的动物（指猫和狗）"这些话，然后向他们提问："狗多还是动物多？"这就是一个类包含关系的问题。

四岁的儿童一般回答"狗多"。因为他们把这个问题理解为"狗多还是猫多？"他们在思想上把整体（动物）分成了（猫和狗）两部分，在回答问题时就只想到这两部分，而没有想到整体。要使儿童把整体与一部分加以比较，就必须使他们在心理上同时进行两个相反的活动：把整体分成两部分，再把两部分合成一个整体。这是一种可逆思维，而四岁儿童还不具备可逆思维。只有当部分能在头脑中再合成整体时，儿童才能"知道"动物比狗多。七八岁儿童的思维则一般具备了可逆性。

三、自然数概念的教学

虽然数的概念是不能直接教会的，但是周围的环境能以间接的方式起很大的作用，促进学生数理逻辑知识的发展。因此，创设一个促进数概念发展的情境对数概念的教学十分重要。

只要教师善于利用，适合数概念教学的环境是广泛存在的。例如：家庭地址（栋、门、楼层、房号）和电话号码，孩子自己的年龄、体重和身高，看时间、设定闹钟的时间和估计时间，数钱、存钱、把钱分类和购物……教室里也存在这种情境：全班同学共坐成了几行；某行有几名同学；其中男同学有几名，女同学有几名；比较某两行人数的多少；哪行人数最多；哪行人数最少；比较某行男女同学的多少；等等，都是很好的学习数概念的活动。以上主要是关于基数的活动，类似的还可以提出许多关于序数的问题进行活动。

教师还应该懂得，儿童各方面的发展不是截然分开的，数概念的发展是与其他思维的发展紧密联系在一起的，其他思维的发展促进数概念的发展，数概念的发展也促进其他思维的发展。教师最主要的任务是促使儿童主动思考，而不只是盲从、记忆和模仿。

科学家的想法常常与教育家不谋而合。居里夫人和一批科学家曾因为对当时的教育不满，而把各自的孩子集中起来由他们自己轮流来教。一次居里夫人的女儿放学回来后困惑不解地问："妈妈，今天朗之万（物理学家）伯伯说，把一只金鱼缸装满水，放一个东西进去，水就会溢出来；但是放进一条金鱼，水就不会溢出来。我怎么也弄不明白，这是为什么呀？"居里夫人并没有给她解答，而是说："你为什么不试一试呢？"两位科学家的目的，就是要促使儿童独立思考，鼓励儿童动手试验。

矛盾的情境能促进儿童的思维发展。小学生常常会算错数，如把 5＋3 的结果算成 7，这时教师应该怎样处理呢？大部分教师会说："你再想一想。"这种话对儿童的触动往往不大。如果我们问："那么 5＋2 等于几呢?"学生一算发现结果与前面矛盾，就更能促使他思考。

四、关于自然数概念和简单计算的集体游戏

集体游戏是儿童交换意见的理想活动。这类游戏能激发儿童去检查别人数的或计算的是否正确，思考怎样表达自己的观点及说服别人。通过这类活动，儿童学到的知识要比做练习册上的题目多得多。儿童在练习册上答题时，他们只是自己做自己的事，并不去检查别人的解答，做完后就交给教师评分。这种依赖教师评价的做法对发展儿童的独立思考能力是很不利的。在集体游戏中，儿童的智力活动具有主动性和批判性，还能进行自我评价。

1."得 20"游戏

准备几十根小棒和几根橡皮筋，由 2～4 个孩子轮流掷一颗骰子，掷出几点就拿几根小棒。满 10 根就用橡皮筋捆成一小捆，先满 20 根的得胜。掷出的点数往往会使小棒超出 20 根，这时就要用减，掷出几点就拿出几根小棒。直到恰好得 20 根为止。随着年级的升高，还可以进行"得 50""得 100"等游戏。

2. 猜"秘密数"

甲、乙两人玩。甲想一个"秘密数"，记在心里，只告诉乙一个范围(如 20 以内、50 以内或 100 以内)，由乙来猜。对于乙猜的数，甲只回答"多了""少了"或"是的"。乙根据甲的回答不断缩小范围，最终猜出"秘密数"。

3. 隐藏和寻找

准备 10 根或几十根小棒(或扑克牌、纽扣等)，将学生分成两组，一组负责藏小棒，一组负责找小棒。游戏中小棒的集合被分成了两部分：找到的和没有找到的。这就涉及加法和减法，负责找小棒的人找到 6 根小棒后，还得知道还有几根没有找到。

这种游戏也可以同座两人玩，甲拿出几根小棒，让乙看看是几根，然后藏起其中几根，不让乙看见，乙则要根据剩下的小棒猜出藏了几根。若猜对，则桌上的小棒归乙。两人轮流出小棒。

4. 凑数游戏

也是甲、乙二人玩。先约定凑一个数，如 15。然后甲拿出几根小棒(少于 15 根)摆在桌上，乙则根据桌上小棒的根数，拿出自己的小棒凑足 15 根。凑对了，则桌上的小棒都归乙；凑错了，则都归甲。

5. 扑克牌配对游戏

以配 10 为例，玩法是：将 1～9 的 36 张牌正面朝下摆在桌面上，由 2～4 个同

学轮流每人每次翻 2 张牌。如果翻出的 2 张牌的点数之和为 10，则拿出来作为一"礅"；否则就照原样放好，由下一个同学接着翻。礅数多的为赢。

也可以玩减法配对，即两张牌的差是规定的数的就拿出来作为一礅。

这种游戏除了能训练加减运算外，还有游戏的策略：在一些牌被翻过之后，儿童就要考虑：先翻已知的(翻过的)牌有利，还是先翻未知的牌有利？并且还要记住翻过的牌的点数和位置。

6. 投环游戏

准备一些小圆环和小柱子(可用空易拉罐装上沙子代替)，在小柱子上贴上写有数字的纸。由 2～4 个孩子轮流投环，套中写有数字几的柱子就得几分，先满 20 分的得胜。若超过 20 分则用减。随着年级的升高，设定的分数也不断加大。

与前面的游戏相比，这个游戏的特点是：孩子们可以自主选择投哪根柱子，并且能锻炼身体，训练肌体的协调能力。

7. 加法棋和减法棋

一种两人玩的简便游戏。用两种颜色的小扣子(或围棋子、小石子等)作棋子，画出如下的方格纸棋盘和答案栏(用铅笔在中字本上填上数字也可以)。(图 2-4)

+	0	1	2	3	4	5
1		●				
2	○					
3						
4						
5						

答案	1	2	3	4	5	6	7	8	9	10
		●								

图 2-4

甲执黑棋，乙执白棋，两人轮流在棋盘的空格中每次放一枚棋子。甲先放，如图 2-4，表示算 1+1=2。由于甲算得的答案是 2，就在答案栏"2"这一格中放一枚黑棋子。接着乙放，乙可以在任一格放棋子。如果乙把棋子放在"2"和"0"的交叉格内，那么乙算得 0+2=2。这时，乙就可以将答案栏中的黑棋子"驱逐"出去，换上白棋子。这样继续下去，直到所有的方格都放了棋子，再检查答案栏中的棋子，谁的棋子多，谁就赢了。

改变棋盘里的加数，可以练习不同的加法，如图 2-5。

+	5	6	7	8	9
1					
2					
3					
4					
5					

答案	6	7	8	9	10	11	12	13	14

图 2-5

这种棋也可以改造成减法棋，只要规定第一行的数为被减数，第一列的数为减数就可以了。（图 2-6、图 2-7）

−	5	6	7	8	9
1					
2					
3					
4					
5					

答案	0	1	2	3	4	5	6	7	8

图 2-6

−	11	12	13	14	15
1					
2					
3					
4					
5					

答案	6	7	8	9	10	11	12	13	14

图 2-7

目前我国的中小学数学教学中都强调要多练，但是单一的书面练习即使学生们感到厌烦，又要花不少时间来抄写。这种游戏则不但练得多，又省去了抄写时间，还有很强的趣味性。更重要的是，这种游戏有制胜的策略，因而能培养儿童的思维能力。其策略是：出现单数次的答案应先占，出现双数次的答案则应让对方先占。儿童经过多次下棋后，就会发现这一点。

思考与练习

1. 为什么说数的概念不能通过语言传授而获得？

2. 儿童形成自然数的概念需要建立哪两种关系？为什么？

3. 集体游戏有哪些优点？

4. 本节所介绍的七种集体游戏中你最喜欢哪一种？为什么？

5. 设计一种练习不同加法（或减法）的加法（或减法）棋。

▶第五节　儿童几何观念的形成

一、欧氏几何的特点

我们在中小学学习的几何叫欧几里得几何①，简称欧氏几何。欧氏几何的基本特点是，它所研究的图形是刚性的，不能被压缩或延伸，把一个图形移动后，它的形状和大小都不会改变。因此欧氏几何的图形有确定的长度、面积、体积和方向，所以一般对它们进行定量的研究。

由此可知，学生学习欧氏几何的前提是，他们应理解长度、面积、体积的守恒性，即懂得将一个图形移动后，它的长度、面积或体积等不会改变。这一点在成人看来是理所当然的，然而令人惊讶的是，7 岁以前，儿童一般在大脑中还没有形成对这种守恒性的认识。

二、儿童的几何量的守恒性

前面我们谈到，对于数的守恒性，四岁的儿童还没有在头脑中形成这种认识，皮亚杰的研究表明，在几何中同样有类似的现象，并且几何量的守恒性的建立比数的守恒性更晚。

如图 2-8，把两根筷子的两端对齐，儿童认为它们是一样长的。但如果把其中一根沿水平方向移动一段距离，7 岁以前的儿童就会认为移动后的那根长一些。而到了 7 岁，他们一般就知道，移动后两根筷子还是一样长的。但如果把其中一根竖起来，有的 7 岁儿童又会认为竖起的那根长一些。这说明 7 岁儿童的长度守恒观念还不牢固。

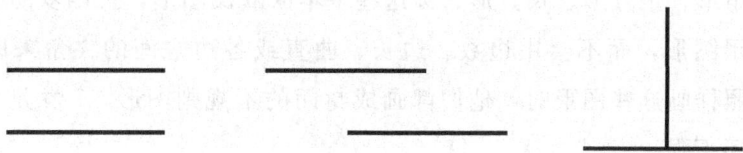

图 2-8

同样，儿童还有面积守恒、体积守恒的问题，这两种守恒观念也要到七八岁才能初步形成。

①　欧几里得几何起初是指欧几里得的《原本》一书和其他同样风格的著作中的材料，不仅包括几何，还包括《原本》中的比例和数论等。到 19 世纪初才逐渐演变成专指《原本》所构建的几何体系。

没有这些守恒观念，儿童就不能理解有关的几何观念和法则。例如，如果儿童不理解尺移动后长度不变，那么他们就不能理解测量；如果儿童不能理解分割、重拼后面积不变，那么他们就不能理解用割补法求平行四边形的面积。儿童学习这些东西就只能是死记硬背。

三、儿童几何概念的发展顺序

从前面的介绍可以发现，儿童首先发展的并不是欧氏几何的概念，因为欧氏几何要以守恒观念为基础。

对于平面图形，儿童首先能区分的是拓扑几何中的封闭图形和开放图形。例如，三角形、长方形、圆这类图形在拓扑几何中都叫简单封闭图形，即由从一点开始又到这一点结束且没有两次经过其他点的曲线所组成的图形。一条"8"字形的曲线则不是简单封闭图形，因为曲线经过了中间那一点两次。下面这些图形则是开放图形(图 2-9)。

图 2-9

此外儿童首先认识几个图形的相邻关系、分离关系、包围关系和次序关系等这些最基本的拓扑关系。例如，两个正方形共有一条边是相邻关系；两个正方形不共边，也没有重叠部分，是分离关系；一个小正方形在一个大正方形里面，是包围关系；几个图形排列起来，就有一种次序关系。

对于三角形、正方形、长方形、圆这些基本的欧氏图形，三四岁的儿童只知道他们都是封闭图形，而不会用边数、边长、曲直或各边之间的夹角来区分这些图形。让他们照样画这些图形时，他们都画成封闭的不规则图形。7 岁儿童认识欧氏图形的能力还不强。

欧氏几何是按照一维、二维、三维的顺序来呈现的，我国传统的中小学数学也是按照这一顺序编排的。然而儿童首先认识的是三维的几何体。因为几何体是具体的，看得见、摸得着；儿童日常生活中接触的也是各种物体。而"面"是从"体"中抽象出来的，"面"是"体"的界；"线"是从"面"中抽象出来的，"线"是"面"的界。

综上所述，儿童首先形成拓扑几何的概念，然后认识欧氏几何的几何体，再认识欧氏几何的平面图形。这一顺序与历史上几何学的发展是相反的。历史上几何学产生于古埃及，由于尼罗河河水每年泛滥冲坏地界，古埃及人不得不每年通过测量来重新确定地界，在这一活动中产生了丰富的几何知识。古希腊学者欧几里得总结了古埃及的几何知识，并将其公理化。随后，欧几里得的几何体系流传至今，并用他的名字来命名。拓扑学则是到 19 世纪才形成的数学的一门年轻的分支。

四、儿童几何概念的构建

儿童是怎样进行几何图形的抽象的？或者是怎样形成几何图形的表象的？这一点对几何的教学起着基本的指导作用。

英国帕梅拉·利贝克的《儿童怎样学习数学》一书指出，儿童构建一个几何概念要经过四个阶段：

(1)体验阶段。儿童认识物体时，首先是用看、摸、拍等各种动作去探查它。例如，他们认识"球"时，首先是看球、摸球、滚球甚至用嘴尝球。通过这些动作他们知道了球的许多属性。这是体验阶段。

(2)语言阶段。接下来进入语言阶段。儿童把"球"这个词的发音与他的玩具联系起来，因为他说出这个词来，往往就有人给他球玩。他很快就会把这个词与其他同样有滚动属性的物体联系起来。

(3)图画阶段。儿童认出了球的图画。图画与球本身的差别是很大的：图画不能滚动，摸起来也很不相同。但是儿童逐渐发现了两者在视觉上的共同点。

(4)符号阶段。儿童学会了表示"球"的发音的符号——文字，即球的概念。这一步是最复杂的，因为这个符号与真正的球之间完全没有共同属性，它仅仅是人为地与"球"的发音相联系。

这四个阶段可以简单地概括如下：

体验——对物体的感受；

语言——表达这种体验的口头语言；

图画——显示这种体验的图画；

符号——概括这种体验的书面符号。

很明显，后三个阶段都是以体验为基础的，而体验是通过动作来进行的。任何对球的语言描述都不能代替儿童对球的体验，我们无法向儿童描述什么叫"圆的"，什么叫"滚动"。这就是说，最初的知识只能通过动作获得。即使到了小学阶段，仍然有很多知识是不能用语言传授的，如我们无法向儿童说明，什么是事物的"个数"。在小学阶段，儿童的第一感官仍是手，他们喜欢自己动手，并且只有经过动手操作才能得到深刻的印象。

五、儿童空间观念的一个特点

教过一年级数学的教师大都有这样的经验：学生清楚地知道 5 比 3 大，但在比较大小时却常常写成"5＜3"。教师们一般都认为这是因为孩子粗心或者缺乏训练。其实这是一种主观臆想。

问题的奥妙在于儿童的空间观念。我们曾经系统地观察 3 岁半至 7 岁的儿童在他们的绘画作品上写的汉字和阿拉伯数字。这些字他们已经学会写了，写字时没有别人指点。结果发现，3 岁半的儿童对字的形状已经能很好地辨认和记忆了，但是他们往往把字的各部分的方位或整个字的方位弄错。例如，把"胡"字的"古""月"交换了位置；"岁"字写成横躺着的，甚至"倒栽葱"；"3"字成了"平飞的小鸟"；等等。这种现象要一直延续到 6 岁半至 7 岁（当然会逐步减少）。刚上学的孩子在写阿拉伯数字时还常常问大人："'2'字向哪边呀？""'9'字的圆圈在哪边呀？"

教师们在教阿拉伯数字时，往往采用"象形"的方法："2"像鸭子，"5"像秤钩，"3"像小鸟飞⋯⋯以为是利用了儿童的心理特点。却不知儿童对形状的认识并无困难，他们的薄弱环节在于方位，往往把"向左走的鸭子"写成"向右走的鸭子"，等等。

现在我们明白孩子们写反符号"＞"的原因了：他们还没有树立牢固的"左""右"概念。

培养空间观念是数学教育的一项重要目标，方位概念是其中很重要的一部分。然而在本轮课程改革前，我们的小学数学教材却完全没有安排方位知识。在这种情况下，儿童的方位意识如何呢？

《读者》杂志 2000 年第 5 期中的文章《城市的孩子在退化》，谈到一所少年军校的学生听不懂关于辨别方向的教学内容。"原来，他们大多还没有建立起正确的方位意识。上课的时候，教官告诉孩子们，我们面对的方向是东。然后问：我们的右边是什么方向？五十多个十一二岁的孩子面面相觑，不知如何回答。"而辨别方向可以说是最基本的生活知识和生存本领。这一事实充分说明，小学生学习辨别方向是必要的。

思考与练习

1. 儿童关于几何量的守恒观念对教学有什么意义？

2. 儿童几何概念的发展顺序是怎样的？

3. 儿童构建一个几何概念要经过哪几个阶段？

4. 儿童空间观念的薄弱环节是什么？这一点在教学中有什么意义？

第三章　小学数学教学原则

▶第一节　教学原则概述

一、教学规律、教学原理和教学原则

(一)教学规律

教学规律是教学现象中客观存在的，具有必然性、稳定性、普遍性的联系。例如，评价对教学具有导向作用，就是一条教学规律，它是客观存在的、不以人的意志为转移的。在我国，评价的导向作用的最典型的例子就是"高考指挥棒"所呈现的巨大作用。由于高考的导向作用，我国的整个基础教育，甚至幼儿教育，都已"应试教育"化了。教育部虽然采用各种措施大力提倡素质教育，但经过长期的努力，仍不能改变这种现象。由此可知，教学规律只能顺应它、利用它。对于高考的导向作用来说，我们只能改革高考，使它产生正确的导向，而无法"消除"高考的导向作用。

对于数学教育来说，考试也起着类似的导向作用。教师必须用好这一最重要的评价手段，精心设计试题，使试卷难度适中，能测出学生的全面的数学知识水平和能力，并突出重点，通过考试来引导、促进学生的学习。

(二)教学原理和教学原则

教学原理是对教学规律的反映和表述。教学原理揭示教学中的规律，并做出系统的叙述，从而为教学的开展与改进提供理论依据。

历史上大教育家夸美纽斯提出了教学的直观原理、活动原理和兴趣与自发原理，裴斯泰洛奇提出了自我活动原理、直观原理。这些原理都是对教学规律的反映。例如，直观原理是科学的认识规律的反映："知识总是从感觉起始的。"(夸美纽斯)"直观是一切认识的绝对基础。"(裴斯泰洛奇)所谓活动就是实践，而实践出真知，所以通过实践来学习是一条重要的教学规律，而活动原理和自我活动原理就是这条规律的反映。

教学原则也来源于教学规律，但是教学原则与教学原理不同。教学原理只对教

学规律做客观的说明和阐述，如直观原理只反映"直观是认识的基础"这一教学规律，只要做到这一点就完成了自己的使命。教学原则反映教学规律的一个重要特点是带有明确的目的性和针对性。提出教学原则，除了要反映教学规律的要求外，还要符合教学的目的、任务，体现学生的生理、心理发展特点和认知水平，针对当前教学中的问题，汲取古今中外行之有效的教学经验。具体地说，教学原则有以下两个特点：

(1)主观性。教学原则对教学规律的反映是一种间接反映，它取决于人们对教学规律的主观认识，是人为制定的，因而具有主观性。教学原则可能正确，也可能错误。例如，理论联系实际原则、启发原则，都是正确的原则，而以教师为中心、以书本为中心、以课堂为中心则是错误的原则。

(2)时代性。由于教学原则的提出要针对当前教学中的具体问题，所以教学原则不是一成不变的。不同时代的教育家，都曾根据当时当地的教学情况，提出过不同的教学原则。随着时代的发展，人们对教育教学认识的不断加深，一些旧的教学原则将会被淘汰，新的教学原则又不断被总结出来。

二、学科教学原则

教学原则可以分为两类，一类是各科教学都应遵循的一般的教学原则，前面谈到的教学原则都是一般的教学原则；另一类是各学科教学应遵循的学科教学原则，小学数学教学原则属于学科教学原则。

作为学科教学原则，应具备以下特点：

(1)科学性。教学原则的科学性即教学原则应符合教学规律，应是教学规律的反映，这是基本的一条。

(2)学科性。即学科教学原则应体现该学科的特点。学科教学原则不仅来源于教学规律，还来源于学科特点。例如，荷兰著名数学教育家弗赖登塔尔提出的数学化原则、严谨性原则，都是根据数学的学科特点提出来的。弗赖登塔尔的一个重要观点是：与其说是学习数学，不如说是学习数学化。而严谨性是众所周知的数学的突出特点。

我国张奠宙教授指出，不应把教育学的一般原则在数学教学原则中重复提出，数学教学原则应反映数学教学的特点和规律。学科教学原则的这一特点在我国的数学教学原则中应该得到应有的体现。

(3)针对性。即教学原则应针对当前教学中存在的实际问题。这一特点在赞科夫的教学原则中体现得最鲜明。赞科夫提出了 5 条教学原则，头两条是：以高难度进行教学的原则、以高速度进行教学的原则。这两条旗帜鲜明的原则，就是针对当时苏联教育界普遍存在的片面强调教学的可接受性和巩固性提出的。赞科夫提出这些原则，是建立在对苏联当时的教学状况进行深入地调查研究的基础之上的。学科教学原则更应密切联系学科教学的实际，对学科教学起到规范和导向的作用，而不应该仅仅是理论思辨的产物。

思考与练习

1. 教学原则与教学原理有什么区别？
2. 学科教学原则具有哪些特点？

▶ 第二节　数学教学原则

数学教学原则是根据数学教学活动的本质特点和内在规律制定的，用以指导数学教学的。数学教学要遵循一般的教学原则，但这还不够，还必须遵循数学教学特有的原则。

数学教育界对数学教学原则的研究主要是针对中学数学教学的。小学数学教学的教学对象和教学内容都与中学不同，但是它们也有共同的地方，即都是数学学科的教学。因此这些数学教学原则对小学数学教学也有指导意义，所以我们首先谈谈一般的数学教学原则。

多年来，研究数学教学的学者提出了许多数学教学原则。这些原则有一个共同问题，就是往往并没有反映数学教学活动特有的内在规律，而是对各个学科都适用的一般的教学原则。本节我们介绍一下国际数学教育权威弗赖登塔尔提出的数学教学原则。

弗赖登塔尔在 20 世纪 30 年代是国际上享有盛誉的拓扑学家，自 20 世纪 50 年代起，他逐渐开始了数学教育的研究。作为数学家来研究数学教育，他拥有两个重要的优势：对数学这门学科的特点和本质有深刻的认识；对怎样进行数学研究有深刻的理解和丰富的经验。这两点对数学教育研究起着基本的和关键的作用，就像优秀的运动员一般都能成为优秀的教练一样，优秀的数学家也往往是优秀的数学教育家。

弗赖登塔尔在他的研究中提出了四条数学教学原则，这些原则充分地体现了他对数学学科和数学教学活动的深刻理解和独到见解，科学、深刻而精辟，受到高度赞赏。

一、现实性原则

这一原则有以下含义。

(1)数学源于现实，寓于现实，用于现实。这是数学的产生和发展中的基本事实。数学概念不是从天上掉下来的，也不是人们的头脑中固有的，而是从客观存在的事实和事物之间的关系中抽象出来的。数学的运算、法则、定理是由于人类科研、生产、生活的实际需要而形成的，并非符号的游戏。这是教师和学生应当具备的对数学的基本认识。

(2)数学教学应当揭示数学与现实的关系。这是从以上基本认识得到的结论。

只有揭示数学与现实的关系，才能正确地认识和理解数学，树立学习数学的正确目的。数学不是一种智力游戏，而是解决现实问题的强大工具。为了揭示这种关系，教师在引入数学概念时，应尽量揭示概念的实际背景。例如，在教学各种立体图形和平面图形时，应当提供各种常见的立体图形的实物，如牙膏盒等长方体的包装盒、玩具球、圆柱体的易拉罐，等等，让学生观察和操作。在认识整数时，应让学生进行大量的实物计数活动。在计算教学中应提供计算的实际背景，把计算与各种测量和购物等实际问题结合起来。

（3）数学教学应当利用数学知识的现实背景来帮助学生理解学习内容。数学具有高度的抽象性，这一点造成了数学学习的两个基本问题：一是难以理解；二是不感兴趣。明确了数学知识的现实背景则可以帮助学生解决这两个问题。例如，小学数学教学角的大小时指出：角的边画长一点或短一点，对角的大小没有影响。但是道理是什么呢？有人认为，这只是有个规定，是"说不清、道不明"的。实际上我们只要指出，角的用处之一是表示方向，道理就十分清楚了。明确了道理，知道了用处，学习兴趣自然就产生了。

二、数学化原则

"数学化"是弗赖登塔尔数学教育思想的一个重要概念，他有一句名言：与其说是学习数学，不如说是学习"数学化"。所谓数学化，简单地说，就是将现实材料用数学的方法加以整理和组织的过程。例如，得出三角形的图形和概念的过程就是数学化。首先我们观察各种具有三角形形状的实物，如三角形的木板、铁板，各种三角形的架子，等等。由于数学是研究数和形的科学，我们不考虑这些三角形实物的材料、质量、颜色、硬度等性质，而只考虑它们的形状（这就是常说的"抽象"），就得出三角形的概念了。然后我们给出三角形的定义：三条线段首尾相连得到的图形叫三角形。并确定了三角形的图形表示：用三条线段首尾相连来表示一个三角形。这种图实际上已经抽象化了：它舍弃了三角形实物的所有物理、化学等方面的性质；它的三条边是没有粗细的线段。这样，三角形的概念和图形就成了一个数学模型。利用这个模型，我们可以很方便地对三角形进行研究。没有这个模型，我们就很难研究三角形。

每一个数也是一个数学模型，得出数的过程也是数学化。例如，我们观察了很多有三个元素的集合：三个人的集合，三只羊的集合，三把刀的集合，等等。我们舍弃这些元素的具体性质，发现它们有一个共同特点：都能与三个手指头建立一一对应关系。这样我们就获得了一个数的概念，我们把这个概念用一个符号来表示，就得到了自然数"3"。按同样的方法得出各个自然数，就形成了一个更大的数学模型——自然数集。利用自然数集可以进行各种计算，研究自然数集可以发现它的许多性质。

由此我们看到，我们学习的数学知识，就是由数学化得到的。人类数学活动的第一步，就是数学化。

以上这些数学化和数学模型看起来很简单。当然，还有复杂的数学化。例如，在第一章的哥尼斯堡七桥问题中，由七桥图得到网络图的过程就是一个较复杂的数学化。这种数学化要求人们要具有很高的数学眼光，能够抓住问题的本质，而不被表面现象所迷惑。这种能力正是解决实际问题最需要的。

按照这一原则，数学教学不应该只教学数学理论，而应该将数学化的教学摆在首位。

三、再创造原则

弗赖登塔尔认为，每一个学生都可以在恰当的指导下重新发现已经由前人发现的数学知识，而学习数学的最好方法是让学生"再创造"数学，只有用这种方式才能真正学好数学。教师不应该将现成的概念和定理等知识灌输给学生，而应该为学生提供丰富的实例，设计和组织恰当的活动，让学生自己去发现这些知识。

弗赖登塔尔指出，传统的数学教育出现了一种"违反教学法的颠倒"，即教师传授的是数学研究的最后结果——数学理论，而数学研究的整个生动的发现过程则被忽略了。结果学生只学到了死的知识，不懂得怎样从现实中去发现问题和解决问题。

产生这种现象的一个重要原因是，数学家一般不按照他们进行数学研究的真实过程来介绍自己的工作，而是只介绍他们研究的最后成果，并且这些成果是运用演绎逻辑形式化地组织起来的。正如弗赖登塔尔指出的："没有一种数学思想，以它被发现时的那个样子公开发表出来，一个问题被解决后，相应地发展为一种形式化技巧，结果把求解过程丢在一边，使得火热的发明变成冰冷的美丽。"这种做法始于欧几里得的《几何原本》，我们已经介绍过，《几何原本》正是这样一本著作。由于这部著作的巨大影响，这种表述方式受到普遍赞赏和效仿，形成了一种传统，以至于二千多年后牛顿的《自然哲学的数学原理》仍采用了与《几何原本》相同的体例。当然，这里还有一个原因就是著名数学家庞加莱所说的：叙述自己的研究过程比研究工作本身还要困难。在这种传统的影响下，数学教科书——《几何原本》本身就是最有名的数学教材——通常将通过分析法得到的结论采用综合法的形式来表述，也就是说，其表达的思维过程与实际的发现过程是相反的，这就严重地阻碍了"再创造"的实施。

实际上，只要采用正确的教学方法，小学生也完全可以进行"再创造"式的学习。例如，要使学生发现"三角形两边之和大于第三边"，设计下面的学习活动就可以：给每个学习小组发一些长短不一的小棒，用来摆三角形。通过充分的操作和讨论，学生就可发现，如果两根小棒的长度之和小于或等于第三根小棒，就不能摆出三角形。由此就得出，三角形的两边之和一定大于第三边。

四、严谨性原则

弗赖登塔尔指出，数学的最大优点是具有"确定性"，而且这种确定性是由它的演绎逻辑体系来保证的，这是数学特有的严谨性。其他学科的结论则往往依赖现实条件，有一定的适用范围。由于数学的这一特点，数学教学应该遵循严谨性原则。

数学的每一个结论——除公理之外——都要求有严格的证明。然而作为教育的数学与作为科学的数学是不同的，它必须考虑学生的接受能力。那么在中小学应该怎样贯彻严谨性原则呢？

(1)不能因为要降低难度而教给学生错误的东西。这是最基本的一条，但是我国的中小学数学教学都曾经出现这一问题。例如，初中几何教材为了降低难度，曾采用"扩大公理体系"的方法；小学数学教学参考书中说，因为自然数有无穷多个，所以质数有无穷多个。

所谓"扩大公理体系"，就是增加公理的数量，把一些可以用公理证明的定理也作为公理使用，不加证明。例如，初中几何教材曾将三角形全等的判定定理作为公理。我们在第一章已经指出，公理化方法要求所给出的公理具有独立性，即公理之间不能相互证明。这种"扩大公理体系"的方法显然违背了这一准则。

"自然数有无穷多个"只是"质数有无穷多个"的必要条件，而非充分条件。质数有无穷多个并不是一个显而易见的结论，随着自然数的增大，质数的分布是越来越稀的，并且数学家已经证明，相邻两个质数的差可以无限增大。"质数有无穷多个"的结论是通过严格的证明得到的，这一证明在任何一本数论教材中都可找到，《几何原本》中也有记载。

(2)对于学生难以接受的或过于烦琐的证明，可以降低证明的抽象程度，或采用直观验证的方式。如果几何命题不限制用逻辑推理的方法证明，则还有其他更容易理解的证明方法。例如，初中全等三角形的判定定理可以采用作图的方法证明：从已知三边或两角一夹边或两边一夹角都只能作出一个三角形(或两个可以完全重合的三角形），就可以断定如果两个三角形有三边分别相等或两角一夹边分别相等或两边一夹角分别相等，那么它们全等。这种证法直观易懂。

对于质数的无穷性，由于小学生不能够理解这样的证明，就只能告诉他们，质数有无穷多个，以后我们学了更多的数学知识就可以证明这个结论。但是小学数学里也有一些法则、定律可以用比较直观的方法来做出验证。例如，加法的交换律和结合律都可以利用数轴来验证，如图 3-1。

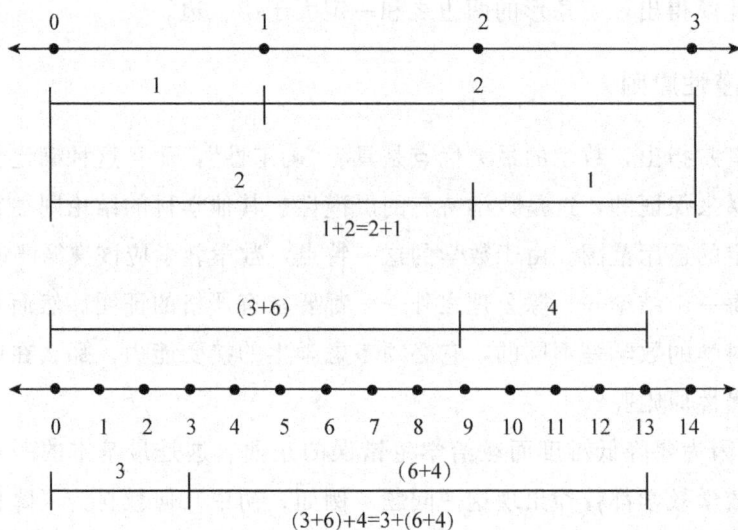

图 3-1

乘法的交换律和结合律也可用类似的图形模式或实物来验证，如图 3-2。

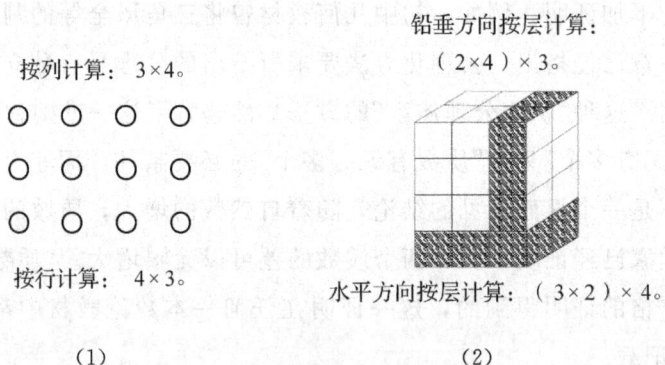

图 3-2

由图 3-2(1)可以得出乘法的交换律：

$$3 \times 4 = 4 \times 3 \text{。}$$

由图 3-2(2)可以得出乘法的结合律：

$$(2\times4)\times3=3\times(2\times4)=(3\times2)\times4。$$

以上虽然是一种验证，但是它提供了一个形象化的模式；特别是这一模式揭示了乘法的交换律和结合律只不过意味着数数顺序的改变，而改变数数顺序，数数的结果不变（通常称为"计数公理"），这一点是儿童容易理解的。与只用两个数交换位置相乘和三个数改变顺序相乘的验证方法相比，显然更直观并更具有一般性。

从以上的介绍可以看到，弗赖登塔尔的这四条原则并非一般的教学原则，而是体现了数学的特点和数学教学特有的规律的。

思考与练习

1. 数学教学为什么要利用数学知识的现实背景来帮助学生理解学习内容？

2. 什么是数学化？数学化在数学活动中起什么作用？

3. 为什么传统的数学教育会出现"违反教学法的颠倒"？怎样进行"再创造"式的数学教学？

4. 数学的严谨性有什么特点？中小学数学教学应该怎样贯彻严谨性教学原则？

▶ 第三节　小学数学教学原则

　　小学数学教育与中学数学教育具有一些本质性的区别。首先，小学生的思维处于具体运算阶段，而中学生的思维则已进入形式运算阶段，这两个阶段的儿童思维有本质的不同。其次，小学数学以合情推理为主，基本上没有演绎推理，教学内容基本上按照儿童的认知发展过程编排；中学数学则以演绎推理为主，教学内容基本上按知识的逻辑体系编排。例如，中学几何是按照点、线、面、体的顺序安排的，小学的几何部分则首先安排立体图形的认识。这些因素决定，中学的数学教学原则不一定适合小学；对于小学数学教育，仅有一般的数学教学原则是不够的。

　　根据小学数学的特点和儿童数学学习的心理特点，以及我国小学数学教学的现状，可以提出以下四条教学原则。

一、从具体水平开始教学的原则

　　儿童的数学学习可分为以下四种水平。

　　(1)具体水平。这一水平的学习有两个特点，一是以实物为学习材料；二是以动手操作为活动方式。例如，小学生用实物数数，通过操作小棒来做加法，通过折叠一张长方形的纸片来认识长方形的性质等，都是具体水平的学习。

　　(2)半具体水平。这一水平的学习材料是象形的图，如小学数学教材中出现的各种人物图、水果图、小动物图，等等，这些都是半具体水平的学习材料。学习方式则是用眼睛观察，如一张图上画有一棵树，树上有 5 只小鸟，还有 3 只小鸟正在飞过来。小学生通过观察这张图得出 5 只小鸟加上 3 只小鸟等于 8 只小鸟。这种学习就是半具体水平的学习。

　　(3)半抽象水平。这一水平的学习材料也是图，但是这种图不象形。例如，用小圆圈来代表人，画几个小圆圈就代表几个人，等等。这一水平的学习也是通过观察进行的。

　　(4)抽象水平。这一水平的学习材料是符号，即数字、运算符号、字母等。抽象水平的学习主要通过抽象思维进行。

　　我们知道，小学生的思维处于具体运算阶段(近年来由于入学年龄提早，一部分一年级小学新生的思维甚至还处于前运算阶段)，其思维要依赖具体事物，手是他们的第一感觉器官。因此小学生的数学学习主要应该以动手操作实物的方式进行。

有一个教学实例生动地说明了小学生的认知不能只依靠象形的图：教师出示图（图 3-3）并向学生说明，图中有 4 个小立方块。但一位男生坚持认为只有 3 个，教师想了各种办法都不能说服他。最后一位女生激动地冲上讲台，指着最上面的小立方块说："要是下面没有一块托着，它不就掉下去了吗？"男生才恍然大悟。

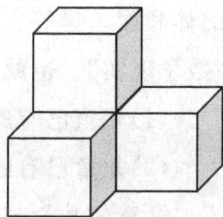

图 3-3

这一原则许多教育家都提到过。苏霍姆林斯基对于动手操作有精辟的论述："儿童的智慧在他们的指尖上。""在手和脑之间，有着千丝万缕的联系，这些联系起着两方面的作用：手使脑得到发展，使它更加聪明，脑使手得到发展，使它变成创造的、聪明的工具，变成思维的工具和镜子。""手所掌握的和正在学习的技艺越高超，儿童、少年和青年就越聪明，他对事实、现象、因果联系、规律性进行深入思考和分析的能力就表现得越鲜明。"杜威儿童教学的基本观点是"从做中学"。

《美国现代小学数学》一书对这一原则有十分具体的论述，该书指出：小学数学教学的许多问题都是由不从具体水平开始教学引起的。"儿童在具体水平或操作水平阶段，甚至在描述水平或画图水平阶段，对概念还没有充分的感知之前，不宜在抽象水平或符号水平学习什么概念。""大多数儿童将在前运算阶段进入学校，因此我们准备让他们从头开始，学习系统的思维方法。既然这种思维方法还没有形成，教师开始必须从具体的基础去教所有的概念。"

当代的课堂教学根据处于具体运算阶段的儿童的思维特点，普遍重视学生的动手操作，许多国家为小学生配备了专门的学具，像教材一样人手一套。我国的小学数学教材采用的学习材料中，图类偏多，实物操作的内容很少。贯彻这一教学原则要求教师准备恰当的、足够的实物学具让学生操作。这些学具主要应该是学生熟悉的和容易认识的用具，如筷子、匙子、塑料杯、笔、本子、橡皮擦，等等。教师应该精心设计和认真组织学生的操作活动。

二、从儿童的数学现实出发的原则

"数学现实"一词是弗赖登塔尔提出来的，他指出：每个人都有自己生活、工作和思考着的特定的客观世界及反映这个客观世界的各种数学概念、它的运算方法、规律和有关的数学知识结构。这些就构成了每个人的"数学现实"。

儿童也有自己生活和思考着的特定的客观世界。不仅如此，他们也有反映这个客观世界的数学知识。城市学生绝大多数上过幼儿园，即使没上幼儿园也能数一些数，有购物的经验，接触过货币、质量、长度、时间等常见的量，观察过各种形状的体和面，等等。儿童的许多生活和游戏的经历都与数学有关。这些就是儿童的"数学现实"。也就是说，儿童的数学现实指的是：

(1)儿童已有的与数学有关的生活经验；

(2)儿童已有的数学知识和技能。

儿童的数学现实对他们的数学学习有重大影响。《(2011年版)标准》指出："教师教学应该以学生的认知发展水平和已有的经验为基础"。《美国现代小学数学》指出："促使儿童通过他们自己的经验去发现什么，这是现代数学教学的主要特征之一。""小学启蒙数学教学大纲应该从幼年儿童学前特有的数学经历开始。应该把在现实世界中形成的情境呈现在教室里。容易认识和熟悉的用具——像塑料茶匙、叉子、刀子、茶杯、餐巾等——应成为主要教具。""……任课教师的第一个教学任务：估计儿童的数学经历。""解题的活动应该是多种多样的，而且应取材于实际生活，这样就使得学生不至于认为数学问题仅存在于教科书中。"美国著名教育家奥苏伯尔指出："影响学习的唯一最重要的因素，就是学习者已经知道了什么。要探明这一点，并据此进行教学。"

为什么儿童的数学现实对他们的数学学习如此重要呢？原因主要有三点：

(1)重复已经知道的东西儿童不会感兴趣。

(2)儿童是在他们已有知识的基础上进行学习的。新知识只能通过同化或顺应的方式来获得，即新知识被他们原有的知识结构同化，或者儿童调整自己原有的知识结构来顺应新知识。

(3)数学源于生活，用于现实。儿童的生活经验有助于他们对数学的理解，联系生活实际能激发他们学习数学的兴趣。

按照这一原则，教师在教学新知识时，首先都要通过各种途径了解学生已有的数学知识和技能。让学生说出他们已经知道的东西是一个很好的方法，因为学生都乐意展示自己的知识和才能，交流又使他们能相互学习，并大大提高他们的学习兴趣。例如，对刚入学的学生应让他们数数，以了解每一个学生能数到多大的数；学习方位知识时先不要讲授，而让学生充分地说出他们知道哪些方位知识，用上下、左右、前后描述方位等；学习时间的知识时，让学生说出他们知道的时间单位、有关钟表的知识、怎样看钟表等。

三、数学活动教学原则

这一原则的含义是，教师应通过数学活动来"教"数学，而学生则在数学活动中学会独立思考、主动探索、合作交流，教师使学生理解和掌握基本的数学知识与技能，让学生体会和运用数学思想与方法，获得基本的数学活动经验。苏联著名数学教育家斯托利亚尔的名著《数学教育学》的主要观点之一就是"数学教学是数学活动的教学"。弗赖登塔尔认为，"要实现真正的现代数学教育，必须以根本不同的方式来组织教学……应当组成混合的学生小组。"这种小组学习也就是数学学习活动。

在合作学习中，小组成员之间不可避免地会出现不同看法，而儿童之间的认知矛盾对数理逻辑知识的发展是必不可少的。据《怎样教幼儿学数》一书介绍，佩雷特和克拉蒙特在 1980 年用实验证明了儿童之间的相互影响的重要性。他们将处于前运算阶段的儿童分成三人一组进行实验，并使实验组出现意见不一致的情况，且要求他们努力在 10 分钟内解决分歧。对比组则没有这种机会。结果发现，这种活动可以促进实验组儿童推理，并使他们在头脑中建立新的关系，其思维水平比对比组要高一级。

出现冲突的情境并让儿童自己协商解决，特别能激发儿童的思维。因此当学习小组出现不同意见时，教师最好不要轻易发表自己的意见，而让学生自己去讨论。在讨论中，学生要学习怎样表达自己的思想，分析别人是怎么想的，以便说服别人，等等，这些都能有力地激发学生的思维。皮亚杰指出：数理逻辑知识教学的一个基本原则是，教师既不要强调正确答案，也不要纠正错误答案，而要鼓励学生相互交换意见。

集体游戏具有趣味性、交往性，能培养学生多方面的能力，是很好的数学活动。

活动教学是许多国家普遍采用的课堂教学模式。下面介绍一节国外的小学数学课。

案例 3.1　认识"13"

教学准备：教师准备一幅画有 13 条鱼的幻灯片，每个学生准备 13 粒小扣子。

上课开始，教师打开 PPT，将画有 13 条鱼的幻灯片以较快的速度从屏幕上闪过去。然后问："刚才有多少条鱼游过去了？"

生：游得太快，看不清。

教师放慢速度再做一次。

生：还是数不清，鱼太乱了。

教师让幻灯片静止在屏幕上，让学生数出 13 条鱼。然后说："鱼游得太乱，所以很难数清。那么 13 件东西，比如 13 粒扣子，怎样排列起来，才能很快地数出来呢？请大家拿出自己的扣子，摆一摆试试，看谁摆的能让人最快数出来。"

学生在座位上自由摆扣子，每个同学独立摆。摆好后，各小组将本组不同的摆法画在纸上(用小圈代表扣子),交给教师。教师再将各小组所有不同摆法画在黑板上。教师画的时候,交代同学们:"摆完的同学注意看黑板,思考哪种摆法最好。"不同的摆法有以下几种(图 3-4)。

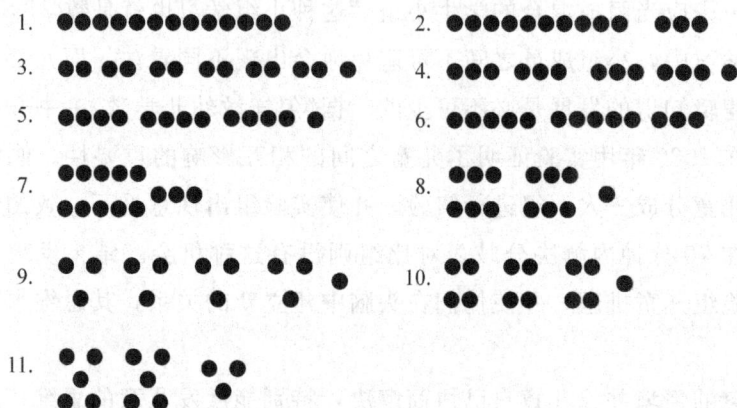

1. ●●●●●●●●●●●●   2. ●●●●●●●● ●●

3. ●●●●●● ●●●●●●   4. ●●●● ●●●● ●●●●

5. ●●●●● ●●●●● ●●   6. ●●●● ●●●● ●●

7. ●●●●●●
   ●●●●●●   8. ●●●● ●●●●
                        ●●●●

9. ●● ●● ●● ●●
   ●● ●● ●● ●●   10. ●● ●● ●●
                         ●● ●● ●●

11. ●● ●● ●●
    ●● ●● ●●

图 3-4

观察之后,由各小组评议:哪种摆法最好?先采用投票的方式评出最好的摆法,然后各人说说自己投票的理由,议一议。

小组评议结束后,由各组派一名代表,说一说本组评出的最佳摆法及理由。也可对其他非最佳摆法发表评论,畅所欲言。

最后教师做简要的小结,对表现出色的小组和同学加以鼓励。

这节课有以下几个特点:

(1)教学过程基本上是学生活动的过程,教师的活动很少;

(2)学生的活动以操作性活动为主,活动形式是小组合作学习;

(3)所有发现都是学生自己给出的,教师不引导、不启发、不讲解、不下结论。

这就是一节典型的数学活动教学课。

四、以理解为基础的原则

我国的古代数学是一种算法数学,主要研究各种算法和解方程。这种传统对我国近代和现代的数学教育有重大影响。我国的小学数学曾长期采用"算术"的名称,之后虽然改称"数学",但是小学数学大纲仍然将计算能力的训练摆在首位,小学数学教材也是以计算为核心的。由于计算重法则的记忆和计算的准确、熟练,再加上理解的教学要困难得多,结果记忆和训练就成了我国小学数学主要的教学方法。许多小学教师甚至采用语文的教学方法:先背下来再慢慢理解。这种没有理解的教学是我国当前小学数学教学的主要问题之一。

美国小学数学教学过去也存在这个问题,《美国现代小学数学》指出:"过去,有一个时期,数学被认为是进行计算的方法,小学数学大纲也常常是以计算的训练和法则的记忆为基础的。"而现代研究美国小学数学教学的学者认为:"现代数学教学大纲强调理解基础数学和各种数系之间的相互关系。这样是否意味着学生不再需要记忆基本法则和不再训练发展计算技巧呢?绝不是!这里是要求记忆和训练都必须在理解了基本法则和计算步骤(算法)之后才进行。如果学生不懂得这一点,就不大可能在数学上有很大的进展,也不可能把所学到的数学知识应用于解决重要的实际问题。"就是说,现代美国小学数学并不排斥记忆基本法则和训练计算技巧,但强调记忆和训练都要在理解的基础上进行。为什么理解对学习数学如此重要呢?至少有以下几点理由。

(1)不理解的学习是死记硬背式的学习,机械、枯燥,会扼杀儿童的学习兴趣。

(2)理解是比记忆和按程序操作更高层次的思维,能培养儿童的思维能力;只让儿童记忆和按程序操作(如按规定的步骤计算)难以提高儿童的思维能力。

(3)理解是应用的基础,不理解就不能应用;理解也是创新的基础,不理解就不能创新。

思考与练习

1. 为什么小学数学教学要从具体水平开始?怎样贯彻"从具体水平开始教学"的原则?

2. 怎样贯彻"从儿童的数学现实出发"的原则?

3. 数学活动教学有哪些特点?教师在活动教学中起什么作用?

4. 小学数学教学为什么要重视理解?

第四章　小学数学教学设计

▶第一节　教学设计概述

一、教学设计的意义

教学设计是教学的非常重要的一个方面，其意义体现在以下几点：

第一，教学设计是教学质量的保证。教学设计就是为教学做好准备，《礼记·中庸》说："凡事豫则立，不豫则废。""豫"就是事先准备的意思。教学是一项复杂而细致的系统工程，要使教学达到预期的目标，就必须制订全面、系统、翔实的教学计划或方案，这就是教学设计。

第二，教学设计是连接理论与实践的桥梁。教学就是使学生获得知识和技能，为此，教师首先要懂得这些知识、具备这些技能。这是教学的理论基础。但是光有这些是不够的，还必须懂得怎样教学这些知识和技能，即要能够对教学内容、过程和方法进行设计。这是教学的准备工作。设计好了，再实施它，这就是教学实践。由此可知，教学的理论和实践，是通过教学设计联系起来的。没有教学设计，教学理论就不能变为实践；教学理论水平高，教学设计水平低，也不能产生高水平的教学实践。

第三，教学设计具有很强的创新性。教学设计并不只是将知识通俗化，特别是对于小学生，由于儿童的年龄特征和特有的认知规律，小学教学需要精心设计学生的学习活动。例如，案例"认识13"中摆扣子的活动，就是精心构思出来的。这种活动的设计没有现成的例子可循，需要大胆想象，敢于开拓，利用求异思维、发散思维进行创新。学习活动的设计越巧妙，教学效果就越好。教学设计是没有止境的。

二、教学设计的基本原则

美国教育界将教学设计作为应用心理学的一个分支。美国教育心理学家加涅等学者著有《教学设计原理》(1988 年)一书，影响很大。该书将"教学设计"界定为："教学设计是一个系统化规划教学系统的过程。"并提出以下教学设计的基本原则：

第一，必须为学生个体而设计。有计划的教学的目的在于帮助每一个学生，使之按自己的方向得到尽可能充分的发展。因此教学设计必须重视学生的个体差异，针对每一个学生做出恰当的设计。这一观念与孔子的"因材施教"是一致的。

第二，教学设计不但要有短期的设计，还要有长期的设计。短期的教学设计指课堂教学设计和单元教学设计，长期的教学设计指一个学期或更长时间的教学设计。教学设计不只是对当前教学的思考和策划，也是要把当前的教学作为整个教学系统的一个有机组成部分来对待，全面地规划整个教学系统。所以教学设计必须先有长期的设计，在此基础上再进行课堂教学设计。

第三，教学设计必须建立在关于人们如何学习的知识的基础之上。即教学设计应当建立在儿童学习心理的基础上，要根据学生的年龄特征和学习心理规律来设计教学。

第四，教学设计应以教学目标来定向。教学目标对教学和评价都起着指导作用，只有确定了教学目标，才能制订教学计划。笼统的目的必须转化为较具体的目标，教学分析的目的是确定达到一定目标所需要的技能。

三、课堂教学设计的内容

我国的小学教学主要是通过课堂教学进行的，并且长期的教学设计也要落实到课堂教学设计上，因此课堂教学设计是教学设计的主要任务。通常说的"备课"，也就是指课堂教学设计。课堂教学设计主要有以下内容。

(一)分析教材

分析教材是教学设计的基础之一，通常称为"备教材"。

分析教材不只是研究要上的这节课，也要全面系统地研究教学内容。

教材分析主要有三个方面：知识分析、教法分析和历史分析。

1. 知识分析

主要是从高观点的角度透彻理解教学内容，弄清知识的逻辑结构体系和来龙去脉。要深入理解和钻研课程标准，充分领会教材的编写意图，了解教学内容在整个知识体系中所处的地位。理解教材的教学目的和要求，弄清教材的特点和知识的关键。

2. 教法分析

根据教学目的、内容和教学原则，按照课程标准的要求，结合学生的实际情况，研究如何对教材进行教法处理，如何抓住关键、突出重点、克服难点，选择恰当的教学方法、教学手段和具体措施。

3. 历史分析

即分析数学知识的历史发展过程。数学是一门历史性很强的学科，数学理论总是在继承和发展原有理论的基础上建立起来的，并且儿童思维的发展与科学的发展之间有时存在着类似的发展过程。因此，历史分析不但是认识数学的学科本质的不可缺少的重要途径，而且是揭示儿童数学思维发展过程和规律的重要途径。后者往往可以给数学教育以重要启示，并且这种启示是从别的途径难以得到的。

数学史能揭示数学知识的现实来源和意义，引导学习者体会真正的数学思维过程，创设一种探索与研究的数学学习气氛。对于激发数学学习兴趣，培养探索精神，揭示数学在科学文化史上的地位与影响，都有重要意义。因此数学教师——包括小学数学教师——学习数学史知识，对于培养良好的教师素养是十分重要的。

我国的小学课堂教学非常重视重点和难点的确定，并强调课堂教学必须突出重点、突破难点。一般认为，教学重点是指一堂课的教学内容中最基本、最核心的知识，难点则是学生最难理解或接受的知识。需要注意的是，重点、难点不一定是某一知识或技能，数学教学目标的四个方面都可能成为重点或难点。传统教学总是把重点、难点放在知识和技能上，这是知识取向的片面教学观的体现。

(二)了解学生

了解学生是一项十分复杂而细致的工作。一般地，备课前可以从作业中了解学生对相关知识的掌握情况。教师在批改作业时应将发现的问题和学生的姓名记录下来，之后再做认真的分析。对学生的深入细致的了解要靠平时长期的关注，如课堂问答、讨论、课后交流、家访等。学生对一堂课的教学内容的已有知识则可以在教学开始时通过教师提问来了解，这一点在"从儿童的数学现实出发"的教学原则中已有阐述。

(三)确定课堂教学目标

课堂教学目标对课堂教学起着提纲挈领的作用，所以课堂教学设计第二步应确定课堂教学目标。教学目标的确定应注意以下几点。

1. 教学目标应具备全面性

素质教育要求学生德智体全面发展，不仅要增长知识、获得技能，还要培养良好的品德和非智力因素。因此，课堂教学的目标也应该尽可能全面。新一轮基础教育课程改革开始后，教育界提出了三维教学目标：知识与技能、过程与方法、情感态度与价值观。但是不难看出，这种目标的表述是一般性的，不涉及具体学科。对于数学学科，《标准(2011年版)》提出了四个方面的目标：知识与技能、数学思考、问题解决、情感与态度。数学课堂教学的目标应按这四个方面来设计。

2. 教学目标应具备具体性

教学目标应该是具体的、可操作的，这样才能对教学发挥指导作用。

3. 教学目标应具备针对性

教学目标的设计既要考虑教学内容，又要考虑教学对象，不能千篇一律。特别是要深入了解学生，尽可能地对不同的学生提出不同的要求。

(四)设计学习活动

根据"数学活动教学原则"，教学内容的学习应通过学生的活动来进行，因此设计学习活动是教学设计的主要内容。

数学教材给出了每节课的教学内容，并在一定的程度上体现了教法。但是这些教学内容一般不是以学习活动的形式给出的，这就需要教师在设计教学时进行教学法加工，将教学内容改造成学生的学习活动。学习活动主要有操作活动、游戏活动、讨论活动、练习活动，教师可以根据教学条件和学生的具体情况恰当地选择。有时候还需要对教学内容做适当的修改，如教材中的内容可能比较适合城市学生学习，农村教师则应加以适当修改；反之亦然。

(五)设计音像教学资料

音像教学资料包括PPT、录像、动画片、各种教学软件等。音像资料形象、生动、表现力强，恰当使用音像资料能显著提高学生的学习兴趣，帮助学生理解，节省教学时间，从而提高教学的效率和质量。目前小学数学教学已广泛使用。在进行教学设计时，应根据教学内容和学生的具体情况，设计好音像资料的内容、形式、程序和使用方法。

(六)设计课后练习

小学中年级和高年级的数学课一般应有课后练习，课后练习对于巩固教学效果有重要作用。课后练习的设计应注意以下几点。

(1)控制练习量。一般应在半小时左右能够完成，以免加重学生负担，因为学生每天除数学作业外，还有语文等作业。可以采用弹性练习的方式：让学生从一定量的题目中选做，这样不同学习能力的学生就可以量力而行。

(2)避免重复。即练习题应避免与课堂上已经学过的题目重复，一般可以采用变式题。重复练习会抑制学生的积极性，降低学习兴趣。

(3)形式多样。练习不必一律采用书面作业，天天做书面作业也会影响孩子的学习积极性。测量、制作、调查、数学游戏，都是很好的练习形式。例如，学了长方形、正方形，让学生回家用纸做几个长方形和正方形，就是很好的练习。

除以上内容，学具、教具的准备一般也要写在教学设计中。

思考与练习

1. 教学设计为什么要"为学生个体而设计"？怎样才能做到这一点？
2. 确定课堂教学目标要注意什么？
3. 确定教学的重点和难点要注意什么？
4. 小学数学学习活动主要有哪些？
5. 课后练习的设计要注意哪些？

▶第二节　教材分析

一、知识分析

知识分析指的是从数学的角度分析教学内容，首先是从知识上彻底弄懂。由于小学数学知识很浅显，这一点被普遍忽视，认为小学数学教育主要是教法问题。实际上，大量的教学实践表明，教师对数学知识的理解才是主要问题。我们先来看一个广泛流传的案例。

案例 4.1："老师，我发现有的三角形没有稳定性！"

师：同学们想体验一下三角形的稳定性吗？

生（齐）：想——！

师：在每张课桌的抽屉里藏了一个三角形和四边形木架，请拿出来，同座之间相互拉一拉。

大家正玩得高兴，突然一位学生叫起来："老师，我发现有的三角形没有稳定性！"兴奋的叫声几乎吸引了所有人的目光。只见学生手中拿着由四根小棒钉成的三角形木架。

"三角形具有稳定性。学生手上的木架是三角形的。所以它应具有稳定性。"这似乎是一个严密的三段论。可事实上，学生手上的三角形木架却不稳定。这该如何解释呢？

这是"三角形的稳定性"这节课的一个教学片段。为了让学生体验三角形的稳定性，教师从具体水平开始教学，为学生提供了实物学具，并组织了小组合作学习。这些教学方法显然是正确的、恰当的。然而当一个学生发现他的三角形没有稳定性时，教师不但无法解释，还对这一性质产生了怀疑。从案例中我们看到，教师对三角形的稳定性的理解是，凡三角形都具有稳定性。而教材对于"三角形稳定性"是这样表述的："用三根木条钉成一个三角形，用力拉这个三角形，这个三角形的形状不会改变。可见，三角形具有稳定性。"显然，这里没有说任何是三角形形状的东西都具有稳定性。

学生手里的三角形之所以没有稳定性，是因为它是由四根木条做成的，实际上本来是一个四边形，但学生把其中的两条边拉直让它们在一条直线上了。教师应该顺势引导：嗯，这个三角形没有稳定性。那么什么样的三角形才具有稳定性呢？学生通过操作、观察,就会发现,只有三条木条连接成的三角形才具有稳定性;并且还能发现,四边形没有稳定性。这样,这一个小"插曲"就成了帮助学生理解三角形稳定性的良好契机。而这一教学环节的失败,就是因为教师对三角形的稳定性理解错了。

此外,教材分析要弄清知识的逻辑体系,即来龙去脉、前后联系。

例如,"分类"的教材分析。

分类是科学研究中常用的基本方法,在数学中同样具有重要的地位和作用。对于分类的教学,首先要明确什么是分类?分类有什么用?

小学数学中分类用得最多的地方是列表统计。每一个统计表都是一个分类,如下面的表 4-1 把某小学一年级学生的体重进行了分类。

表 4-1

体重	16 kg 以下	16 kg~20 kg	21 kg~25 kg	26 kg~30 kg	31 kg 以上
人数/人					

(注:"以下"不包括本数,"以上"包括本数)

按这个表的分类进行统计,就能得出该校一年级学生体重的分布情况。

1. 分类的定义

把一个元素多于 1 个的集合 A,分成几个真子集,如果这些真子集每两个都没有公共元素,并且它们的并集恰好等于 A,这几个真子集就叫集合 A 的一个分类。

2. 分类应满足的条件

每一个对象都属于某一类;每一个对象只属于一个类。

如果有一个对象不属于任何一类,那么统计时就会出现遗漏;如果有一个对象同时属于几个类,那么统计时就会出现重复。简单地说就是,分类应当"不重不漏"。

3. 小学数学中的分类

例如:

(1)全体正整数按能否被 2 整除可分成偶数和奇数两类。类似地,还可以分别按被 3,4,5,…除的余数分类,如一个数被 3 除,余数要么为 0,要么为 1,要么为 2,按余数的不同可分为三类。

(2)所有三角形可以按角的不同分为锐角三角形、直角三角形、钝角三角形三类。

(3)全体正整数按因数的个数可分为 1、素数、合数三类。

此外还有四边形的分类、小数的分类，等等。

4. 分类教学的要点

(1)同一类的对象不一定有共同性质。

我们常常认为，一些对象被分在同一类是因为他们有某种共同性质，其实这是一个误解。例如，在前面所举的第三种分类中，"1"所在的类只有一个元素，当然谈不上共同性质。

没有共同性质的对象也可以分在同一类。人民教育出版社出版的教材(以下简称人教版教材)小学数学第一册"分类"这一单元有一道题，要求把不同形状、不同颜色、分别画有三种水果的 9 张卡片分类。成人一般会把具有共同性质，比如形状相同或颜色相同或画有相同水果的卡片分在一组。而儿童往往认为，每一组卡片都要有不同的形状、不同的颜色、不同的水果，于是分在一组的是没有共同性质的卡片：

蓝三角形·苹果	绿圆·苹果	黄正方形·苹果
黄正方形·梨	黄正方形·桃	蓝三角形·桃
绿圆·桃	蓝三角形·梨	绿圆·梨

有的教师却对这种分类打了"×"。其实这是正确的分类，因为它满足分类的两个条件。

一般教材在"分类"这一单元体现的也是把具有相同性质的对象分在同一类的观点，如要求学生将下图(图 4-1)中的人分类，而这些人是一家一家地在一起的，要重新分类，就只好按性别或家庭角色等来分类。其实在儿童看来，图中所显示的就是一个很好的分类：小朋友跟爸爸、妈妈在一起当然是非常合理的分类。这样分类也符合"不重不漏"的准则。

图 4-1

（2）由于事物的多样性，分类的标准往往有很多种，因而分类的方法也有很多种。

例如，人教版教材中有一道题，要求指出每行中不同的是什么。其中第三行是三角形、正方形、圆、立方块各一个。有的教师认为，不同的只有立方块（教材的意图可能也是如此）。其实每一个图形都是不同的：三角形是唯一有三条边的图形；圆是唯一的曲线形；正方形是唯一的四边形。因此学生无论选哪一个都是对的，只要能说出道理来就行。

（3）"没有共同性质"也可以作为分类的标准。

分类总要有一个标准，一般认为，分类的标准为是否具有某个性质。例如，奇数和偶数的分类标准是能否被 2 整除。这样，分在同一类的对象总是具有共同性质的。但是上面的两个例子是把没有共同性质的对象分在同一类，即它们的分类标准是"没有共同性质"。为什么"没有共同性质"也可以作为分类标准呢？

分类标准的作用是判断任一对象属于哪一类。"没有共同性质"这个标准的作用则是判断任何两个对象是否属于同一类：凡没有共同性质的就属于同一类，凡有共同性质的就不属于同一类。而这两个作用其实是等价的：只要能判断任何两个对象是否属于同一类，就能判断任一对象属于哪一类；反之亦然。

（4）分类的教学应使学生懂得"不重不漏"的分类准则。

这一点的重要性已如前述，那么能否使儿童理解它呢？回答是肯定的。因为用"不重不漏"这样通俗的语言表达，儿童很容易理解其意思；而重复或遗漏就会出现统计错误，这一道理也是浅显易懂的，儿童也容易明白。教材中只要安排几道有重复或遗漏的错误分类让学生判断，就可达到教学目的。

二、教学方法分析

这里的教学方法分析主要指根据教学内容来确定基本的教学策略。

1. 确定教学内容属于数理逻辑知识还是社会知识

小学数学中既有数理逻辑知识，又有社会知识。第二章第一节已经指出，这两种知识的教学方法是完全不同的。因此在选择教学方法时，首先要确定，要教的内容中，哪些是数理逻辑知识，哪些是社会知识。小学数学中社会知识还不少，比如人民币，年、月、日，长度、质量等单位的认识及编码等知识基本上都是社会知识，社会知识的学习主要是理解和系统地记忆，而不需要学生探索。例如，年、月、日的学习，要求学生理解年、月、日是较大的时间单位，一年是地球绕太阳公转一周的时间。记住一年有 12 个月，大月、小月、平年、闰年等知识。

数理逻辑知识则需要学生自己发现问题、分析问题和解决问题，其学习方法以学生自主探索为主。

2. 确定学习方法

因为教法要适应学法，所以在确定教学方法时，首先要确定学生的学习方法。

例 4.1　分数加减法的教学

在人教版教材中，分数加减法安排在五年级下册。教材举了一个实例来教学分数的加法：

爸爸吃了 $\frac{3}{8}$ 张饼，妈妈吃了 $\frac{1}{8}$ 张饼，爸爸和妈妈共吃了多少张饼？

教师首先明确这一知识属于数理逻辑知识，确定应设计学习活动，让学生通过学习活动来发现分数加减法的法则。

其次应确定，通过什么样的学习活动，学生可以发现同分母分数加减法的法则。

教材是通过画图来说明的。画一个圆代表饼，再把这个圆平分为 8 个一样的扇形，用不同的颜色标出这个圆的八分之三和八分之一，让学生观察得出，$\frac{3}{8}$ 与 $\frac{1}{8}$ 的和是 $\frac{4}{8}$，从而得出同分母分数加法的法则。这种教法是从半具体水平出发的，并且教材已经完成了探索过程的大部分，学生只需观察现成的图就可以了。

教师应该直接将问题交给学生，只给他们提供两个纸剪的圆，让他们自己求出 $\frac{3}{8}$ 与 $\frac{1}{8}$ 的和。然后说明 $\frac{3}{8}$ 与 $\frac{1}{8}$ 相加应怎样进行。这种教学方法真正具有探索性，并且使用圆形纸操作，是从具体水平出发的。

对于同分母分数的减法，教材另举了一个例子：有 $\frac{3}{4}$ 瓶矿泉水，倒出了 $\frac{1}{4}$ 瓶，还剩多少瓶矿泉水？但是教材并没有指出应该用什么方法解答，同分母分数的减法应该怎么做。只是直接把计算过程写出来，

$$\frac{3}{4}-\frac{1}{4}=\frac{(\quad)-(\quad)}{(\quad)}=\frac{(\quad)}{(\quad)},$$

用括号代表数字，让学生填空。

这样教学的问题是，如果学生会填，那么学生就知道怎样计算，因而没必要列出这个算式；如果学生不会填，那么列出这个算式并不能启发他们的思维，对他们没有任何帮助。并且一瓶矿泉水不易画出它的几分之几，也不能操作，所以在学生第一次学分数减法时用这个例子和这种教法，都是不恰当的，其实，同分母分数的

减法可用同一个例子，只需将问题改为"爸爸比妈妈多吃了几张饼？"即可。

3. 确定学好重点、突破难点和关键的方法

这是教法分析的重要一环，也是教学成败的关键所在。正确的方法来自对教学内容和学生学习心理的深刻理解。例如，对于上面的例子，教学重点是掌握同分母分数相加减的方法，难点和关键则是发现和理解同分母分数相加减只需将分子相加减，分母不变。而学生由于受整数加减法的负迁移的影响，容易出现将分子与分子相加、分母与分母相加的错误。为了使学生认识到这种错误，教师不要去纠正，也不要讲解，而应要求学生自己对计算做出解释。在学生试图做出解释时，他们会发现计算结果与已知条件是矛盾的：分子、分母分别相加的结果是 $\frac{4}{16}$，也就是 $\frac{2}{8}$，比爸爸一个人吃的饼 $\frac{3}{8}$ 还要少。这种矛盾将促使他们找出正确的计算方法。

教师还可以利用分数单位来帮助学生理解。例如：

$$\frac{3}{8} + \frac{1}{8} = 3 \text{ 个} \frac{1}{8} + 1 \text{ 个} \frac{1}{8} = 4 \text{ 个} \frac{1}{8} = \frac{4}{8}。$$

突破了难点和关键，重点也就学好了。

数学史在数学教育中受到高度重视，但是对教学内容进行历史分析在我国的小学数学教育界还没有引起重视。小学数学的许多内容看起来没有必要进行历史分析，虽然历史分析有时能给我们以重大启示，但由于篇幅有限，这里就从略了。

思考与练习

1. 什么叫分类？分类为什么要求不重不漏？

2. 分类标准在分类中起什么作用？为什么没有共同性质的对象也可以分在同一类？

3. 试对异分母分数的加减法做教法分析。

▶ 第三节　小学数学课堂教学基本模式

课堂教学模式是指在一定教学思想或教学理论指导下建立起来的、较为稳定的教学活动的结构和程序。通俗地说，课堂教学由一些教学活动组成，课堂教学模式是指这些教学活动的地位、作用、相互关系和实施顺序。课堂教学模式对课堂教学设计起着指导和规范的作用，教师总是按照一定的模式来设计教学过程的。

一、凯洛夫的"五步教学法"

在我国，影响最大的传统教学模式是苏联教育家凯洛夫的"五步教学法"，它包括五个步骤：组织教学—复习旧课—讲解新课—巩固新课—布置作业。

"五步教学法"在 20 世纪五六十年代传入我国后，迅速风靡全国，并且历久不衰。至今我国已多年不再提倡，并且进行了批判，指出其基本思想是"三中心"：以教师为中心，以教材为中心，以课堂为中心；主要特点是教条化、模式化、单一化、静态化；主要缺陷是只强调教师的主导作用，忽视学生的主体作用，只教学生"学会"知识，不教学生"会学"知识，不能培养学生的自主学习能力和创新精神。但是由于教师仍然保留着"三中心"的思想，也由于长期以来根深蒂固的习惯，这种教学模式目前仍有很大的市场，虽然五个步骤有所改变，但"教条化、模式化、单一化、静态化"的特点仍然如故。

历来对"五步教学法"的批判大多是宏观的，只指出它在思想、理念上的问题。这种批判一般难以使小学教师理解和信服。下面我们把它的主要步骤分别做一个分析。

(1)组织教学。其目的是使学生安静地坐好，集中注意力，准备听教师讲解。这一环节用时很短，一般不超过 1 分钟。但是学生经过课间的激烈活动，靠几句话的"组织教学"一般很难让他们在短时间内静下心来，只有创设一个有强大吸引力的教学情境，他们才能进入学习状态。

(2)复习旧课。这一环节在小学数学课堂教学中仍在广泛运用，教师们普遍认为，只要新知识与某些旧知识有联系，复习就是必不可少的。由于数学有很强的逻辑性，许多新知识是以某些旧知识为基础的，于是教师们就合乎逻辑地认为，在教学某一新知识前必须复习有关的旧知识。

但是很多时候复习并不是必要的。例如，在平行四边形面积公式的教学中，很多教师都会首先复习长方形的面积公式，并让学生做一些计算题。但是长方形面积公式比较简单，容易理解，运用很多，学生早已熟知。在这种情况下，复习就成了"炒现饭"，不但没有必要，甚至还会使学生感到厌烦。

有时候复习并不能达到"温故知新"的效果，因为学生不一定能自动地将新旧知识联系起来。例如，平行四边形面积公式的教学，学生并不会因为复习了长方形的面积公式，就自觉地想到把平行四边形转化为长方形。学生要想到这一点，还需要教师的引导、启发和学习小组的讨论。

(3)讲解新课。这是五步中最重要的一步。新课是通过讲解的方式来教学的，这是这一教学模式的主要特点和核心思想。这意味着学生是通过听讲来学习新知识的，因此这种教学模式不适合数学教学。即使是社会知识，讲解也不是先进的教学方法，因为在这种情况下，学生处于被动听讲的地位。同时面向全班的讲解不可能做到因材施教。

由于讲解受到批判，现在常用的方法是教师提出问题让学生回答。例如，一位教师教学圆锥体的体积公式：准备中空的圆锥模型和圆柱模型各一个，两个模型是等底等高的。先用模型演示：将圆锥模型装满水，倒入圆柱模型中，倒了三次恰好装满。然后提问：

圆柱体积和圆锥体积哪个大？为什么？

圆锥体积和圆柱体积哪个小？为什么？

以圆锥体积为1倍，圆柱体积相当于圆锥体积的几倍？

以圆柱体积为1倍，圆锥体积相当于圆柱体积的几分之一？

圆柱体的体积公式是怎样的？

我们怎样求圆锥体的体积呢？

这些问题分得很细，学生不假思索就可以答出。因此这样提问并无启发作用，其实与教师讲解没有本质区别，只是前者是听教师讲，后者是听少数学生讲而已。

(4)巩固新课。学了新课要加以巩固，这看起来是很合理的。但关键在于怎样巩固。把新课教学分为讲授和巩固两个阶段，教师很自然地会安排与新课例题同类型的题目作为巩固练习，这样就成为模仿性练习，不能培养学生的独立思考能力和创新精神。

在我国的小学数学课堂教学中，做练习几乎是巩固新课的唯一手段。练习的形式一般有三种。一是出示题目后叫起学生个别回答，当学生正确回答出问题时，教师就认为这道题的教学目标已经达到了；二是叫几个学生上黑板做，其他同学观看，做完后教师讲评；三是全体同学做练习，做完后教师点名让学生报答案、讲解法，再由教师或学生判断正误、指出问题。

第一、第二两种形式做练习的都只有少数学生，大多数学生只是看或听。自己做与看别人做、听别人讲完全是两回事，只有自己独立解题才能真正培养解题能力。

第三种形式远比头两种优越，因为每个学生都独立地解题。可惜的是，在实际教学中采用得很少。这种形式也有缺点，即没有学生之间的合作交流。

(5)布置作业。布置作业成为一个教学环节看起来是有些奇怪的，因为这件事没有知识内涵或教学手段，只需两句话就可完成。练习的设计倒是教学的一个重要组成部分，但这是在备课时做的，不是课堂教学的环节。大概是由于这一原因，我国的小学数学课堂教学普遍将其改为"小结"。许多教师上课，特别是上"公开课"时，即使已经响铃，仍然要叫起学生来问：这节课我们学到了什么本领？学生做了回答，这就是小结。如果不这样小结一下，就觉得课没有上完似的。但是小结的目的是什么呢？小结了学生就知道自己学了什么，不小结学生就不知道自己学了什么吗？回答显然是否定的。小结只是一种形式，对教学效果几乎没有影响。

由以上分析我们看到，五步教学法的可取之处甚少。

教学的含义就是"教"学生"学"，因此我们首先要研究学生应该怎样学，什么是小学数学的科学的学习方式。

二、小学数学学习方式

(一)一个案例
案例 4.2

这一年我有一个星期代替一位一年级教师上数学课，这位教师有个习惯，每次上课之前她总要在黑板上写几道题让来校较早的学生在上课之前做，一般是 10 以内的加减法，很少超过 10，从来没有超过 20。

一天我忘了在黑板上出题目，有两三个孩子进了教室，一看黑板上没有题目，想了一会，问我能不能让他们把问题写在黑板上，我说："可以，写吧。"他们开始写了一些和往日相仿的题，接着胆子大起来了，写了几道像 $70+20=?$ 这样的题目。在计算时他们经常发生争论，但总是要等到他们确实知道该怎么做时才肯罢休。他们往往能在短时间内就取得一致意见，而他们所同意的答案总是对的。……他们很少前来要求我帮助，只有在他们争论不休时，他们中间的一部分人确信自己是对的，在那种情况下才来问我。过不久他们开始做 $200+400$，甚至 $235+500$ 或 $340+420$ 之类的题目。一步一步地他们的题目越来越复杂，孩子们——不是全部，但数目相当大——自己研究出了绝大部分加法的运算法则。在一个星期之内——每天只用几分钟时间做这类题目——他们完成了学校准备花几年教给他们的内容。

(摘译自：John Holt, *How children learn*, pp. 123-124)

这个案例的效果可以说是神奇的，它的教学方法也非常奇怪，可以说，只有学，没有教。那么学生是怎么学的呢？

首先，学生的学习是自发地开始的。学生想自己出题，征得教师的同意后，他们开始自己出题、自己做。就是说，学习的内容是他们自己确定的。怎么学，一道题做多长时间也是学生自己决定的，即学习的方法和学习的时间也是他们自己选择和确定的。可以说，教师完全没有介入，更没有干涉，完全是学生自主学习。

其次，学生的学习不是各做各的，而是几个孩子一起学习。他们经常争论，直到弄清问题为止。他们往往能在短时间内就取得一致，而他们所同意的答案总是对的。这是一种有充分的交流和讨论的合作学习。

最后，学生学习的不是学过的内容，而是从未算过的题目。这些题目的计算方法是他们自己研究出来的，既没有听教师讲解，也没有看书。就是说，这种学习不是记忆性的、模仿性的，而是一种自己去再创造的探究学习。

自主学习、合作学习、探究学习正是新一轮基础教育课程改革倡导的三种学习方式。《基础教育课程改革纲要（试行）》指出："改变课程实施过于强调接受学习、死记硬背、机械训练的现状，倡导学生主动参与、乐于探究、勤于动手，培养学生收集和处理信息的能力、获取新知识的能力、分析和解决问题的能力以及交流与合作的能力。"

上述案例表明了几个极为重要的事实：

（1）儿童是乐意学习并且能够自己学习的，即使是低年级的学生也能够自己学习。

（2）儿童的生活经验为他们领会小学数学知识打下了基础，儿童可以通过自学来学习小学数学的许多内容。

（3）低年级的学生也可以进行合作学习和探究学习，并且合作学习和探究学习的效果远远超过教师的讲解。

（二）三种学习方式

我们进一步分析一下上面的三种学习方式。

1. 自主学习

自主学习就是学生对学习过程、学习内容、学习方法等可以自我决定、自我选择、自我调控、自我评价的学习方式。其基本特点是学生是学习的主体，不像传统教学那样，学生总是处于服从的、被支配的地位。这样就能培养学生的主动学习精神和独立思考能力。独立思考是学习的基础，能够独立思考才能自己发现问题、自己解决问题。不能独立思考，只会人云亦云，就不能进行真正的学习和研究，更谈不上培养创新精神。并且由于自主学习可以根据自己的基础和特点来安排学习活动，所以能真正做到因材施教。

2. 合作学习

合作学习在我国一直没有得到真正实施，其原因有很多种。其中之一是人们对合作学习的形式要求过高。例如，必须按一定的要求分组，组内必须有分工：选出组长、记录员等。《小学课程改革》一书还认为合作学习应具备五个基本要素：积极互赖、个人责任、有效沟通、小组自评、混合编组。这些要求大大提高了合作学习的难度，使小学教师很难做到，并且使合作学习流于形式，有名无实。

实际上，只要是有合作的学习就是合作学习，而最简单的合作就是交流。也就是说，凡有交流的集体学习就是合作学习。前面的案例并没有明确的分组，更没有分工，却收到了很好的效果。

国际教育界高度重视小组合作学习，中国—联合国儿童基金会的师资培训教材《面向每个人的学校》中强调："学生和自己的同伴之间进行的合作是提高课堂教学效率的重要方法。看来，现在的学校和课堂如果不利用学生之间的合作来组织教学，已经是不可想象的事情了。"为什么将合作学习提高到如此的高度呢？合作学习至少有以下优越性：

(1)儿童具有"好合群"的心理特点，几个同伴一起学习他们会兴趣盎然，思维活跃。

(2)合作学习可以使学生相互激励，成为推动学生学习的强大动力。

(3)合作学习可以使学生相互学习，相互启发，取长补短。

(4)合作学习可以培养学生的交流能力和合作精神。这两点在当代社会是不可或缺的。

3. 探究学习

所谓探究，就是探索和研究。探究学习就是学生自己探索问题和研究问题的一种学习方式，这种学习方式具有以下特性：

(1)主动性。探究学习要求教师创设问题情境，引发学生思考，让学生自己发现问题、研究问题，因此学生的学习是主动的。通过这种学习能培养学生主动学习、独立思考的精神。

(2)开放性。数学教材中的例题和习题一般都表述规范，有唯一正确的答案，题目的条件都是充分的和必要的。探究学习的问题是从情境中产生的，没有经过加工，问题的条件可能并不是充分必要的，答案也可能不唯一，甚至没有答案。这就是开放性问题的特征。这种学习能培养学生自己从实践中发现问题和解决问题的能力。

（3）创新性。探究学习是让学生重新发现前人已经发现的知识，也就是"再创造"数学知识。例如，前面的案例中学生就重新发现了绝大部分加法的运算法则。这种学习本身就是创新，因而能培养学生的创新能力。

三、小学数学课堂教学基本模式

小学数学课堂教学是客观存在的过程，必有其自身的发展变化规律，小学数学课堂教学模式应适应这些规律。按照这些规律来安排和组织课堂教学，就形成了小学数学课堂教学的基本模式，它应当包括以下四个环节。

（一）创设情境

儿童的学习是由兴趣引发的，没有这种兴趣他们就不会积极地思考，因此课堂教学的第一步是引起学生对教学内容的兴趣。这通常是由创设良好的学习情境来实现的。教学情境能够激发学习兴趣，营造学习氛围，引发积极的思考，是小学课堂教学必不可少的开端。

教学情境就其广义来说，是指作用于学习主体，产生积极的情感反应的客观环境。我国的课程标准数学教科书重视情境的创设，在学习新内容之前一般都先举一些生活中的实际例子。但是只举实例往往是不够的，并且教材的例子一般难以适应不同的学生。所以教师在进行课堂教学设计时，首先要精心创设良好的教学情境。例如，案例"认识13"首先用数鱼的条数来创设一个问题情境，引发学生思考。

（二）自主探究

在引发学生思考之后，应当开始新课的学习。根据前面的论述，应让学生采用自主、合作、探究的方式进行学习。这里有一个问题：学生是否应该立即开始小组合作学习？

前面的案例是一开始就进行合作学习的，但是这种学习有一个问题：基础好、思维敏捷、性格外向、善于表达的学生会抢先说出答案和道理，而在这些方面较差的学生则往往会成为"听众"，失去探索的机会。时间长了一些学生就会成为能力较差的学生。这是这一自发的合作学习的不足之处。

因此，在合作学习前，应有一个个人独立探索的环节。"认识13"的案例就是这样，新课一开始，并不立即进行合作学习，而是先让每个学生自己摆。经过自主探索，学生有了体会和收获，就为合作交流打下了基础。

（三）合作交流

合作交流也是课堂教学的一个必不可少的环节，其重要性已如前述。在自主探究后进行小组交流，基本上每个同学都有心得可谈或有问题可提。交流心得时学生能互相启发、互相学习；提出问题可以激发思维、引起讨论。

案例"认识13"有两次小组合作学习。一次是在组内评出最好的摆法，这是组内的交流；另一次是各组派代表向全班介绍本组评出的最佳摆法及理由，这是全班的交流。在交流中学生要设法说服对方，就需要开动脑筋想办法，从而促使他们积极思考，并提高他们的交流能力。学生自己说出来的道理往往更能为学生所理解和接受。例如，在第三章介绍的通过观察判断图中有几个小立方块的教学片段中，教师始终不能说服那个男孩，而一个女同学的话一下子就使他明白了。

我国合作学习难以推行的另一个重要原因是，许多学校班额过大，多达六七十人，甚至上百人。教室里挤得满满的，学生不可能分组坐，教师也很难一组一组地辅导。许多教师认为，在这种情况下不可能进行合作学习；一些教育理论专家也持这种观点。但是有的教师却在80人以上的班级有效地开展了合作学习。实际上，不管多大的班额都可以进行同座2人的交流；前后4人的交流不移动座位也可进行。简单的合作学习是很容易进行的：独立练习后，同座2人或前后4人对对答案，就是一种合作学习，产生的效果远远超过教师的批改。

(四)反思评价

这一环节是对合作学习的过程和结果进行思考和评价。案例"认识13"中对不同摆法进行的评比就是一种反思和评价。这样可以使学生认识到自己的优点和不足，发现自己思维的弱点，学习别人的有效的思维方法，从而使学习更加理性化。评价，也培养了学生分析问题的能力。总之，这一环节是对学习过程的必要的和有效的回顾和总结，能促进学生的学习由"学会"到"会学"的转化。

以上四个环节是小学数学课堂教学都应该具备的，它的基本特点是正确地实施了自主学习、合作学习和探究学习。在课堂教学中应注意，这四个环节并不是截然分开的，而应是相互联系、浑然一体的。例如，在"认识13"的案例中，"合作交流"与"反思评价"就是融合在一起的。

在这一模式中，学生的练习不限于书面练习，甚至主要的不是书面练习。实际上，书面练习并不是学生学习数学的最好方式，有效的数学活动不能单纯地依赖模仿与记忆，动手实践、自主探索与合作交流是学生学习数学的重要方式。教师和家长之所以习惯让学生做书面练习，除了传统的影响外，就是因为数学考试都是书面的。如果从儿童的角度看问题，孩子们则更喜欢动手实践与合作交流这些学习方式。

思考与练习

1. 凯洛夫的五步教学法主要存在哪些问题？这种教学法为什么会在我国长期流行？

2. 在本节的案例中，儿童为什么能"再创造"加法的运算法则？

3. 为什么合作学习能产生良好的学习效果？

4. 本节给出的有四个环节的课堂教学基本模式体现了哪些新的教学思想？

第四节　小学数学案例与评析

案例 4.3　"小数的初步认识"活动教学[①]

导入：猜一猜

师：我们已经学习了整数和分数，今天我们又要学一种新数——小数（课件："小数"二字跳动出现）。

请看看你们的数学书的封底，封底的下面印着这本书价钱：5.40元（课件：放大的数学课本封底）。这就是一个小数。谁来说一说这表示几元几角几分？（让学生说出不同意见，教师最后肯定正确意见，但不说道理）

［评析：首先从实例引入小数。生活中小数用得最多、学生最熟悉的方面就是表示物价。在课堂上，数学课本的定价可以说是最方便又最贴近学生的实例。

肯定正确意见是为下面的"活动一"做准备：学生在填商品的价格时就有了一个正确的榜样；但不必说道理，道理应让学生通过后面的学习活动自己悟出。］

活动一：小小采购员

课件：推出画有下列各种商品的画面，每种商品上附有价格标签。"小小采购员"看着这些商品，做思考状。字幕：请写出下列用小数表示的价格各是几元几角几分。

师：先在活动卡上独立做，再小组交流，每组确定一份答案交给老师。

钢笔每支8.75元＝ ＿＿＿元＿＿＿角＿＿＿分；

练习本每本0.87元＝ ＿＿＿元＿＿＿角＿＿＿分；

橡皮擦每块0.18元＝ ＿＿＿元＿＿＿角＿＿＿分；

童话书每本18.50元＝ ＿＿＿元＿＿＿角＿＿＿分；

书包每个20.80元＝ ＿＿＿元＿＿＿角＿＿＿分；

塑料袋每只0.05元＝ ＿＿＿元＿＿＿角＿＿＿分；

酱油每瓶9.08元＝ ＿＿＿元＿＿＿角＿＿＿分；

袜子每双4.10元＝ ＿＿＿元＿＿＿角＿＿＿分。

教师出示一组学生的答案，问：有没有不同意见？（有不同意见则进行讨论、分析）

［评析：关于小数的知识，学生最想知道的就是怎样看商品的标价，所以首先

[①]　湖南省长沙市实验小学，申安琪执教

让他们填商品的标价。由于学生都有购物的经验，前面又有数学课本的定价做样子，所以他们可以独立地或通过小组合作学习完成这个练习。整个活动过程教师基本不发表自己的意见，目的是尽量让学生自己得出正确答案。]

活动二：他们有多高？

师：用小数还可以表示长度。（课件：展出画有四人的图片，每人身上写有标明身高的小数）你知道他们每个人的身高吗？请用同样的方法完成活动卡上的第二题。

小明身高 1.02 米＝＿＿＿米＿＿＿分米＿＿＿厘米；

爸爸身高 1.7 米＝＿＿＿米＿＿＿分米＿＿＿厘米；

小毛身高 0.95 米＝＿＿＿米＿＿＿分米＿＿＿厘米；

妈妈身高 1.62 米＝＿＿＿米＿＿＿分米＿＿＿厘米。

[评析：这一活动的目的是通过实例使学生进一步明确小数的意义。用小数表示长度虽没有用小数表示价格常见，但由于进率也是10，学生也可以完成。]

活动三：读一读

出示字幕：

小数 15.82 读作一十五点八二；

小数 10.08 读作一十点零八。

教师带读两遍，并指出这个小圆点叫"小数点"。

请学生读出第二题的四个小数（先每个人自己读，再每组点一人读一个小数）。

说一说：小数的读法与整数的读法的主要区别是什么？（小组活动）

[评析：活动一和二使学生感到小数很有用、很方便，因而很亲切。因此学生很想知道小数怎么读，所以活动三安排学习小数的读法。小数的读法是社会知识，所以用出示字幕的方法直接将读法告诉学生。但是教师在这个看来很简单的问题中也可以挖掘出有思考性的问题，那就是让学生讨论小数的读法与整数的读法的主要区别是什么。]

活动四：填一填

出示字幕：

$0.1 元＝\frac{1}{10}元$；　　　　$0.1＝\frac{1}{10}$；

$0.18 元＝\frac{1}{10}元＋\frac{8}{100}元$；　　　　$0.18＝\frac{1}{10}＋\frac{8}{100}$；

$1.76 元＝1元＋\frac{7}{10}元＋\frac{6}{100}元$；　　　　$2.34＝2＋\frac{3}{10}＋\frac{4}{100}$。

请学生完成活动卡上的第三题（投影出示，完成方法同前）：

0.2 米＝$\dfrac{(\quad)}{(\quad)}$米；　　　　　0.2＝$\dfrac{(\quad)}{(\quad)}$；

0.95 米＝$\dfrac{(\quad)}{(\quad)}$米＋$\dfrac{(\quad)}{(\quad)}$米；　　0.95＝$\dfrac{(\quad)}{(\quad)}$＋$\dfrac{(\quad)}{(\quad)}$；

1.02 米＝(　)米＋$\dfrac{(\quad)}{(\quad)}$米；　　1.05＝(　)＋$\dfrac{(\quad)}{(\quad)}$。

31.75 米　　　　　　　　　　　10.92

＝(　)米＋$\dfrac{(\quad)}{(\quad)}$米＋$\dfrac{(\quad)}{(\quad)}$米；　＝(　)＋$\dfrac{(\quad)}{(\quad)}$＋$\dfrac{(\quad)}{(\quad)}$。

[评析：此活动的目的是利用分数帮助学生理解小数的记数规则，这是本节课的核心内容。教师仍然用出示字幕的方法，让学生通过观察范例，自己得出小数与分数的关系，不做讲解。范例中量与数对照出现，体现了由具体到抽象，由易到难的巧妙安排。习题又比范例略难。]

活动五：认一认

出示字幕：

		整数部分		小数部分	
5	2	4	·	6	3
百位	十位	个位	小数点	十分位	( )位

"十分位"中的"十分"是什么意思？十分位的下一位叫什么位？再下一位呢？（先个人思考，再小组交流，然后各组说出本组的答案）。

[评析：最后概括出小数的数位表。通过前面的学习，学生已经明确了小数各数位的意义，现在学习数位名称就是水到渠成了。数位表下面的三个问题再次体现了教师尽量提高学习内容的思考性的教学策略。]

活动六：议一议

师：学了小数，你有什么感想？有什么问题？（先分小组讨论，再各组派代表发言）

思考题：0.003 千克＝(　)克。

[评析：这一活动是这节课的小结，与一般的课堂小结不同，教师让学生发表感想，提出问题。这样安排的目的是培养他们的质疑能力，解决前面学习中可能存

在的问题。最后还让学生做一道难度较大的思考题，使学生带着问题下课，进一步激发他们的思考。]

总评：这节课的基本思想是"从儿童的数学现实出发"，贯彻"现实数学"思想，让学生学习"有用的数学"；基本做法是让学生自主学习、合作学习。在教学中，对小数的理解是通过大量实例由学生自己悟出的，教师基本上不做讲解；学生的学习在小组活动中进行，教学过程几乎全部由学生的活动组成；每一个活动都按照"自主探索—小组交流—全班交流"的程序进行，使小组合作学习不会流于形式。这些都体现了《标准（2011年版）》中"自主探索，合作交流"的教学法，学生真正成了"数学学习的主人"，教师是学习的组织者和合作者，教师的引导是通过设计实现的。

案例4.4 "年、月、日"教学实录及评析[①]

师：今天我们分小组学习，比一比，看哪组学得好，你们有组长吗？（生答：没有。）那么每组推选一名组长。

师：你们喜欢猜谜吗？（生答：喜欢。）好！我们开始猜谜语比赛，要说出谜底的道理。（幻灯出示下面的谜语）

有个宝宝真稀奇，身穿三百多件衣。

天天都要脱一件，等到年底剩张皮。（打一物品）

学生兴趣盎然，立即在组内讨论，很快说出了谜底和道理。教师表扬。

师：（出示日历）今天的年、月、日，从日历上可以看到。年、月、日都是时间单位。以前学过时间单位吗？（生答：学过时、分、秒。）好！哪组说说，今天我们要学什么？

生：要学年、月、日的知识。

师：不错，能再具体点吗？

生：以前我们学过多少秒等于1分钟，多少分钟等于1小时，今天我们也要学习年、月、日的进率。

[评析：用谜语引入课题符合学生的兴趣特点，通过谜语又让学生自己悟出学习目标。]

师：好。现在想一想，你们已经知道年、月、日的哪些知识了？先小组讨论，再派代表发言。（小组讨论后，代表发言）

生：一年有12个月，小月30天，大月31天，1天有24小时，平年2月28天，闰年2月29天。

---

① 小学数学教学专家邱学华执教

生：平年有 365 天，闰年有 366 天。

生：一年有 7 个大月，4 个小月，二月是特别的月份。

生：年分闰年和平年。

生：地球转一圈就是一日。

生：每 4 年里有 1 个闰年、3 个平年。

[评析：首先让学生说出他们已经知道的年、月、日方面的知识，这一设计体现了"从儿童的数学现实出发"的原则。这样安排既了解了学生已有的知识，又调动了学生的主动性，体现了学生的主体地位。学生已经知道的，教师就不必再讲，这是一个简单的道理，却常常被我们忽视。]

师：啊！你们知道这么多年、月、日的知识，真聪明！现在大家看书上还有什么刚才没讲到的，对书上说的有什么意见，看哪组能提出来，先在组里说一说。

（学生看书讨论）

生：公历年份是 4 的倍数的那一年是闰年。

生：但年份数是整百的，必须是 400 的倍数才是闰年。

生：我们居住的地球总是绕太阳旋转的，地球绕太阳转一圈需要 365 天 5 时 48 分 46 秒。

生：平年定为 365 天，这样每过 4 年差不多就要多出一天来。把这一天加在二月里，这一年就有 366 天，叫闰年。

生：如果不知道哪个月是大月或小月，可以数拳头。

生：12 月又叫腊月。

[评析：让学生说出他们已经知道的年、月、日方面的知识后，教师仍不讲解，而让学生自己看书学习，在安排看书时，又鼓励学生对书本提出疑问，更进一步体现了学生的主动性。这里充分显示了邱老师先进的教育思想和高超的教学艺术。]

师：大家学得真好！不要老师讲，就学会了。下面再说说，你们对书上说的有什么疑问、有什么意见？

生：书上的年历是 1993 年的，但今年是 1998 年，太老了。

师：为什么会这样？

生：可能这本书是 1993 年的，过了这么久，应该把年历换一换。

师：好。我把这条意见反映给写书的。

生：为什么一年是 12 个月，不能有 13 个月呢？

师：对呀，为什么一定要是 12 个月呢？

生：12 个月可以分成 4 份，一年四季，每季 3 个月。

生：16 个月也好分呀，每季延长一个月就行了。

师：这与月亮绕地球一圈的时间有关。月亮绕地球一周的时间是 29 天多一点，一年定 12 个月，每月的天数最接近这个时间。

师：难的是记住哪些是大月，哪些是小月。

生：不难！

师：不难？谁来说说？

生：1，3，5，7，8，10，12 是大月，4，6，9，11 是小月，2 月是特殊的月份。

师：大月的排列有什么规律？

生：用拳头数，凸起的地方是大月。

师：太麻烦，不好。

生：有一首歌：1，3，5，7，8，10，腊，31 天永不差。

师：这是用歌诀来背诵，还不是规律。

生：1，3，5，7，都是单数，8，10，12 都是双数。

师：好！你叫什么名字？你真是个数学家！我们可以编成歌诀：8 月前面是单数，8 月后面是双数。

[评析：师生讨论，气氛热烈。教师激励、引导，学生步步深入。"数学家"的评价并非盲目吹捧，而是应有的鼓励，因为该生善于从数学的角度观察事物，这正是数学家的特质。教师的鼓励将极大地激发他学习数学的热情。]

师：现在，我们做个游戏，一、二、五组当作大月，三、四、六组当作小月。我报一个月份数，月份数是大月的，一、二、五组站起来，是小月的，三、四、六组站起来。

师：再做个游戏，生日在大月的站起来，生日在二月的有吗？

[评析：既是游戏，又是巩固练习。一张一弛，活跃了气氛，活动了筋骨。符合儿童好动、好游戏的特点。]

师：大月、小月，我们学好了，但是平年、闰年更难了。

生：不怕！

师：也不怕？有信心，好！找找规律看。（幻灯出示下面的内容）

1981 年	365 天	1989 年	365 天
1982 年	365 天	1990 年	365 天
1983 年	365 天	1991 年	365 天
1984 年	366 天	1992 年	366 天
1985 年	365 天	1993 年	365 天

学生先观察、讨论，然后发言。

生：每四年中最后一年是闰年。

生：用年份数除以 4，能整除的是闰年；如果是整百数，能被 400 整除的是闰年。

师：能不能一眼看出来？

生：双数是闰年。

师：同意吗？

生：不对。1982 年是平年。

生：只需要看双数的，再看后两位数能不能被 4 整除。

师：好！你也是一位数学家！

[评析：又一次师生的精彩讨论，"能不能一眼看出来？"一句话激发了学生的思考；"数学家"的鼓励使每一个学生都跃跃欲试。]

师：下面比赛找闰年，我报年份，你们答。

（在黑板上出示许多年份数，教师随机报一个，学生立即做出判断。）

师：今天有香港、澳门的专家及老师参加大会，我再提两个问题：香港回归是哪年、哪月、哪日？澳门呢？

师：最后我们做个游戏。我发现，大人物的生日都与"9"有关，信不信？

生：不信。

师：不信？我举个例子给你们看。今年的 3 月 5 日是周总理诞生 100 周年的纪念日，他的生日是哪一年？（生答：1898 年。）对。看我计算：

$538\ 981-189\ 835=349\ 146$；$3+4+9+1+4+6=27$，$2+7=9$。

是不是得出"9"了？再找一个同学的生日看看。说说你的生日。（生答：1989 年 4 月 2 日。）好，我们来算算：

$249\ 891-198\ 942=50\ 949$；$5+0+9+4+9=27$；$2+7=9$。

师：看来你也是个大人物。信不信？不信？对了，这是老师玩的戏法。其实，每个人的生日都会得出"9"的。你们可以自己算一算。道理是什么？再多学一些数学知识就会明白的。好了，今天大家学得很好。下课！

[评析："数学戏法"体现了数学的奇异美，让学生发现数学中有深刻的奥妙和规律。以数学戏法结束，课虽上完了，学生对数学的兴趣却更强烈了。]

总评："年、月、日"这一教学内容可以说是相当平淡和枯燥的，缺乏数学的思想、知识和方法。但是由于教师的深入挖掘、精心设计和巧妙引导，却让人感受到浓厚的"数学味"，并且学生的思维活跃，学习气氛热烈。要做到这些，要求教师具有深厚的数学素养、先进的教学理念和高超的教学机智。

案例 4.5 "三角形的内角和"活动教学①

学习目标

1. 理解内角和的概念，知道长方形的内角和等于 360°；

2. 找出直角三角形与长方形的联系，从而得出直角三角形的内角和；

3. 找出锐角三角形、钝角三角形与直角三角形的联系，从而得出这两种三角形的内角和；

4. 理解得出三角形内角和等于 180° 的推导过程，懂得从问题的最简单的情况出发，并利用图形的相互联系进行探索的方法；

5. 培养学生的数学学习兴趣、探索精神和合作能力。

教学准备

数学活动卡、长方形和直角三角形硬纸片、剪刀、投影片。

教学过程

一、提出猜想

1. 教师出示长方形，指出长方形有四个角，这四个角的和，叫作长方形的内角和，然后提问：长方形的内角和都是一样的吗？如果是，内角和的度数是多少？学生回答之后教师投影出示：长方形的内角和等于 360°。

2. 教师再提问：三角形的内角和是否也都一样呢？让学生猜。然后演示动画：当三角形的一个角增大时，另两个角都会缩小；反之，当三角形的一个角缩小时，另两个角都会增大。

3. 让学生随意画一个三角形，量出三个角的度数再加起来，然后报出结果。根据学生的测量结果，教师指出，我们可以提出一个"猜想"：三角形的内角和是 180°。

二、探索直角三角形的内角和

做数学活动卡上的问题一(1)：与长方形联系最密切的是哪种三角形？它的内角和是多少度？

每个同学拿出剪刀、长方形纸片、两个同样的直角三角形硬纸片进行小组活动。通过将一个长方形分成两个同样的直角三角形和将两个同样的直角三角形拼成一个长方形，得出任何直角三角形的内角和都是 180°。

小组活动后，由一个组派代表说出探讨过程，其他组补充，教师再投影出示

---

① 湖南省长沙市实验小学，唐新艳执教

结论:

直角三角形的内角和是180°。

之后再看活动卡上的问题一(2):由直角三角形的内角和等于180°,我们还可以得出什么结论?

每个同学先独立思考,再小组讨论。得出直角三角形两锐角之和等于90°后,教师将结论投影出示。

三、探讨锐角、钝角三角形的内角和

做数学活动卡上的问题二:怎样把锐角三角形、钝角三角形与直角三角形联系起来,从而找出它们的内角和来?

教师指导学生画一个大的锐角三角形和钝角三角形来研究,先独立思考,再小组讨论。

教师引导学生思考,得出用作高的方法,并把每个三角形分成两个直角三角形,教师投影出示这两个图(图4-2),并在图上用数字标出四个角。

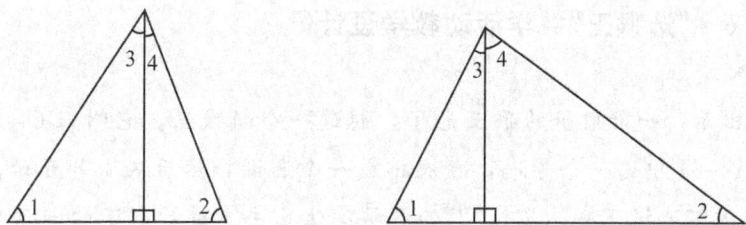

图 4-2

再要求学生根据这个图求这两个三角形的内角和。先让学生独立思考,再小组讨论。得出结论后,各组派代表说明理由。

四、回顾和概括

讨论数学活动卡上的问题三:刚才我们通过几个步骤得出了任意三角形的内角和,这几个步骤的思路是怎样的?

先小组发言,再由各组派代表发言。之后教师将前三个问题投影出来,进行小结。

[评析:三角形的内角和等于180°这一知识具有很强的规律性。三角形有各种各样的形状,其三个内角的大小差别很大,但它们的和却是固定的,并且恰好等于一个平角。复杂的图形中存在如此简单的数量关系,这一事实会强烈地吸引学生,激起他们的学习兴趣和探索热情。

但目前的教材只安排学生用量和拼的方法得出三角形的内角和等于180°的结

论，然后就让学生根据这一结论做一些应用练习，没有让学生对三角形的内角和进行探索。显然，教材的编者认为，小学生还不能对这个问题进行具有逻辑性的探索。

然而本案给出了一个全新的设计，从很简单的长方形的内角和出发，首先得出直角三角形的内角和；再通过将锐角三角形和钝角三角形分成两个直角三角形又找出了这两种三角形的内角和。整个过程具有较强的逻辑性，但推理简单。试教证明，四年级的学生不难接受。

在教学方法上，本案采用了两个基本方法：小组合作学习和动手操作。这两种学习方法产生了良好的效果。

这节课的最主要的目标是，使学生理解得出三角形的内角和等于180°的推导过程，懂得从问题的最简单的情形出发，并利用图形的相互联系进行探索的方法。因此教师专门安排了一个"回顾和概括"的活动，促使学生理解这种重要的数学思维方法。]

案例4.6 "选猴王"数学活动教学设计①

一、导入

1. 投影出示：一群猴子的猴王老了，想选一个新猴王。它叫来64只猴子，让它们各自从1~64中选一个号码，顺次排成一个圆圈，然后从1号开始，1，2，1，2，…报数，循环地报下去。凡报"2"的就被淘汰出去，最后剩下的一只猴子就是新猴王。一只聪明的猴子选了一个号码，最后留下来的正好是它。问：这只猴子选的是几号？

2. 教师解释题意，并以7只猴子为例，示范选法(图4-3)。

第一圈淘汰2号、4号、6号；

第二圈淘汰1号、5号；

第三圈淘汰3号；

最后留下的是7号。

3. 学生用卡片在圆圈上试摆。

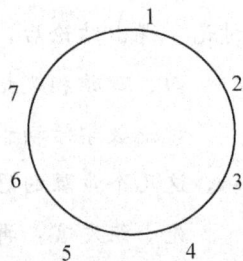

[评析：解一道题的第一个也是最重要的环节就是透彻理解题意，这里的导入就是为了达到这一目的。本题最难弄清的是淘汰的方式。为了突破这个难点，教师设计了摆卡片的方法，使淘汰的过程变成简单明了的操作。这一措施在解题中起到了决定性的作用。]

图4-3

① 湖南省长沙市实验小学，周志执教

二、操作活动

教师指出：64只猴子的情况太复杂，我们先考查只数少的情况。为了便于发现规律，我们可以把猴子只数为2～20时，猴王的号码都分别找出来。然后出示下表(表4-2)。

表4-2

猴子只数	2	3	4	5	6	7	8	9	10	11	12	13	14	15	16	17	18	19	20
猴王号码																			

要求学生分别按表中的猴子只数，用摆卡片的方法找出猴王号码，将号码先填在自己的小表中(跟黑板上的大表相同)，各组得出统一答案后，再填到黑板上的大表中，直到大表全部填完。有不同答案可以都填在表格里。教师到各组巡视、辅导。

[评析：这一操作过程分两步完成，先每人独立填表，再小组统一答案。先独立思考，再合作交流。]

三、观察活动

1. 检查表中的答案，有不同答案的，再操作一次，确定正确答案。然后教师投影出示一张正确的表(表4-3)。

表4-3

猴子只数	2	3	4	5	6	7	8	9	10	11	12	13	14	15	16	17	18	19	20
猴王号码	1	3	1	3	5	7	1	3	5	7	9	11	13	15	1	3	5	7	9

2. 师：请同学们认真观察这张表，从这张表中你能发现什么？先独立观察，然后把自己的发现在小组里说一说，讨论一下。(学生讨论，教师巡视，答疑)

3. 师：每组派一名代表，说出你们组的一条最重要的发现。别人已经说了的不再重复。(教师根据各组说的，在黑板上做简单记录)

(1)猴王的号码都是奇数；

(2)这些号码从小到大分段排列，每段都从1开始；

(3)当猴子只数是2，4，8，16时，猴王号码都是1；

(4)4，8，16这三个数前一列的上下两个数相等，即当猴子只数是3，7，15时，猴王号码也是3，7，15。

[评析：这一活动是解题的关键，并能培养学生的数学观察能力。教师应给学生充分的时间让他们认真仔细地观察，不要催促，也不要越俎代庖。小组代表只允许说

一条发现，就能让更多的小组有发言机会。这是管理小组合作学习的一条重要技巧。]

四、归纳活动

投影出示讨论题：

(1)2，4，8，16 这几个数有什么特点？(第 1 个数是 2，第 2 个数是 2×2，第 3、第 4 个数分别是 $2\times2\times2$、$2\times2\times2\times2$。)相对应的猴王号码这一列数有什么特点？(猴王号码都是 1。)

(2)由此推测猴子只数是 64 时，猴王号码应是几号？(因为 $64=2\times2\times2\times2\times2\times2$，所以猴王是 1 号。)

五、反思活动

1. 师：现在各组讨论一下，我们解题的思路是怎样的？还有什么疑问吗？(各组讨论之后，分别派代表发言。)

2. 思考题：为什么当猴子只数是几个 2 的连乘积时，猴王号码总是 1？

[评析：解题教学最重要的是使学生掌握解题的思想方法，因此教师在题目解答完毕之后并没有就此结束教学，而是安排了这一反思活动，让学生回顾解题思路，提出疑问，以加深学生对解题方法的认识和理解。思考题的难度较大，但这个问题的提出是很自然的，认真思考的学生都会想到这一点。学生可能对其中的道理有所感悟，但无法表达出来。为了帮助学生理解和表达，教师可以举出具体例子来说明：当一个数是几个 2 的连乘积时，除以 2 后商仍是偶数，直到商是 1 为止。除以 2 相当于淘汰一半猴子，当猴子只数是偶数时，1 号总不会被淘汰。]

总评：本案的教学内容是一道高难度的小学数学竞赛题，这类题一般只面向少数能力较强的学生教学。但本案通过科学的设计，成功地实现了面向全班的教学。原因是教师将解题过程设计成几个活动，并通过问题给以适当的引导。实行小组合作学习也使学习能力较差的学生参与解题。

思考与练习

1. 案例 4.3 的活动三和活动四都采用出示字幕的方法来代替教师的讲解，这样做有什么好处？

2. 案例 4.4 哪些地方体现了教师的激励技巧？

3. 案例 4.5 比较困难的活动是探索锐角三角形和钝角三角形的内角和，你认为应怎样突破这一难点？

4. 举例说明，为什么猴子只数是几个 2 的连乘积时，猴王号码总是 1？

第五章　数的认识的教学

▶第一节　自然数

一、自然数的概念

自然数的概念可以从基数和序数两方面来理解。从基数的角度,传统的自然数的定义为:标记一类非空有限等价集合的共同性质的符号叫作自然数。

如果两个集合的元素之间能够建立一个一一对应,则这两个集合叫作等价集合。显然,两个有限的等价集合的元素个数是相同的。一般的,两个有限等价集合的元素的性质是千差万别的,它们唯一的共同性质就是元素个数相同。我们用一个符号来标记它们的元素个数,这个符号就是自然数。用于标记元素个数的符号可以不同,如阿拉伯数字符号与汉语数字符号并不相同,但它们都是自然数。

发表于1891年的著名的皮亚诺公理则是从序数的角度来定义自然数集合的。它包括以下四条公理:

(1)"1"是一个自然数,它不是任何自然数的后继("后继"是一个不定义的概念)。

(2)任何自然数 a 都有一个并且只有一个自然数作为它的后继(记为 a')。

(3)没有两个数有相同的后继。

(4)如果一个自然数的集合 M 满足以下两个条件。

$1°\ 1 \in M$, $2°$ 若 $a \in M$, 则 $a' \in M$,

那么 $M = \mathbf{N}(\mathbf{N}$ 为自然数集)。

皮亚诺公理是按照我们怎样写出自然数列来给出的。首先我们写出数"1",即自然数列有一个起始数,公理(1)就是说明这一事实的;然后我们写出"1"的后继"2",再写出"2"的后继"3"……如此继续,每一个自然数都有一个、并且只有一个自然数作为它的后继,公理(2)就是说明这一事实的;这样写下去不会出现循环,因为不同的自然数的后继也不相同,公理(3)就是说明这一事实的。

公理(4)看起来好像并不必要。然而事实并非如此。如果没有公理(4),则数列1,3,5,…也可以作为自然数集,因为它显然满足前三条公理;再设 A 是不小于

1 的实数的集合，令 A 中任一实数 a 的后继为 $a+1$，容易验证，集合 A 也满足皮亚诺公理的前三条。也就是说，公理(4)就是说明：这样写下去不会遗漏一个自然数，并且如果我们能不断地写下去，就可以写出全部的自然数(这是一个合理的假设)，不多也不少。也就是说，其意义在于指出以下两点：

(1)在任意自然数与其后继之间再无别的自然数；

(2)假定我们有无限的时间和书写材料的话，我们就可以写出全部自然数。

公理(4)又叫归纳法公理，它是数学归纳法的基础。也就是说，数学归纳法的根据并非逻辑公理，而是自然数列的性质。

以上所说的是传统的自然数概念，传统的自然数不包括 0。现在，数学界已经明确地把 0 作为一个自然数。为什么要这样做呢？

前面我们已经指出，自然数的一个功能是描述有限集合的元素个数，即有限集合的基数。但是，空集很自然地归类于有限集，它的基数理所当然地用来 0 表示。如果 0 不算自然数，那么自然数就不能承担起描述有限集合的基数的任务。因此，增加 0 作自然数，就是很自然的了。

但是，我们还必须考虑，把 0 作为自然数，会不会影响自然数的序数功能和运算功能。

自然数集合的一个重要特点是，它是一个有序集合，即所有自然数可以按顺序排列起来，正是这一性质使自然数具有序数功能。很明显，在自然数的最前面增加一个"0"不影响自然数的有序性。把皮亚诺公理中的"1"换成"0"，对这组公理也没有影响。所以，增加 0 以后，自然数的序数功能不会受到任何影响。

再看自然数的运算功能。从小学算术就可以知道，加入 0 以后的自然数集仍然保持对加法和乘法的封闭性，即任何两个自然数(包括 0)都可以进行加法和乘法运算，运算结果仍然是一个自然数，并且仍然满足加法和乘法的交换律、结合律和乘法对加法的分配性质。不仅如此，有了 0 之后，自然数的加法更完整了，因为它有了一个在加法运算下不变的元素：任何数加 0，和仍是这个自然数。

综上所述，0 的加入使自然数集合更加完善、更加有用了，我们当然要欢迎它加入自然数的大家庭了。

实际上，在包括 0 的自然数集合与传统的自然数集合之间可以建立一个一一对应：

$$n \longleftrightarrow n+1,$$

也就是说，这两个集合是"同构"的。在这个意义下，可以认为它们是完全一样的。

增加 0 之后, 自然数可以定义为: 标记一类有限等价集合的共同性质的符号叫作自然数。

二、自然数的性质

自然数有以下几条基本性质。

(1)有序性。自然数的有序性是指自然数可以从 0 开始, 不重复也不遗漏地排成一个数列:

$$0, 1, 2, 3, \cdots$$

这个数列叫自然数列。一个集合的元素如果能与自然数列或者自然数列的一部分建立一一对应, 我们就说这个集合是可数的, 否则就说它是不可数的。

(2)无限性。自然数集是一个无穷集合, 自然数列可以无止境地写下去。

与有限集对比, 无限集有一些特殊的性质, 其一是它可以与自己的真子集建立一一对应关系。例如:

$$0, 1, 2, 3, 4, \cdots$$
$$\updownarrow \quad \updownarrow \quad \updownarrow \quad \updownarrow \quad \updownarrow$$
$$1, 3, 5, 7, 9, \cdots$$

每一条线段上都有无穷多个点, 两条不一样长的线段上的所有点之间也可以建立一一对应关系(图 5-1); 一条线段上的所有点甚至可以与一条直线上的所有点建立一一对应关系(图 5-2)(线段的两个端点则与直线的两个无穷远点相对应)。

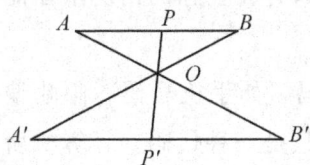

图 5-1

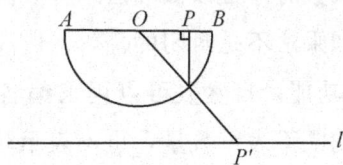

图 5-2

对于无限集合来说, "元素个数"的概念已经不适用了, 我们用一一对应来比较两个无穷集合的元素的多少。如果两个无穷集合的元素之间能建立一个一一对应关系, 我们就说这两个集合的基数相同, 或者说, 这两个集合等势。

(3)传递性。设 n_1, n_2, n_3 都是自然数, 若 $n_1 > n_2$, $n_2 > n_3$, 那么 $n_1 > n_3$。

(4)三歧性。对于任意两个自然数 n_1, n_2, 有且只有下列三种关系之一: $n_1 > n_2$, $n_1 = n_2$ 或 $n_1 < n_2$。

(5)最小数原理。自然数集合的任一非空子集中必有最小的数。

有理数集和实数集也都具备性质(3)和性质(4)，但是这两个数集都不具备第5条性质。例如，所有形如 $\frac{n}{m}(m>n,m,n$ 都是自然数)的数组成的集合是有理数集的非空子集，这个集合就没有最小数；开区间(0，1)是实数集合的非空子集，它也没有最小数。

容易看出，加入 0 之后的自然数集仍然具备上述性质(3)、性质(4)、性质(5)，所以加入 0 不会改变自然数的本质。

自然数集合的这一发展告诉我们，数学并不是一成不变的，像其他学科一样，数学也处在不断的发展变化之中。认识这一点，对我们理解数学和数学教育是十分重要的。

三、自然数的功能

自然数有以下四种功能。

(1)基数功能。即自然数可以用来表示某一类事物的多少，回答"有几个?"的问题。用集合论的语言来说，就是描述一个有限集合的基数。

(2)序数功能。即自然数可以用来表示某一类事物的顺序，回答"第几个?"的问题。用集合论的语言来说，就是描述一个有限集合的元素的顺序。

(3)运算功能。自然数可以做加法和乘法运算，它对这两种运算都是封闭的，即任意两个自然数相加或相乘，所得的结果还是一个自然数。但是自然数只有在被减数不小于减数时才可以做减法运算，除法也只有在整除的情况下才能进行。即自然数对减法和乘法不是封闭的。

(4)编码功能。自然数可以用来编各种代码，如手机号码、邮政编码、身份证号码等，它们既不表示数量，也不表示顺序，只是一种代码。计算机所处理的各种对象也是用自然数(二进制数)编码来表示的。

四、自然数的教学

1. 让儿童感受自然数的规律性和无限性

自然数的教学是数学的启蒙教学，凡启蒙教学都是至关重要的，好的开端是成功的一半，不好的开端也可能是不成功的一半。

作为启蒙教学，传授知识还是次要的，它应该实现两个非常重要的目标：引起儿童对数学的兴趣，让他们对数学形成正确印象。

如果我们能用数学材料引发儿童积极主动的思考，那么可以说，这两个目标都已实现。思考来自惊奇和疑问，自然数有什么因素能引起儿童的惊奇和疑问呢？

自然数有着非常美妙的规律：10 个符号整整齐齐地重复出现，组成一个一个新的自然数；令人惊奇的是，这一过程可以无止境地进行下去。如果我们能让儿童感受到这两点，他们就会感到既惊奇又困惑，觉得简直是进入了一个神奇的世界。要做到这一点并不难，并且早就有人做了。

在采用蒙台梭利教学法的幼儿园里，当儿童到了五六岁时，教师就会让他们在一条长长的纸条上写数字：1，2，3，…弗赖登塔尔在《作为教育任务的数学》中描述过这一情形："有一个小女孩专心致志地埋头于这一活动。当她写到 1 024 时，不肯再写下去了，而说'就这样继续下去'。"

弗赖登塔尔对这一看来十分简单的活动给予了极高的评价："这是很了不起的。'就这样继续下去'就是数学。它是人类过去创造的，而对个人来说是正在创造的最早的数学，它是伟大而重要的数学，也是最深奥的数学……她发现了无限。这在数学上是一件了不起的大事。这正是数学的出发点和归宿。"

那么，这种写数活动究竟包含着什么深意呢？

2. 数数的意义

如前所述，自然数的皮亚诺公理是按照我们怎样写出自然数列来给出的，因此，写数或数数是认识自然数列的简单而有效的方法，而这种方法又是儿童能做到和乐意做的。那个小女孩能一直写到 1 024，说明她对写数很感兴趣，并且已经掌握了自然数的记数方法；她不再写下去，说明她已经发现自然数列的排列规律，觉得没有必要再写下去了，并且她还知道这样写下去是永远写不完的——她发现了无限。对于一个五六岁的小孩，第一次发现一个无限的事物，可以想见她会感到多么惊奇。而在写数的过程中，她一直被自然数的规律所吸引，一直在思考它。这样的学习可以说是理想的。

现行的小学数学教材中，自然数的学习是分成若干段来进行的：5 以内；10 以内；20 以内；百以内；……每学一段就接着学习这一段的数的计算和应用。这样分成若干段来学习，看起来可以取得良好的知识教学效果，但也有其弊端：这样就把一个完整的自然数列分割成"碎片"了，使学生"只见树木，不见森林"，掩盖了作为一个集合的自然数的性质。学生虽然学会了计算，却感受不到自然数列的美妙规律及它的无限性，不会产生惊奇和疑问。这种学习会让他们对数学产生一种印象，学数学就是学习按规则进行计算。自然数列中的结构美、规律美、简洁美等，就体现不出来了，这就严重地影响到学生的数学学习兴趣。

自然数集的前三大功能都是通过数数来实现的：事物的个数是通过数数来确定

的；排序就是将要排序的对象与自然数列建立一一对应关系，这一过程就是数数；自然数的加减运算都是以数数为基础的，加法是向前数数，减法是向后数数（或者利用加减的互逆性得出差），而乘法是加法的简便运算，除法是乘法的逆运算。这是传统教学法的基本原理，得到了弗赖登塔尔的肯定。

3. 数数的教学

然而这种教学法有一个问题：儿童在做加减运算时会依赖数数，当指头不够用时就不会算数了。现在的教材做了改变，只强调自然数的基数这一侧面，数数基本上不教（由于一年级只学到 20，而 20 以内的数数学生在上学前就会了，也不用教），数的认识和计算分得很细。于是就造成了上述现象。

实际上，造成儿童依赖数数的并不是数数本身，而是不正确的教学法。我们不应当抛弃数数，而应当改进数数的教法。

首先，不要让儿童停留在逐个计数上。在儿童已能熟练地逐个计数时，应立即开始按群计数：10 个 10 个地数；5 个 5 个地数；2 个 2 个地数；3 个 3 个地数……还可以倒数，甚至按群倒数。这种按群计数给数数增添了新的乐趣，使儿童进一步熟悉了自然数列和数的组成。当儿童能熟练地按群数数时，再来学习计算，就是水到渠成了。计算就成了数的认识的副产品、自然而然的结果，简单的加减法儿童完全可以脱口而出，20 以内甚至 100 以内的加减法也可以自己找出算法，并形成十分重要的数感。

4. 为儿童提供有结构的学习材料

有结构的学习材料对于培养数学能力十分重要。自然数当我们把它作为一个集合看待时是有结构的，其中有许多有趣的规律。例如，将从 0（或 1）起的前 100 个自然数排成如下的"百数表"。

0	1	2	3	4	5	6	7	8	9
10	11	12	13	14	15	16	17	18	19
20	21	22	23	24	25	26	27	28	29
30	31	32	33	34	35	36	37	38	39
40	41	42	43	44	45	46	47	48	49
50	51	52	53	54	55	56	57	58	59
60	61	62	63	64	65	66	67	68	69
70	71	72	73	74	75	76	77	78	79
80	81	82	83	84	85	86	87	88	89
90	91	92	93	94	95	96	97	98	99

百数表中有许多有规律的排列：每一横行的个位都从 0 排到 9，十位都相同；

每一竖列则个位都相同，十位都从 0 排到 9；每下移一行，每个数都增加 10，每右移一列，每个数都增加 1；从左上到右下的对角线上的数及其的平行线上的数，其个位和十位都是一段递增的自然数列，相邻两数的差都是 11；从右上到左下的对角线上的数及其的平行线上的数，其个位是一段递减的自然数列，十位则是一段递增的自然数列，相邻两数的差都是 9……每行 5 个数、8 个数……的数表，也有类似的规律。让儿童观察这些数表，尽量找出那些有规律的排列（可称之为"找秘密"），可以激起他们的强烈兴趣，培养他们的观察能力，并且与数数一样，也能使他们熟悉自然数列和自然数的组成，有效地实现计算的教学目标。

观察一个矩形或平行四边形的顶点上的 4 个数，或者用一个矩形或平行四边形框住几个数，还可以发现更多较复杂的规律。这些较复杂的观察活动适合中年级或高年级的小学生做，例如：把 1 到 100 的整数排成下面的数表，在表中用长方形框框出 6 个数（横的 3 个，竖的 2 个）。如果要使框出的 6 个数的和是 429，那么框里应该是哪 6 个数？

```
 1  2  3  4  5  6  7
 8  9 10 11 12 13 14
15 16 17 18 19 20 21
22 23 24 25 …
…
92 93 94 95 96 97 98
99 100
```

观察能力是非常重要的基本数学能力，法国数学家厄米特说："对于数学家的思维过程，存在一种简单的看法，它已被广泛证实，在数学家的思维过程中，观察占有重要的地位，并且起着巨大的作用。"年龄越小的儿童对观察越感兴趣，对推理和机械计算则越不感兴趣。大量的事实证明，他们的观察力之强，往往令人吃惊。因此，从入学就开始培养儿童的数学观察力是非常重要的，也是非常有效的。

思考与练习

1. 简述自然数的功能和性质。

2. 为什么要把"0"作为自然数？

3. 数数对自然数的教学有什么意义？

▶第二节 分 数

一、分数的产生

在许多民族的古文献中，都有关于分数的记载。从一些民族的语言来看，最早的分数是被视为整体或一个单位的一部分的。"分数"的拉丁文是 fractio，来自 frangere 一词，有打破、分裂的意思；汉语中的"分"也是分开、部分的意思。

1. 由度量产生分数

在度量时，当剩余部分少于一个单位时，很自然地想到用这个单位的几分之几来表示它。《九章算术》中很多这样的例子，如"三分步之一"意思是"三分之一步（或平方步）"，"三分钱之一"意思是"三分之一钱"，"五分升之三"意思是"五分之三升"，等等。由此可知，度量是分数的来源之一。

战国时期齐国人写的《考工记》一书中，常用分数来表示产品各部分长度的比。例如，若 A 的长度是 B 的长度的 n 分之一，则说"n 分其 B，以其一为之 A"；若 A 的长度是 B 的长度的 n 分之 $n-1$，则说成"n 分其 B，去一以为 A"。这也体现出分数来源于度量。

2. 由计算产生分数

在整数除法中，经常碰到除不尽的情形，这时同样很自然地想到用分数来表示不能整除的部分。例如，14 除以 3 商 4 余 2，我们就用 $\frac{2}{3}$ 来表示余数 2 除以 3 的结果，得：$14 \div 3 = 4\frac{2}{3}$。《九章算术》中就有很多这样的分数，如《九章算术·卷第三·衰分》：

[十九]今有取保一岁，价钱二千五百。今先取一千二百，问当做日几何？（取保一年，价 2 500 钱，现先交 1 200 钱，可保多久？）

解：$354 \times 1\,200 \div 2\,500 = 169\frac{23}{25}$（天）。①

[二十]今有贷人千钱，月息三十。今有贷人七百五十钱，九日归之，问息几何？（贷款 1000 钱，月息 30 钱。贷款 750 钱，9 天归还，利息是多少？）

解：$(750 \times 30 \times 9) \div (1\,000 \times 30) = 6\frac{3}{4}$（钱）。

---

① 此处按农历一年 354 天计算。

《九章算术》又常用"半"表示"二分之一","小半"表示"三分之一","太半"表示"三分之二"。书中广泛使用带分数,如"八十八步七百六十一分步之二百三十二"即带分数 $88\frac{232}{761}$ 步,"三千五百七十一斛二千八百七十三分斛之五百一十七"即带分数 $3\,571\frac{517}{2\,873}$ 斛。

由于农业生产的需要,我国古代非常重视历法的制定。因为每一年的日数、月数,每一月的日数都不一定是整数,要制定一套好的历法,不可避免地会遇到分数的计算。秦代使用的颛顼历一月为 $29\frac{499}{940}$ 日,一年有 $12\frac{7}{19}$ 月。可见,当时对于分数运算人们已相当熟练。

《九章算术》中的这些分数是用一种整数加文字的方法表示的,并未使用专门的分数符号,这种表示法是不便于计算的。在计算时人们则采用算筹记数法,算筹记分数的方法与现代的记法类似,也是分子在上方,分母在分子的下面,但中间没有分数线,图 5-3 所示的分数是 $\frac{49}{91}$。

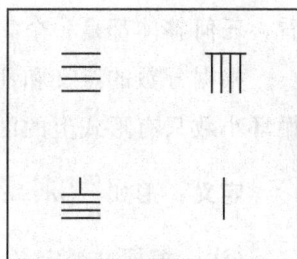

图 5-3

二、分数的意义

从分数的产生我们可以看到,在度量中,分数是为了表示小于计量单位的量而引入的;在计算中,分数也是为了表示小于自然数的最小单位"1"的数而引入的。并且这个小于单位的量或数仍用原来的单位表示。平均分并不一定产生分数,如把一个 12 人的小组平均分为 3 份,每份是 4 人,并不需要使用分数。但是如果仍以组为单位,那么 4 人就要用 $\frac{1}{3}$ 组来表示。分母 3 表示把 12 平均分成 3 份,分子 1 表示 1 份。反过来,不平均分也可能产生分数,如图 5-4,EF 是 $\triangle ABC$ 的中位线,它将 $\triangle ABC$ 分成不相等的两部分,因此不是平均分。但是 $\triangle AEF$ 的面积恰好是 $\triangle ABC$ 的四分之一,因此它的面积可以用分数 $\frac{1}{4}$ 来表示。

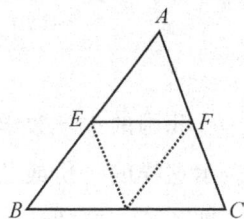

图 5-4

关于分数的概念,还有一种观点认为,把一些事物看作一个整体,再把它们平均分成若干份,表示其中一份或几份的数就是分数。然而一盒乒乓球可以看成一个整体,假设有 12 个,把它们平均分成 4 份,每份是 3 个,并没有产生分数。不仅如此，把一个苹果平分成两半，表示其中的一份也不一定要用分数。有一位教师在课堂上举了这个例子，然后不做任何"引导"，让学生用一个数来表示半个苹果。结果学生提出的一种表示方法是：一个苹果是2，半个苹果是1；一个苹果是4，半个苹果是2；一个苹果是6，半个苹果是3……

这个例子生动地体现出，是否产生分数，取决于单位的选择。如果乒乓球用"盒"做单位，那么3个乒乓球就是$\frac{1}{4}$盒；如果苹果用"个"做单位，那么半个苹果就是$\frac{1}{2}$个。由此还可以看出，小学生已经懂得可以根据需要来选择单位。

"整体"与单位是有区别的，看成整体并不等于以它作单位。以集合的观点来看，任何整体都是一个集合，但不能说任何集合都是单位。

根据分数的意义和性质我们可以给出分数的定义。由于分数与有限小数和无限循环小数只有形式上的区别，所以对分数只能从形式上定义。

定义：形如$\frac{m}{n}$(m，n是整数，$n\neq0$)的数叫分数。

（注：根据这个定义，分数的分子可以为0，事实上，在分数的计算中也经常出现分子是0的情况。由于分子是0的分数显然不能算真分数，所以真分数应定义为：分子小于分母且分子不为0的分数。）

这一定义的意义是：把一个作为单位的量或数平均分为n份，一份记为$\frac{1}{n}$个单位，m份记为$\frac{m}{n}$个单位，这个新的符号$\frac{m}{n}$叫作分数。当m能被n整除时，$\frac{m}{n}$表示的就是整数；而所有有限小数和无限循环小数都可以化成分数，所以$\frac{m}{n}$可以表示一切有理数。由此，有理数的集合Q可表示为：

$$Q=\left\{\frac{m}{n}\right\}(m，n是整数，n\neq0)。$$

我国的小学数学教材曾长期采用这样的分数定义：把单位"1"平均分成若干份，表示这样的一份或几份的数叫作分数。此定义出来后，就引起了单位"1"是什么的长期争论。有的认为单位"1"就是自然数"1"，有的认为不是。引起争论的原因，首先是因为单位"1"的说法本身意义不清；其次是人们对分数概念认识不透彻。

从前面对分数概念的分析可清楚地看到，分数是由平分单位产生的。因此，"单位'1'"应为"单位"。其实，1979年版的《辞海》就将"分数"定义为："把单位分成若干等分，表示这样的一份或几份的数称为'分数'。"按这一定义，"单位"究竟是什么要视具体情况而定。可以是长度单位、质量单位，等等。如果平分的是自然数的单位，则"单位"就是自然数"1"，因为"1"是自然数的单位。例如，$4 \div 6 = \frac{2}{3}$，$\frac{2}{3}$ 就是 $\frac{2}{3}$ 个"1"。

曾有一篇文章指出，如图 5-5 所示的阴影部分，如果不指出单位是一个圆还是两个圆，就无法确定应该用 $1\frac{3}{4}$ 来表示，还是用 $\frac{7}{8}$ 来表示。但是类似的不带单位的图在小学数学教材的分数部分大量存在。如图 5-6，教材的意图是要求学生在括号里填 $\frac{3}{4}$。但是如果以 1 个小正方形为单位，则应填 3；以 2 个小正方形为单位，则应填 $1\frac{1}{2}$；以 3 个小正方形为单位，则应填 1……

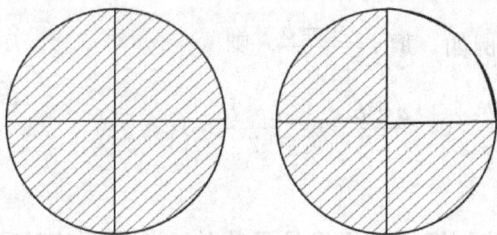

图 5-5

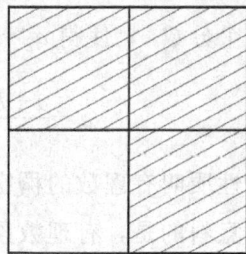

（　　）

图 5-6

三、"$\frac{1}{2}$"与"二分之一"

有一个问题需要澄清。在分数中，因为 $\frac{1}{2}$ 读作"二分之一"，所以常有人将 $\frac{1}{2}$ 与"二分之一"混淆，把 $\frac{1}{2}$ 作为"二分之一"的简便写法，如把"a 是 b 的二分之一"写成"a 是 b 的 $\frac{1}{2}$"。实际上，"$\frac{1}{2}$"是一个数，"二分之一"不是数，而是一个表示倍数关系的分率，两者是有根本区别的。在整数中，我们只能说"b 是 a 的 2 倍"，而不能说"b 是 a 的 2"。在分数中，说"a 是 b 的 $\frac{1}{2}$"就相当于后者。如果不把这两者区分开，将造成混乱。例如，"比 10 多 $\frac{1}{2}$ 的数"应为 $10\frac{1}{2}$，而"比 10 多二分之一的数"应为 15。

百分数也有类似的问题，即把百分数与分母为 100 的分数混淆，弄不清"比 10 多 $\frac{50}{100}$ 的数"究竟是 $10\frac{50}{100}$ 还是 15。实际上，百分数又叫百分比或百分率，也是一个表示倍数关系的分率，而不是分母为 100 的分数。比 10 多 $\frac{50}{100}$ 的数是 $10\frac{50}{100}$，而比 10 多 50% 的数是 15。$\frac{50}{100}$ 读作"一百分之五十"，50% 读作"百分之五十"。这种混淆很大程度上是因为"百分数"这个不恰当的名称引起的，如果小学数学教材采用"百分比"这个名称，就与分母是 100 的分数明显地区分开了。

四、分数的性质

1. 有理数的稠密性

分数与整数的一个重要的不同的地方是：对于任意两个分数 a，$b(a>b)$，总可以找到一个分数 c，使得 $a>c>b$。例如，取 $c=\frac{a+b}{2}$，则

$$a-\frac{a+b}{2}=\frac{a-b}{2}>0,\ \frac{a+b}{2}-b=\frac{a-b}{2}>0。$$

这条性质叫有理数的稠密性。

出人意料的是，有理数虽然如此稠密，却仍然是可数的。按以下方法我们可以把全体有理数排成一个序列。先把有理数分别按分母是 1，2，3，…的顺序一行一行地排起来：

…，-5，-4，-3，-2，-1，0，1，2，3，4，5，…

…，$-\frac{5}{2}$，$-\frac{3}{2}$，$-\frac{1}{2}$，$\frac{1}{2}$，$\frac{3}{2}$，$\frac{5}{2}$，…

…，$-\frac{5}{3}$，$-\frac{4}{3}$，$-\frac{2}{3}$，$-\frac{1}{3}$，$\frac{1}{3}$，$\frac{2}{3}$，$\frac{4}{3}$，$\frac{5}{3}$，…

……

按这种方法不断地排下去，从理论上说，我们就可以把所有的有理数都写出来。

再从 0 起，按矩形路线顺次排列各数，第一个矩形的长为 3 个数、宽为 2 个数，第二个矩形的长为 6 个数、宽为 3 个数，等等：

0，1，$\frac{1}{2}$，$-\frac{1}{2}$，-1，2，$\frac{2}{3}$，$\frac{1}{3}$，$-\frac{1}{3}$，$-\frac{2}{3}$，-2，3，$\frac{3}{2}$，$\frac{3}{4}$，$\frac{1}{4}$，$-\frac{1}{4}$，

$-\frac{3}{4}$，$-\frac{3}{2}$，-3，4，…

2. 分数的基本性质

根据分数的意义，把一个单位平分成 2 份取 1 份，与把一个单位平分成 4 份取 2 份、平均分成 6 份取 3 份，等等，结果是完全相同的。于是我们得到：

$$\frac{1}{2}=\frac{2}{4}=\frac{3}{6}=\frac{4}{8}=\cdots$$

也就是说，将 $\frac{1}{2}$ 的分子、分母都乘同一个数（这个数显然不能为 0），它的大小不变。反过来看又可以得出，将 $\frac{4}{8}$ 的分子、分母都除以同一个不为 0 的数，它的大小也不变。

这一性质对于任何一个分数都是成立的，于是我们得到：

将一个分数的分子、分母都乘或除以同一个不为 0 的数，分数的大小不变。

这个性质通常叫**分数的基本性质**。

3. 分数的扩大和缩小

根据分数的意义，把一个分数的分子乘几，分数就扩大为原来的几倍。例如：$\frac{2}{4}$ 是 $\frac{1}{4}$ 的 2 倍，$\frac{6}{7}$ 是 $\frac{2}{7}$ 的 3 倍。

同样根据分数的意义，如果把一个分数的分母乘几，分数就缩小为原来的几分之一。例如：

因为 $\frac{1}{2}=\frac{3}{6}$，所以 $\frac{1}{2}$ 是 $\frac{1}{6}$ 的 3 倍，也可以说 $\frac{1}{6}$ 是 $\frac{1}{2}$ 缩小为原来的 $\frac{1}{3}$ 后的结果；因为 $\frac{2}{3}=\frac{6}{9}$，所以 $\frac{2}{3}$ 缩小为原来的 $\frac{1}{3}$ 后是 $\frac{2}{9}$。于是我们又得到：

将一个分数的分子乘几，分数就扩大为原来的几倍；将一个分数的分母乘几，分数就缩小为原来的几分之一。

这也是一条很有用的性质。

五、分数概念的教学

从前面的分析我们看到，像整数一样，"单位"也是分数概念的基础。小学一般用"平均分"来引入分数，常常把一个几何图形平均分成若干份，把其中的几份涂上颜色，再用分数来表示涂色的部分。但是如前面的图 5-5，如果我们不事先约定以一个圆为单位还是以两个圆为单位，就无法确定阴影部分是 $1\frac{3}{4}$ 还是 $\frac{7}{8}$。

还有一个常用的引入分数的实例，就是把一个苹果平分成两半，问学生半个苹果怎么表示？根据前面的分析，教师在提这个问题时，必须规定苹果的单位是"个"。

小学数学教材通常把分数概念的学习分为两步：第一步在三年级学习分数的初步认识，这时平分的单位只包含一个对象，如一个圆、一个正方形等；第二步在五年级学习分数的意义，这时平分的单位则包含多个对象，如一个小组、一盒乒乓球等。后一种单位在平分后，每一份仍可能包含多个对象，但是如果仍用原来的单位来表示这样的一份或几份，就需要用到分数。例如，一个小组有9名同学，那么3名同学就是 $\frac{1}{3}$ 组。这种分数比单位只包含一个对象的分数要难理解一些，并且它充分体现了"单位"在分数概念中的重要性。

分数还可以用带余除法来引入。例如，5除以2商2余1：

$$5 \div 2 = 2 \cdots\cdots 1。$$

可写成：$5 \div 2 = 2\frac{1}{2}$。

$\frac{1}{2}$ 表示1除以2的商，叫分数。$2\frac{1}{2}$ 叫带分数。进一步可以得出：

$$1 \div 2 = \frac{1}{2}, \quad 1 \div 3 = \frac{1}{3}, \quad 2 \div 5 = \frac{2}{5}, \cdots$$

用带余除法引入分数可以使学生看到分数在计算中的用处：分数给计算带来了方便。同时，有了分数，只要除数不为0，任何两个整数都可以进行除法运算。这是数的扩充的另一个途径：根据运算的需要来扩充数。

思考与练习

1. 在什么情况下我们需要使用分数？

2. 理解分数概念的关键是什么？为什么？

3. 分数有什么性质？

第三节　小　数

一、小数的产生

小数的出现比分数晚许多年。在我国，魏晋时期的著名数学家刘徽在他的《九章算术注》一书中，首次提出用十进制分数来表示无理数平方根或立方根的近似值。之后，直到唐初才出现小数的萌芽。小数最初是作为十进制单位出现的，如唐代以“钱”为十分之一两的单位名称，以分、厘、毫、丝、忽等为钱以下的十进制小数的名称。直到公元13世纪，杨辉、朱世杰、秦九韶才使用具有现代意义的小数。在秦九韶的《数书九章》(公元1247年)卷十二“囤积量容”一题中，在算筹中以“Ⅲ⊥寸”表示9.6寸，以“一Ⅲ≐Ⅱ寸”表示15.92寸。图5-7的第一行的算筹表示1 863.2寸。

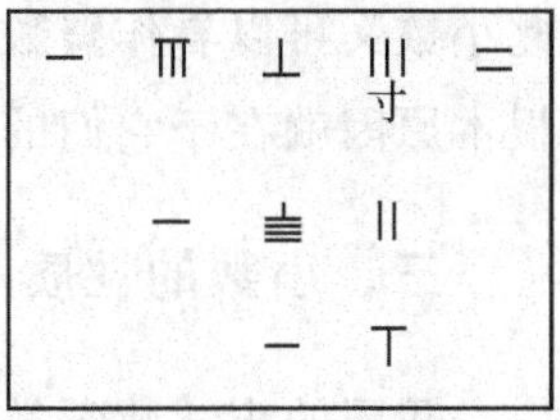

图 5-7

我国小数的发展过程差不多有上千年，但在世界数学史上是最先进的辉煌成就。在欧洲和伊斯兰国家，由于古巴比伦的六十进制长期居统治地位，一些经典科学著作都采用六十进制，十进制小数的概念迟迟没有发展起来。15世纪中亚地区的阿尔卡西(？—1429)是中国以外首先使用小数的数学家。欧洲直到16世纪才出现小数，其中较突出的是荷兰人斯蒂文(1548—1620)，他在《论十进制》(1583年)一书中确定了小数的表示法，如把2.43记为：“2⓪4①3②或2，4′3″”。第一个把小数表示成今天这种形式的是德国数学家克拉维斯(1537—1612)，他在《星盘》(1593年)一书中开始使用小数点作为整数部分与小数部分之间的分界符。欧洲使用小数比中国晚了三百多年。

由此可以看到，小数起源于十进制计量单位。我国之所以较早使用小数，是因为我国很早就使用了十进制数，并且绝大部分计量单位都是十进制的。

二、小数的意义

1. 有限小数是十进制分数的另一种形式

从小数的起源我们可以看到，小数是十进制分数的另一种形式。由此可知，小数点后面的第一位的单位是$\frac{1}{10}$，第二位的单位是$\frac{1}{100}$，第三位的单位是$\frac{1}{1\,000}$，依此类推。小数的数位名称也是由此而来的：小数点后面第一位叫十分位，第二位叫百

分位，第三位叫千分位……确定了每一数位的单位，每一数位上的数的意义也就清

楚了：小数 3.24 十分位上的"2"表示 2 个 $\frac{1}{10}$，即 $\frac{2}{10}$，百分位上的"4"表示 4 个 $\frac{1}{100}$，

即 $\frac{4}{100}$。

2. 小数是整数向低位方向的延伸

小数的记数方法与整数完全相同，也是一种省略记数单位的十进制记数法。因此小数又可以看作整数向低位方向的延伸。小数的四则运算法则与整数基本相同，根本原因就在于它们的记数方法是相同的。

三、小数的性质

我国的小学数学教材原来一直把"小数的末尾添上'0'或去掉'0'，小数的大小不变。"作为小数的性质之一。由于小数的末尾添上"0"或去掉"0"不会使小数的数位发生改变，所以小数的大小也不会改变。其实整数也有类似的性质：整数的前面添上"0"或去掉"0"，整数的大小不变。但是小数有一个例外：近似小数末尾的"0"是为了表示近似数的精确度而特意保留的，是不能去掉的。同样，近似小数的末尾也不能随便添"0"，因为添"0"也会改变近似数的精确度。

一个写法规范的整数，其最高位是不能为"0"的。同样，如果不是近似数，一个写法规范的小数，其末尾也不能是"0"。这样看来，小数这条性质似乎没有什么意义。实际上，整数的那条类似的性质就没有提出来。那么为什么小数要提出这条性质呢？这其实是为计算服务的。看下面这两个竖式：

$$
\begin{array}{r} 0.500 \\ -0.348 \\ \hline \end{array}
\qquad
\begin{array}{r} 2.324 \\ -1.124 \\ \hline 1.200 \end{array}
$$

第一个竖式如果不在 0.5 的末尾添两个"0"，学生算起来就会很不习惯；第二个竖式的差 1.200 末尾的两个"0"应该去掉才是规范的写法。在小数加法和乘法中也会出现和与积的末尾是"0"的情况，在小数除法中也会出现被除数末尾需要添"0"的情况。小数的这条性质就是为这些情况而特别设置的。这是我国小学数学以计算为核心的具体体现之一。

但是，我们毕竟不能把一条一般说来并不成立的命题作为性质提出来。其实上述在计算中出现的添"0"和去掉"0"的道理，根据小数的记数原理并不难理解，也可以化成分数来说明：

$$0.5=\frac{1}{2}，0.50=\frac{50}{100}=\frac{1}{2}，0.500=\frac{500}{1\,000}=\frac{1}{2}。$$

由此可知，0.50，0.500 末尾的 0 都可以去掉。

真正可以作为小数性质的是，小数点移动引起小数大小的变化规律，即：小数点向右移动一位，小数扩大为原来的 10 倍；小数点向左移动一位，小数缩小为原来的 $\frac{1}{10}$。这一性质很有用，其道理也很容易用小数的记数原理来说明。

四、小数概念的教学

从小数的产生我们可以看到，小数起源于十进制单位。在现实生活中，小数的使用非常广泛，表示物价、身高等常用量通常都要用到小数，这些都是引入小数的良好实例。在常用量中，儿童最熟悉、最易理解的莫过于物价。特别是各种文具和书籍、课本的价格，往往带有小数，这些是引入小数的最恰当的实例。

由于小数与整数的记数原理相同，所以理解小数的关键也是理解小数的计数单位。利用单位为十进制的物价、身高等常用量，可以使小数的概念具体化，对儿童理解小数的记数原理很有帮助。在小数的整个教学过程中，都应让儿童大量接触生活实际中的各种小数。

小数与整数十分类似，把小数与整数联系起来，温故知新，可以使儿童更容易理解小数。同时又要注意小数与整数的不同之处，特别是初学小数时儿童容易将小数的读法与整数的读法相混淆。

思考与练习

1. 分数与小数有哪些不同之处？各有什么优点？
2. 你认为小数的产生为什么会比分数晚很多年？
3. 小数概念的教学要注意什么？

▶第四节 负 数

美国等发达国家的小学数学早就引入了负数,并且讲了负数的四则运算。我国则是在 2001 年出版的义务教育课程标准实验教科书中才引入了负数,但只讲负数的概念,不讲负数的运算。

一、负数的产生和意义

1. 由计算产生负数

历史上,我国是最早使用负数进行计算的国家。《九章算术》第八章"方程"中就大量采用"正负术"解一次方程组。《九章算术》是用加减消元法解一次方程组的,因此需要对相同未知数的系数和常数项进行加减运算,运算中经常出现负数的运算。该书总结了负数的加减运算法则:"正负术曰:同名相除,异名相益;正无入负之,负无入正之。其异名相除,同名相益;正无入正之,负无入负之。"意思是:同号两数相减,将绝对值相减,异号两数相减,将绝对值相加;减去一个绝对值较大的正数,差为负数,减去一个绝对值较大的负数,差为正数。异号两数相加,将绝对值相减,同号两数相加,将绝对值相加;加上一个绝对值较大的正数,和为正数,加上一个绝对值较大的负数,和为负数。这些法则,除叙述不够详尽外,与今天的有理数运算法则完全相同。可见负数可以由计算产生,负数对于计算来说是必不可少的。

2. 由计量产生负数

现实中存在具有相反意义的量,如 0℃ 以上的温度和 0℃ 以下的温度,地面以上的高度和地面以下的深度,收入的钱数和支出的钱数,买入的数量和卖出的数量,向南走的路程和向北走的路程,午前的时间和午后的时间,等等。每一对量无法都用以前学的数来表示,为此就引入"+""-"两个符号,在以前的数中分别加上这两个符号来表示具有相反意义的量(正数前面的"+"通常省去)。这样就有了正数和负数。所以负数是计量的需要,具有明显的现实意义。

二、负数的教学

1. 负数的引入

数的引入是数概念教学的关键。负数比整数、分数和小数更为抽象,所以其引入也更为困难。

数的引入要使学生明白，引入新数有什么必要性？新数在现实中有什么用？

对于负数来说，首先要从儿童熟悉的实例中找出具有相反意义的量。例如：某一天上午的温度是 5℃，下午的温度下降了 2℃，那么下午的温度是：

$$5-2=3。$$

即 3℃。

再看另一个类似的问题：某一天下午的温度是 3℃，到半夜温度下降了 4℃，那么半夜的温度是多少呢？算法是：

$$3-4。$$

因为被减数小于减数，这个减法我们无法做。但是这个问题是有意义的，从 3℃ 起，下降 4℃，温度应是零下 1℃。

我们知道，有零上 1℃，也有零下 1℃，虽然同是 1℃，但意义完全不同。要说明它们的区别，必须加上"零上"或"零下"的字眼。

能不能去掉这些字眼，又不混淆这两种温度呢？办法是有的，那就是利用符号来区别它们。对于零下温度，我们一律在前面加上一个符号"－"（读作"负"）。例如，零下 1℃ 就写成 -1℃，零下 10℃ 就写成 -10℃。这样我们就得到一种新的数，叫作负数。而以前学的数，除 0 以外，都叫正数。为了区别清楚，也可以在正数前面加上一个符号"＋"（读作"正"），如 1 写作 $+1$，10 写作 $+10$，等等。"－"叫负号，"＋"叫正号。

不只是表示温度要用到负数，有时表示路程也要用到负数。我们再举一个例子。

某人骑自行车沿着一条公路从甲地到乙地去，有人告诉他两地相距 20 km。这人骑车走了 20 km 后一问，他不但没有到达乙地，反而与乙地相距 40 km 了！原来他走反了方向。

由此看来，路程也有一个方向问题，方向不同，结果就完全不同。向东走 20 km 和向西走 20 km 是两个具有相反意义的量，就像零上温度和零下温度一样。为了既表示路程，又表示方向，像温度一样，我们可以指定一个方向为正方向，比如把向东作为正方向，那么向东的 20 km 就用 $+20$ km 或 20 km 表示，向西的 20 km 就用 -20 km 来表示。这样，不同方向的路程就可以区分开来了。

在生活实践中，具有相反意义的量是很多的，我们可以让学生举出各种具有相反意义的量，并用正负数来表示。这样他们就懂得负数的意义了。

2. 数轴

数轴是表示数的一个很好的几何模型，每一个整数、分数或小数都对应于数轴上的一点，它能使我们形象地观察到各种数在数轴上的分布及其大小关系。我国的小学数学教材在学习负数时才引入数轴，但没有用"数轴"这一名称。

温度计是引入数轴的一个很好的模型。在温度计上，既有对应于正的度数的点，也有对应于0℃的点，还有对应于负的度数的点。画一条直线代表温度计，规定向右的方向为正方向，用箭头标出正方向，并在直线上标出刻度，就成为一根数轴。我国小学数学教材中的数轴只有一个正方向，美国加州的则有两个方向，正方向和负方向都用箭头标出来。

3. 负数的大小比较

包括负数在内的数的大小的比较，小学教材是利用数轴进行的。教材指出："在数轴上从左到右的顺序就是数从小到大的顺序。"然后让学生根据这一规则进行比较。但在利用数轴比较之前还有一个学生的小组讨论，教材中给出的讨论问题是：

－8和－6哪个大呢？－4和2哪个大呢？

这种比较应该结合负数的意义进行。给要比较的数带上单位，如比较－8℃和－6℃，学生立刻会根据对温度的实际知识判定两个温度的高低。通过温度的比较学生可以发现，所有用负数表示的温度都比0℃低，所有用正数表示的温度都比0℃高，因此所有负数都比0小，也比正数小。但是对两个负数的大小比较，由于我们的教材没有介绍"绝对值"这一概念，就很难表述出来，也许只能说"负得越多，这个负数就越小"。这种表述显然是不够准确的。而有了"绝对值"这一概念，就可以准确地表达为：一个负数的绝对值越大，这个负数就越小。由此可见，有时多学一个概念不但不会增加教学的难度，反而会使教学变得更方便。

经过以上联系实际的负数大小的比较，学生就明白了负数与0和正数之间的大小关系是由负数的意义决定的，从而明白了其中的道理。在此基础上，再观察数轴上三种数的分布情况，就会得出一个简单的规则：在数轴上，从左到右的顺序就是数从小到大的顺序。

思考与练习

1. 为什么要通过实例引入负数？

2. 怎样使学生明白负数的大小关系的道理？

第六章　数的运算的教学

▶第一节　自然数的加法

运算和推理是数学的两个主要内容，也是数学解决问题的主要手段。在数学中，运算是再普通不过的事了。但是如果要回答什么是运算？却似乎并不容易说清楚。回顾一下算术中的加、减、乘、除，可以发现，所有的运算都是在两个数之间进行的，而运算的结果也是得到一个数。这个作为运算结果的数是根据某种法则得出的，不同的运算所依据的法则也不同。也就是说，给定两个数，依照某种法则，由这两个数求得一个确定的数，就是运算。依照不同的法则得到的数有不同的名称。依照加法法则得到的数叫给定的两数的和，而分别依照减法、乘法、除法的法则得到的数，依次叫给定的两数的差、积、商。

一、加法的意义和原理

有了一般的运算的概念，我们就可以利用它来定义自然数的加法：求两个自然数的和的运算叫自然数的加法。那么什么是两个自然数的和呢？对于两个自然数 n_1 和 n_2，从 n_1 的后继开始，数 n_2 个数，数到的最后一个数就是 n_1 与 n_2 的和。例如，3 加 2 就是从 3 的后继 4 开始，数两个数，4，5，数到的最后一个数 5 就是 3 与 2 的和。也就是说，加法的计算原理就是向前数数。弗赖登塔尔曾明确指出这一点："加法是继续计数，减法是往回计数，这是传统教学法的一项基本原理。形成这项正确原理的灵感来自数的计数这个侧面。"

我国的小学数学教材长期采用另一种原理：先学习数的分解，再利用数的分解来做加法。例如，要学习和是 5 的加法，先要学习 5 的分解。因为 5 可以分解成 3 和 2，所以 $3+2=5$。在学习加法前，孩子们先要做许多这样的练习。

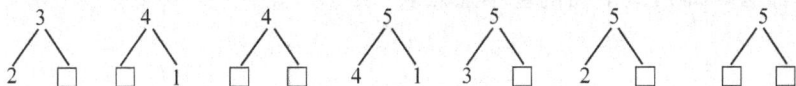

但是，我们怎么知道 5 可以分成 2 和 3 呢？只能依靠数数。而且像"5 可分成 3 和几？"这样的题，已经不是加法，而是加法的逆运算了。思考这个问题需要逆向思维，比做加法更难。2001 年新一轮基础教育课程改革开始后，新教材增加了用数数来做加法的方法，但仍然保留了这种"算理"。事实上，教学实践证明，儿童在学过数的分解后，仍然会用数数的方法来做加法。

二、加法的教学

1. 基本加法

从自然数的记数法则可以发现，多位数的加法归结为 0～9 的 10 个数码的加法，也就是说，数码的加法是整个加法的基础。因此，我们把数码的加法称为"基本加法"。

小学数学教材把加法分成了许多小段来教学。例如，基本加法这部分还要分为：1～5 的加法、6～10 的加法（0 的加法放在这里讲）、20 以内的进位加法三段。减法分成同样的三段，加减法交叉学习，学了某一段的加法，接着就学这一段的减法。这种安排显然出于这样的考虑：分段细，则难度低，儿童易于学习。然而，这种安排也有缺点：

(1)由于分得太细，未免单调、枯燥。

(2)规律是从大量的事实中概括出来的，把事实割裂开来就得不出规律。例如，任何数加 1 就得到它后面的数，就不好从两三个数得出来。没有规律就只能死记硬背，也失去了固有的美感。

(3)自然数是相互联系的，利用这种联系可以进行一些推理，如由 2＋3＝5 可以推出 2＋4＝6 和 3＋3＝6。而如果只限于 5 以内的加法，就无法进行这种推理。而儿童已具备进行这种推理的能力。英国的帕梅拉·利贝克指出，6 岁儿童就能够由 4＋4＝8 推出 4＋5＝9。

长期以来，我国小学数学加法的教学一直只有这一种体系和方法。实际上，国外还有其他的教学体系和方法，借鉴一下不同的观念和方法，可以开阔眼界，取长补短。下面我们介绍《美国现代小学数学》中的一种加法的教学法。

基本加法包括从 0＋0＝0 到 9＋9＝18 的所有算式。《美国现代小学数学》首先安排学习基本加法，即构造下面的基本加法表（表 6-1）。

表 6-1

+	0	1	2	3	4	5	6	7	8	9
0										
1										
2										
3										
4										
5										
6										
7										
8										
9										

首先让儿童研究有一个加数是 0 或 1 的加法，让儿童计算下列各式。

$$\begin{array}{r}1\\+0\\\hline 1\end{array}\quad\begin{array}{r}0\\+2\\\hline 2\end{array}\quad\begin{array}{r}5\\+0\\\hline 5\end{array}\quad\begin{array}{r}7\\+0\\\hline 7\end{array}\quad\begin{array}{r}0\\+4\\\hline 4\end{array}\quad\begin{array}{r}0\\+8\\\hline 8\end{array}\quad\begin{array}{r}9\\+0\\\hline 9\end{array}$$

$$\begin{array}{r}2\\+1\\\hline 3\end{array}\quad\begin{array}{r}1\\+4\\\hline 5\end{array}\quad\begin{array}{r}6\\+1\\\hline 7\end{array}\quad\begin{array}{r}1\\+8\\\hline 9\end{array}\quad\begin{array}{r}3\\+1\\\hline 4\end{array}\quad\begin{array}{r}5\\+1\\\hline 6\end{array}\quad\begin{array}{r}1\\+9\\\hline 10\end{array}$$

把算式写成竖式是因为这样加数与和不被加号和等号隔开，便于观察。然后分别观察这两行算式，思考每行算式有什么相同的地方？不同的地方？找出规律之后，填出加法表的第一行、第一列和第二行、第二列。

利用加法交换律可以少记差不多一半的基本加法。可以用实物演示和数轴来帮助儿童发现：交换加数，和不变。

接下来研究有一个加数是 2 的加法。

$$\begin{array}{r}3\\+2\\\hline 5\end{array}\quad\begin{array}{r}2\\+4\\\hline 6\end{array}\quad\begin{array}{r}7\\+2\\\hline 9\end{array}\quad\begin{array}{r}6\\+2\\\hline 8\end{array}\quad\begin{array}{r}2\\+8\\\hline 10\end{array}\quad\begin{array}{r}9\\+2\\\hline 11\end{array}$$

教师应与儿童共同讨论，引导他们概括出：一个数加上 2 就像两个两个地数数一样。这里也要强调交换加数，和不变。这些和填满了加法表的第三行和第三列。

接下来可以学习计算两个相同加数的和，因为这些和很有规律。

$$\begin{array}{cccccccccc} 1 & 2 & 3 & 4 & 5 & 6 & 7 & 8 & 9 \\ +1 & +2 & +3 & +4 & +5 & +6 & +7 & +8 & +9 \\ \hline 2 & 4 & 6 & 8 & 10 & 12 & 14 & 16 & 18 \end{array}$$

它们恰好是 2 到 18 的所有偶数，所以容易记忆。这些和恰好位于加法表的对角线上。接下来让儿童学习与双倍数有关联的一对基本加法。

$$\begin{array}{ccc} 3 & 4 & 5 \\ +3 & +4 & +5 \end{array}$$

$$\begin{array}{cccccc} 3 & 4 & & 4 & 5 & & 5 & 6 \\ +4 & +3 & & +5 & +4 & & +6 & +5 \end{array}$$

$$\begin{array}{ccc} 6 & 7 & 8 \\ +6 & +7 & +8 \end{array}$$

$$\begin{array}{cccccc} 6 & 7 & & 7 & 8 & & 8 & 9 \\ +7 & +6 & & +8 & +7 & & +9 & +8 \end{array}$$

然后可以学习 9 加几的基本加法。

$$\begin{array}{ccccccccc} 9 & 9 & 9 & 9 & 9 & 9 & 9 & 9 & 9 \\ +1 & +2 & +3 & +4 & +5 & +6 & +7 & +8 & +9 \\ \hline 10 & 11 & 12 & 13 & 14 & 15 & 16 & 17 & 18 \end{array}$$

这些加法很容易转化为 10 加几，同时很有规律：和的十位都是 1，和的个位总是比较小的加数少 1。这里有的算式是前面已经学过的，但有一些重复是必要的。

利用加法的交换律，又可以得出 10 个几加 9 的基本加法。

现在已经学习了 80 个基本加法，还剩下 20 个，利用加法交换律，只需学习以下 10 个。

$$\begin{array}{ccccc} 5 & 5 & 5 & 6 & 6 \\ +3 & +7 & +8 & +3 & +4 \\ \hline 8 & 12 & 13 & 9 & 10 \end{array}$$

$$\begin{array}{ccccc} 6 & 7 & 7 & 8 & 8 \\ +8 & +3 & +4 & +3 & +4 \\ \hline 14 & 10 & 11 & 11 & 12 \end{array}$$

这 10 个加法中的进位加法是基本加法中的难点。

我国教进位加法一般采用"凑 10 法"，如

$$8+4 = 8+(2+2)$$
$$= (8+2)+2$$
$$= 10+2$$
$$= 12。$$

这就要求儿童熟记 10 的全部组合，以及较小的加数的分解。10 的组合可以联系起来记。

$$
\begin{array}{ccccc}
9 & 8 & 7 & 6 & 5 \\
+1 & +2 & +3 & +4 & +5 \\
\hline
10 & 10 & 10 & 10 & 10
\end{array}
$$

第一个加数每减少 1，第二个加数就增加 1。其余 4 个可以利用加法交换律来记。

这里还涉及三个数连加和加法的结合律。为了使儿童理解它们，教师可以从不进位的加法开始，利用实物和数轴来帮助儿童理解。

儿童也可以利用两个两个地数来算 $8+4$，只要数两次就得出了结果；儿童还可以利用前面的 $9+4=13$ 推出 $8+4=12$；凡是加 3 的加法都可以先加 2，再加 1；等等。

儿童需要大量的时间进行各种操作和讨论活动，联系生活实际来熟悉这些加法，结合各种类型的加法应用题进行学习。最后我们得出了整个基本加法表(表 6-2)。

表 6-2

+	0	1	2	3	4	5	6	7	8	9
0	0	1	2	3	4	5	6	7	8	9
1	1	2	3	4	5	6	7	8	9	10
2	2	3	4	5	6	7	8	9	10	11
3	3	4	5	6	7	8	9	10	11	12
4	4	5	6	7	8	9	10	11	12	13
5	5	6	7	8	9	10	11	12	13	14
6	6	7	8	9	10	11	12	13	14	15
7	7	8	9	10	11	12	13	14	15	16
8	8	9	10	11	12	13	14	15	16	17
9	9	10	11	12	13	14	15	16	17	18

这种数表式加法表的优点在于，它把基本加法结构化了，每一个基本加法都处于一个结构之中。从这张表中我们可以发现许多规律性的东西。教师要引导儿童观察这张表，尽可能地找出其中的规律，这对于培养儿童的观察能力、推理能力、思维能力是很有好处的。这是等式的加法表所不具备的。

鉴于基本加法的重要性，儿童必须熟记他们。为此，教师必须给儿童提供有规律的和系统的练习，通过看、听、写、说、分类等活动，让儿童充分地熟悉它们，达到能脱口而出的程度。并且通过操作、游戏等手段使这些基本加法形象化。

2. 基本加法的扩展

在基本加法之后，先学习基本减法还是先将基本加法扩展到二位数的加法，是一个值得考虑的问题。基本加法可以合逻辑地推广到二位数的加法，如果停下来先学习基本减法，则把这种逻辑联系隔断了。

基本加法首先可以扩展到整十数的加法，如由 $2+3=5$，扩展到 $20+30=50$，即 2 十 $+3$ 十 $=5$ 十。像这样把计数单位写出来，整十数的加法就与量的加法一样了。整百数的加法完全相同：

$$300+500=3 \text{百}+5 \text{百}=8 \text{百}=800。$$

在研究了许多例子后，儿童就可以概括出这样的结论：不管计数单位如何，基本加法的法则是一样的。

对于一般的两位数加法，也应从保留计数单位的形式开始学习。首先做这样的练习：

$$35=3 \text{十} 5 \text{个}，21=2 \text{十} 1 \text{个}，5 \text{十} 6 \text{个}=56，3 \text{十} 4 \text{个}=34。$$

然后学习保留计数单位的加法：

$$
\begin{array}{r}
35 \\
+21 \\
\hline
\end{array}
\longrightarrow
\begin{array}{r}
3 \text{十} 5 \text{个} \\
+2 \text{十} 1 \text{个} \\
\hline
5 \text{十} 6 \text{个}=56
\end{array}
$$

经过足够数量的练习，儿童就能直接进行真正的竖式加法了。

3. 进位加法[①]

进位加法是加法中的难点，如下面这个加法，儿童常常得出和是 512：

$$
\begin{array}{r}
37 \\
+25 \\
\hline
512
\end{array}
$$

美国的小学数学采用两种方法解决这一问题。一种是使用实物操作。例如，用

---

① 目前国际数学教育界倾向于使用术语"重新分组"，而不是"进位""退位"。考虑到我国的情况，本书仍使用这两个术语。

3 捆 10 根的小棒、7 根单根的小棒表示 37，用 2 捆 10 根的小棒、5 根单根的小棒表示 25。相加时先将单根的小棒相加，把满 10 的部分捆成一捆；再数出 10 根一捆的有几捆，就得出和是 62。

另一种是在用竖式相加时写出部分和来，如上面的加法竖式要写成：

$$
\begin{array}{r}
3\,7 \\
+\ 2\,5 \\
\hline
1\,2 \\
5\,0 \\
\hline
6\,2
\end{array}
$$

竖式中间部分的 12 和 50 叫部分和。在用部分和解答一些题目后，儿童就可以采用省略部分和的竖式了。

根据保留计数单位的思想，进位加法还可以按以下步骤进行教学：

37＋25＝3 十 7 个＋2 十＋5 个；

7 个＋5 个＝1 十 2 个；　　　3 十＋2 十＝5 十；　　　1 十 2 个＋5 十＝6 十 2 个。

然后再分三步学习竖式加法：

$$
\begin{array}{r}
3\,十7个 \\
+\ 2\,十5个 \\
\hline
1\,十2个 \\
5\,十 \\
\hline
6\,十2个
\end{array}
\longrightarrow
\begin{array}{r}
3\,7 \\
+\ 2\,5 \\
\hline
1\,2 \\
5\,0 \\
\hline
6\,2
\end{array}
\longrightarrow
\begin{array}{r}
3\,7 \\
+\ 2\,5 \\
\hline
6\,2
\end{array}
$$

思考与练习

1. 解释名词：运算，和，加法，基本加法。
2. 简述基本加法的教学顺序。这种教学有什么优点？
3. 怎样从基本加法扩展到多位数的加法？
4. 怎样教学竖式加法？

第二节 自然数的减法

一、减法的意义和原理

所谓减法，就是已知和与一个加数，求另一个加数的运算。由此可知，减法是加法的逆运算，认识这一点既能明确减法的意义，又能得出减法的计算方法。

研究减法的意义也应该从具体水平开始，教师可以做这样的演示：先让学生看 7 支铅笔，然后把它们放进一个空袋子里；再从袋子里拿出 3 支铅笔，问：袋子里还剩下几支铅笔？

这个演示的要点是：学生看不见袋子里的铅笔，他们只看见原来有 7 支铅笔，教师拿走了 3 支。

小学数学教材一般把这一过程用图来表示：树上有 7 只小鸟，飞走了 3 只，还剩几只？等等。这种图有一个缺点：学生马上会去数剩下的小鸟。而上面的演示则避免了这种情况，学生必须想：$3+4=7$，现在拿走了 3 支，剩下的应该是 4 支，所以 $7-3=4$。

接着教师再将铅笔放进袋子里，又拿出几支，但不让学生看见是几支，然后把袋子里剩下的铅笔给大家看，比如剩下的是 4 支，并问：教师拿走了几支？学生计算之后，教师又写出：

$$7-4=3。$$

并把这两个式子与 $3+4=7$ 写在一起，让大家观察：

$$3+4=7 \begin{cases} 7-3=4, \\ 7-4=3。 \end{cases}$$

学生还需要大量的活动来体会减法及减法与加法的联系。一个比较好的活动是让同座的两人玩"猜猜看"的游戏：准备 7 粒小扣子，摆在桌上。然后甲从中拿走几粒（不让对方看见是几粒），乙则要根据桌上剩下的扣子数猜出甲拿走了几粒。每猜一次，就把算式写出来（相同的不重复写）。这样就可以得出 7 减几的所有减法。最后教师将这些式子进行归纳，与加法式子做对比，排列如下：

$$\begin{cases} 7-1=6, \\ 1+6=7, \\ 7-6=1, \end{cases} \quad \begin{cases} 7-2=5, \\ 2+5=7, \\ 7-5=2, \end{cases} \quad \begin{cases} 7-3=4, \\ 3+4=7, \\ 7-4=3, \end{cases}$$

$$\begin{cases} 7-4=3, \\ 4+3=7, \\ 7-3=4, \end{cases} \quad \begin{cases} 7-5=2, \\ 5+2=7, \\ 7-2=5, \end{cases} \quad \begin{cases} 7-6=1, \\ 6+1=7, \\ 7-1=6。 \end{cases}$$

让学生认真观察每组式子，读这些式子，写这些式子，促使他们理解减法与加法之间的联系：加法是求两个加数的和，减法则是已知和与一个加数，求另一个加数，也就是，

加数＋加数＝和，和－加数＝另一个加数。

因此，加法与减法是互逆的，就像穿衣与脱衣，系鞋带与解鞋带一样。

然后可以安排学生做看图写算式的练习，如图 6-1。

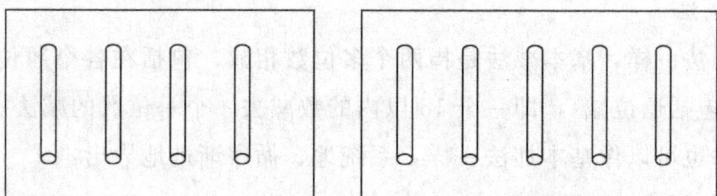

图 6-1

$$4+5=9 \begin{cases} 9-4=5, \\ 9-5=4。 \end{cases}$$

还可以做这一类的填空题：

$$3+\square=5 \qquad 或 \qquad \begin{array}{r} 3 \\ +\square \\ \hline 5 \end{array}$$

二、减法的算理

人教版教材介绍了多种减法算理。对于不退位减法有以下三种。

(1) 倒数：如计算 $5-2$，就从 5 起倒数 3 个数，5，4，3，得差是 3。

(2) 根据数的分解得出差：因为 5 可以分解成 3 和 2，所以 5 减 3 等于 2。

(3) 看图数数：如画 5 个小圈，把其中 2 个圈起来，再数剩下几个。

对于退位减法有以下三种。

(1) 看图数数：与上面的(3)相同。

(2) 分解被减数，分步计算：如计算 $12-9$，先将 12 分解成 10 和 2；再用 10 减 9 得 1；最后把 1 加上 2，就得差是 3。

（3）根据加减法的互逆关系：一般称为"做减法，想加法"。例如，要计算 $12-9$，先想 3 加 9 等于 12，根据加减的互逆关系，和减一个加数等于另一个加数，就得 12 减 9 等于 3。

以上算理中，看图数数显然不能算作算理；倒数是最基本的，但是只适合 10 以内的减法，用于 20 以内的退位减法太麻烦，也没有必要。只要学生理解了加减法的互逆关系，则"做减法，想加法"既简便，又能培养学生的逆向思维能力，应该是最好的。由此可知，理解加减法的互逆关系是学习减法的基础和关键。

三、减法的教学

1. 基本减法

与基本加法一样，基本减法是指两个多位数相减，包括在各个数位上可能出现的各种减法（包括退位减），即一个 18 以内的数减去一个一位数的减法。

基本减法也可以像基本加法一样，系统地、循序渐进地导出：

（1）减 0：

1	2	3	4	5	6	7	8	9
−0	−0	−0	−0	−0	−0	−0	−0	−0
1	2	3	4	5	6	7	8	9

（2）相同的数相减：

0	1	2	3	4	5	6	7	8	9
−0	−1	−2	−3	−4	−5	−6	−7	−8	−9
0	0	0	0	0	0	0	0	0	0

（3）减 1：

2	3	4	5	6	7	8	9	10
−1	−1	−1	−1	−1	−1	−1	−1	−1
1	2	3	4	5	6	7	8	9

（4）减比自己小 1 的数：

3	4	5	6	7	8	9	10
−2	−3	−4	−5	−6	−7	−8	−9
1	1	1	1	1	1	1	1

（5）减 2：

4	5	6	7	8	9	10	11
−2	−2	−2	−2	−2	−2	−2	−2
2	3	4	5	6	7	8	9

(6)差是 2 的减法：

$$\begin{array}{ccccccc} 5 & 6 & 7 & 8 & 9 & 10 & 11 \\ -3 & -4 & -5 & -6 & -7 & -8 & -9 \\ \hline 2 & 2 & 2 & 2 & 2 & 2 & 2 \end{array}$$

(7)减比自己小一半的数：

$$\begin{array}{ccccccc} 6 & 8 & 10 & 12 & 14 & 16 & 18 \\ -3 & -4 & -5 & -6 & -7 & -8 & -9 \\ \hline 3 & 4 & 5 & 6 & 7 & 8 & 9 \end{array}$$

(8)减 9：

$$\begin{array}{cccccc} 12 & 13 & 14 & 15 & 16 & 17 \\ -9 & -9 & -9 & -9 & -9 & -9 \\ \hline 3 & 4 & 5 & 6 & 7 & 8 \end{array}$$

(9)差是 9 的退位减：

$$\begin{array}{cccccc} 12 & 13 & 14 & 15 & 16 & 17 \\ -3 & -4 & -5 & -6 & -7 & -8 \\ \hline 9 & 9 & 9 & 9 & 9 & 9 \end{array}$$

以上 9 组减法都有比较明显的规律，有的前一组与后一组有联系，这些规律和联系既能帮助学生记忆，又能发展他们的思维能力。教师应该提供足够的时间让学生观察、讨论，让他们自己去发现它们。

以上已经介绍了 70 个基本减法，还剩以下 30 个：

$$\begin{array}{ccccccc} 7 & 8 & 9 & 10 & 11 & 7 & 9 \\ -3 & -3 & -3 & -3 & -3 & -4 & -4 \\ \hline 4 & 5 & 6 & 7 & 8 & 3 & 5 \end{array}$$

$$\begin{array}{ccccccc} 10 & 11 & 12 & 8 & 9 & 11 & 12 \\ -4 & -4 & -4 & -5 & -5 & -5 & -5 \\ \hline 6 & 7 & 8 & 3 & 4 & 6 & 7 \end{array}$$

$$\begin{array}{ccccccc} 13 & 9 & 10 & 11 & 13 & 14 & 10 \\ -5 & -6 & -6 & -6 & -6 & -6 & -7 \\ \hline 8 & 3 & 4 & 5 & 7 & 8 & 3 \end{array}$$

$$\begin{array}{ccccccc} 11 & 12 & 13 & 15 & 11 & 12 & 13 \\ -7 & -7 & -7 & -7 & -8 & -8 & -8 \\ \hline 4 & 5 & 6 & 8 & 3 & 4 & 5 \end{array}$$

$$\begin{array}{cc} 14 & 15 \\ -8 & -8 \\ \hline 6 & 7 \end{array}$$

这 30 个减法大部分属 20 以内的退位减法，是基本减法中的难点，也是重点。人教版教材对这些减法是分散教学的，这样就看不到其中的规律了。实际上，这些退位减法是很有规律的，它们可以列成下面的样式：

$11-9=2$，$11-8=3$，$11-7=4$，$11-6=5$，$11-5=6$，$11-4=7$，$11-3=8$，$11-2=9$；

$12-9=3$，$12-8=4$，$12-7=5$，$12-6=6$，$12-5=7$，$12-4=8$，$12-3=9$；

$13-9=4$，$13-8=5$，$13-7=6$，$13-6=7$，$13-5=8$，$13-4=9$；

$14-9=5$，$14-8=6$，$14-7=7$，$14-6=8$，$14-5=9$；

$15-9=6$，$15-8=7$，$15-7=8$，$15-6=9$；

$16-9=7$，$16-8=8$，$16-7=9$；

$17-9=8$，$17-8=9$；

$18-9=9$。

让学生观察这样排列的算式，去寻找其中的"秘密"，他们就会发现：每一列差都是连续的自然数；第一列差比被减数的个位大 1，第二列差比被减数的个位大 2……第八列差比被减数的个位大 8。也就是：十几减 9，差比被减数的个位大 1；十几减 8，差比被减数的个位大 2……以此类推。按这一规律，就很容易记住它们。这一例子再次表明了整体教学的优越性。

其道理可以用前面减法的分步计算的算理来解释：每一个这样的减法都可以分两步算。例如，$13-8=5$ 可分为：$10-8=2$，$2+3=5$。差 5 比被减数个位 3 所大的 2，就是从 $10-8=2$ 来的。但是教学实践证明，一年级的学生难以理解这一抽象道理。应该让他们在具体水平上学习，通过操作小棒来做这种减法：先解开 10 根一捆的小棒，从中减去 8 根，再把剩下的 2 根与 3 根散的合在一起，就得出差是 5。通过对多个退位减做这种操作，学生就理解了这一规律。

2. 基本减法的扩展

在理解了记数法和基本减法后，学生应很容易将基本减法扩展到整十数的减法上。像基本加法的扩张那样，计算一般的两位数（不退位）减法，要先保留计数单位，再过渡到省略计数单位：

$$\begin{array}{r}64\\-\ 12\\\hline\end{array}\longrightarrow\begin{array}{r}6\text{十}4\text{个}\\-1\text{十}2\text{个}\\\hline5\text{十}2\text{个}=52\end{array}$$

通过多个例子，引导学生概括出：改变计数单位，基本减法不变。

同样可以把多个一位数减法题组合在一起，组成一个多位数减法。例如：

$$
\begin{array}{r} 5 \\ -1 \\ \hline \end{array}\qquad \begin{array}{r} 4 \\ -3 \\ \hline \end{array}\qquad \begin{array}{r} 8 \\ -5 \\ \hline \end{array}\longrightarrow \begin{array}{r} 548 \\ -135 \\ \hline \end{array}
$$

$$
\begin{array}{r} 4 \\ -3 \\ \hline \end{array}\qquad \begin{array}{r} 7 \\ -2 \\ \hline \end{array}\qquad \begin{array}{r} 2 \\ -2 \\ \hline \end{array}\longrightarrow \begin{array}{r} 472 \\ -322 \\ \hline \end{array}
$$

3. 多位数的退位减法

多位数的退位减法是计算教学中的难点之一,《美国现代小学数学》称之为"重新分组的减法"。刚开始教这种减法时,学生在每个数位上都会用一个较大的数减较小的数,而不管这个数在被减数中还是减数中。例如,他们认为 72−25=53,因为在个位他们是用 5 减 2 的。这表明学生没有把 72 和 25 都当作一个数,他们不明白 72−25 是什么意思。造成这种错误的原因是,教师是在抽象水平上开始教减法的,一开始就让学生做减法算式题,并且不带单位。

首先应该让学生用小棒做这道减法。为了移走 5 根,他们必须解开一捆 10 根的小棒,也就是说,把"一捆"变成"10 根"。这一操作为理解"退位"提供了具体模型。

当学生熟悉了这样的操作后,再进入第二步:保留计数单位的减法。让学生用计数单位重新写出减数和被减数:

$$
\begin{array}{r} 72 \\ -25 \\ \hline \end{array}\longrightarrow \begin{array}{r} 7\,\text{十}\,2\,\text{个} \\ -2\,\text{十}\,5\,\text{个} \\ \hline \end{array}
$$

这时学生应该能够看出个位不能相减(不理解这一点的学生则还要继续使用小棒操作),为了克服这一困难,像用小棒操作一样,需要把一个十分成 10 个一,这样 7 十 2 个就变成 6 十 12 个:

$$
\begin{array}{r} 72 \\ -25 \\ \hline \end{array}\longrightarrow \begin{array}{r} 6\,\text{十}\,12\,\text{个} \\ -2\,\text{十}\,5\,\text{个} \\ \hline 4\,\text{十}\,7\,\text{个} = 47 \end{array}
$$

学生需要做大量的这种例子。在熟悉了两位数的重新分组后,再把它用于更多数位的运算(必要时仍需通过操作小棒来理解):

$$
\begin{array}{r} 321 \\ -156 \\ \hline \end{array}\longrightarrow \begin{array}{r} 3\,\text{百}\,2\,\text{十}\,1\,\text{个} \\ -1\,\text{百}\,5\,\text{十}\,6\,\text{个} \\ \hline 2\,\text{百}\,11\,\text{十}\,11\,\text{个} \\ -1\,\text{百}\,5\,\text{十}\,6\,\text{个} \\ \hline 1\,\text{百}\,6\,\text{十}\,5\,\text{个} = 165 \end{array}
$$

在理解了重新分组之后，学生才能理解我们常做的多位数竖式减法的过程。

连续退位减法可以说是减法教学中难点中的难点，如 700－256，初学的学生很难掌握其竖式计算方法。但如果我们把 700 看成 70 个十和 0 个 1，那么只要进行一次重新分组：

$$
\begin{array}{c}
700 \\
-256
\end{array}
\longrightarrow
\begin{array}{c}
70\,十\,0\,个 \\
-25\,十\,6\,个
\end{array}
\longrightarrow
\begin{array}{c}
69\,十\,10\,个 \\
-25\,十\,6\,个 \\
\hline
44\,十\,4\,个 = 444
\end{array}
$$

由于连续退位减法的难度很大，有人提出一种避免它的办法。这种办法是把连续退位减法转化为不退位减法。例如，要做上面的减法，首先把 700 减去 1，变成 699，再用 699 来减 256，就是不退位减法了。得出结果后，再加上 1，就是正确的差了。

思考与练习

1. 怎样使儿童理解加减法的互逆关系？
2. 怎样教学 20 以内的退位减法？
3. 怎样教学多位数的退位减法？

▶第三节　自然数的乘法

一、乘法的意义和原理

乘法是同数连加的简便运算。传统的乘法算式，第一个数是相同加数，第二个数表示相同加数的个数：

$$3 \qquad \times \qquad 5 = 15$$

相同加数　　　相同加数的个数

被乘数　　　　　乘数

这个算式历来读作"3 乘以 5"，而不能读作"5 乘以 3"。"3"是被乘数，"5"是乘数。"3 乘以 5"的意思是"以 5 乘 3"。新一轮基础教育课程改革开始后，这种规定被认为是不必要的，给学生的学习带来了麻烦。现在小学数学不再使用"乘以"，只说"乘"即可；不再区分"被乘数"和"乘数"，一律叫"乘数"或"因数"；不再区分两个因数的顺序，"3 乘 5"可以写作 3×5，也可以写作 5×3。新规定确实减少了麻烦，但是按这样的规定，3×5 究竟是 3 个 5 还是 5 个 3，就无法确定了。因此本书对此做了一点改变：规定 3×5 仍表示 5 个 3，以此类推，即如下式所示：

$$3 \qquad \times \qquad 5 = 15$$

相同加数　　　相同加数的个数

乘数（因数）　　乘数（因数）

乘法的意义可以用加法来说明，因此一般不必再从具体水平来认识乘法。

阵列是认识乘法的一个很好的模型。阵列是指把物体、图形或符号排成如图 6-2 所示的方阵。图 6-2 是一个 3 行 5 列的阵列。这个阵列如果按行计数，则可以写成 5+5+5 或 5×3；按列计数则可以写成 3+3+3+3+3 或 3×5。这样，学生由此既可以理解乘法的意义，又可以发现乘法的交换律。

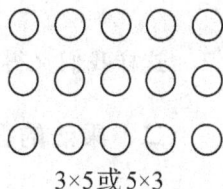

3×5 或 5×3

图 6-2

让学生观察由各种图形排列成的不同数量的阵列，并对每一个阵列写出两个乘法算式，可以使他们获得对乘法的意义和乘法交换律的正确认识。开始时每一个阵列可以用以下两种形式展现（图 6-3）。

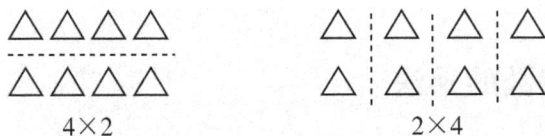

$$4×2 \qquad\qquad 2×4$$

图 6-3

让学生就每个阵列写出一个乘法算式。之后再让他们就一个阵列写出两个乘法算式，就像上面的小圆圈阵列一样。

0 的乘法比较特殊。0×3＝0 容易理解，3 个 0 相加，结果还是 0；3×0＝0 就不大好理解，如果说它表示 0 个 3，那么 0 个 3 为什么就是 0 呢？一般用乘法交换律来说明：3×0＝0×3＝0。但是在这个式子的意义还未确立时，是不能对它使用运算律的，并且纯数学的推理学生也难以接受，他们要看到算式的实际意义才能理解。

实际上 0 的乘法不难用实例来说明，看下面的例子：

数学课上老师出了 3 道思考题，每做对 1 道思考题，老师奖 3 颗五角星。丁丁做对了 2 道思考题，晶晶没做对一道，两人各得了几颗五角星？

这道题的数量关系是：

每道题奖励的五角星数×做对题数＝得到的五角星数。

于是丁丁得的五角星数是：3×2＝6（颗）。

晶晶得的五角星数是：3×0＝0（颗）。

晶晶没有做对思考题，当然得不到五角星，由此可知 3 乘 0 的积应当是 0。

如果再添一问：晶晶得了几面红旗？因为老师只奖五角星，不奖红旗，就是说，做对一道思考题奖励的红旗面数是 0，晶晶做对了 0 道，所以她得的红旗面数是：

$$0×0＝0（面）。$$

这样我们又得出 0 乘 0 的积为 0。

二、乘法的教学

如果学生用把三个 4 相加的方法来计算 4×3，那么他们仍在做加法，而不是做乘法。4×3 的积应当作为口诀记下来。

1. 基本乘法（表内乘法）

与加法和减法一样，多位数的乘法都归结为 0～9 的数码相乘，因此我们把这些乘法称为基本乘法。我国传统的名称是"表内乘法"，意即"九九表"之内的乘法，这一名称没有揭示数码乘法的地位和意义。但基本乘法确实应该当作口诀背下来。

基本乘法也应从易到难系统地计算出来。首先是 0 和 1 的乘法；然后是 2 的乘法，一个数乘 2 就是把它加倍，学生可以回忆双倍数的加法而得出乘积来；接下来是 5 的乘法，乘 5 的积与按 5 计数相同，$5\times1=5$，$5\times2=10$，$5\times3=15$，…这些乘法有一个特点：积的个位要么是 5，要么是 0；5 乘奇数积的个位是5，5 乘偶数积的个位是 0。按群计数有助于学生学会生成某一个数的倍数。在学会按 2 和按 5 计数后，可让学生看着一条数轴用 3 数数，再练习用其他不同的数跳跃数数。

学生还可以采用如下的方法从一个已知的乘法推出未知的乘法，如从 $5\times6=30$ 推出 5×7 的积：

$5\times7=5\times6+5=30+5=35$。

9 的乘法有很强的规律性，把 9 的乘法排列出来（表 6-3），观察这一列等式可以发现，积的个位恰好是由 9 倒数到 1；积的十位（把 9 的十位看作 0）恰好是由 0数到 8；第二个因数与积的个位之和都是10；第二个因数都比积的十位大 1；积的十位数与个位数之和都是 9。尽可能让学生去发现这些规律，既有利于他们记住 9 的乘法，又能培养他们的观察能力。

表 6-3

$9\times1=9$
$9\times2=18$
$9\times3=27$
$9\times4=36$
$9\times5=45$
$9\times6=54$
$9\times7=63$
$9\times8=72$
$9\times9=81$

像基本加法一样，让学生逐步地填满基本乘法表（表 6-4）。

这种表格式乘法表中有很多有规律的排列，可以引导学生按行观察、按列观察、沿对角线方向观察，等等。规律性越强，开发智力的功能就越大。教师应让学生反复观察、比较、计算，充分发挥它的智力开发功能。

我国的小学数学重视背诵乘法口诀，各种教材都将乘法口诀列成表，让学生背熟。这是我国数学教育的优良传统。我国古代的乘法口诀从"九九八十一"开始，因此简称为"九九"。上古时期就有关于"九九"的传说，认为是伏羲所作。《荀子》《吕氏春秋》《孙子算经》等书都载有"九九"歌诀。

英美等国家则不让小学生背乘法口诀，认为是死记硬背。其实学生喜欢背诵乘法口诀，背下九九表对他们来说很容易，并不是负担。背乘法口诀可以实现计算的自动化，而且能形成数感，对学生的数学学习很重要。

表 6-4

×	0	1	2	3	4	5	6	7	8	9
0	0	0	0	0	0	0	0	0	0	0
1	0	1	2	3	4	5	6	7	8	9
2	0	2	4	6	8	10	12	14	16	18
3	0	3	6	9	12	15	18	21	24	27
4	0	4	8	12	16	20	24	28	32	36
5	0	5	10	15	20	25	30	35	40	45
6	0	6	12	18	24	30	36	42	48	54
7	0	7	14	21	28	35	42	49	56	63
8	0	8	16	24	32	40	48	56	64	72
9	0	9	18	27	36	45	54	63	72	81

2. 基本乘法的扩展

基本乘法同样应及时推广到整十数以至整百数乘一位数,推广的方法也与加法类似。

$$30 \times 3 \rightarrow \begin{array}{r} 3\,十 \\ \times\ 3 \\ \hline 9\,十 = 90 \end{array} \qquad 300 \times 3 \rightarrow \begin{array}{r} 3\,百 \\ \times\ 3 \\ \hline 9\,百 = 90 \end{array}$$

$$40 \times 3 \rightarrow \begin{array}{r} 4\,十 \\ \times\ 3 \\ \hline 12\,十 = 120 \end{array} \qquad 400 \times 3 \rightarrow \begin{array}{r} 4\,百 \\ \times\ 3 \\ \hline 12\,百 = 1\,200 \end{array}$$

这种例子既能推广基本乘法,又为今后学习末尾有 0 的竖式乘法打下了基础。

3. 多位数的乘法

多位数的乘法法则的基础是乘法对加法的分配律,如

$$2 \times 42 = 2 \times (40+2)$$
$$= (2 \times 40) + (2 \times 2)$$
$$= 80 + 4$$
$$= 84$$

$$
\begin{array}{r}
4\,2 \\
\times\ \ 2 \\
\hline
4 \\
8\,0 \\
\hline
8\,4 \\
\end{array}
$$

→ 2×2
→ 2×40
→ 2×42

　　小学数学教材在教多位数乘法前通常不安排学习乘法对加法的分配律，而直接使用它。这种不明白其中道理的学习是一种无意义学习。实际上，通过半具体水平的教学，学生不难理解这条定律。阵列特别有助于学生发现这条性质，如下面的阵列清楚地表明 $12 \times 3 = (10 \times 3) + (2 \times 3)$（图 6-4）。

12×3 　　　　　　　　　　$(10 \times 3) + (2 \times 3)$

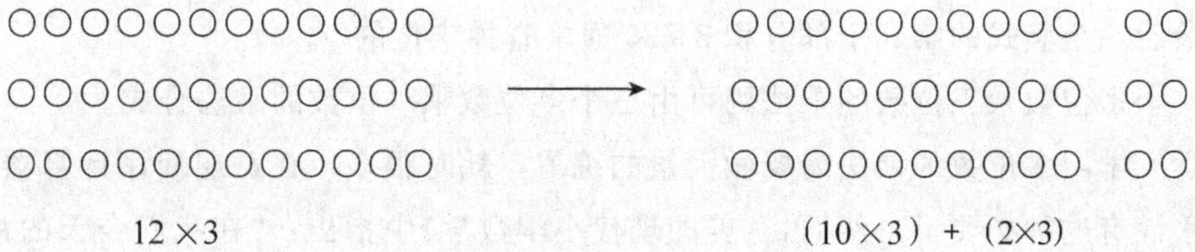

图 6-4

　　我国现行的小学数学教材一般把多位数的乘法分为三段来学习：多位数乘一位数；两位数乘两位数；三位数乘两位数。其中第一段"多位数乘一位数"是基础，为了打好这一基础，应该使学生充分理解竖式计算的道理。采用保留部分积的办法对学生的理解很有帮助。例如：

$$
\begin{array}{r}
4\,2 \\
\times\ \ 2 \\
\hline
4 \\
8\,0 \\
\hline
8\,4 \\
\end{array}
\qquad
\begin{array}{r}
4\,2 \\
\times\ \ 2 \\
\hline
8\,4 \\
\end{array}
\qquad
\begin{array}{r}
4\,5 \\
\times\ \ 3 \\
\hline
1\,5 \\
1\,2\,0 \\
\hline
1\,3\,5 \\
\end{array}
\qquad
\begin{array}{r}
4\,5 \\
\times\ \ 3 \\
\hline
1\,3\,5 \\
\end{array}
$$

　　最后一个竖式个位 3 乘 5 得 15，5 写在积的个位，在 4 的下方记一个小小的 1 代表 10，这就是通常说的"进位"。在 3 与 40 相乘时，所得的积 120 还要加上这个 10。用这个方法可以避免忘记个位相乘得到的 10。

　　三位数乘一位数的乘法与此类似，也要先用保留部分积的竖式计算，再过渡到省略部分积的竖式。教师应该安排足够多的保留部分积的竖式乘法练习，让学生自觉地过渡到用标准的竖式计算。

　　在此基础上可以顺利地过渡到多位数乘两位数的乘法。一个多位数乘两位数的乘法，可以由两个多位数乘一位数的乘法合成。例如：

$$124\times36=（124\times6）＋（124\times30）$$

$$
\begin{array}{r}
1_12_24 \\
\times\ \ \ \ 6 \\
\hline
744
\end{array}
\qquad\qquad
\begin{array}{r}
12_14 \\
\times\ \ 30 \\
\hline
3720
\end{array}
$$

$$
\begin{array}{r}
1_12_24 \\
\times\ \ 36 \\
\hline
744 \\
372 \\
\hline
4464
\end{array}
$$

$744 \rightarrow 124\times6$

$372 \rightarrow 124\times30$

最后一个竖式的第二个部分积 3 720 通常省掉末位的 0。

一个多位数乘三位数的乘法则可由三个多位数乘一位数的乘法合成。

学生学习多位数的乘法需要做大量的练习，耗时很多，在普遍使用计算器的今天似乎没有这种必要了。然而，《美国现代小学数学》中指出："在我们今天的社会，我们常用计算器或微型计算机计算多位数乘法。因此，人们可减少乃至免去繁杂的计算，但对这些工具的使用者来说，仍需理解重新分组这个概念，并评估由这些计算工具提供的答案的合理性。"

乘法的教学自始至终都应结合应用题进行，以便学生理解乘法的实际意义。

思考与练习

1. 怎样使学生理解乘法的交换律和分配律？

2. 背乘法口诀有什么意义？你是否认为表内加法也应该作为口诀背下来？

3. 说出几条表格式乘法表中的有规律的排列。

4. 怎样使学生理解竖式乘法计算的道理？

▶第四节　自然数的除法

一、除法的意义和原理

跟减法是加法的逆运算一样，除法是乘法的逆运算。也就是说，除法是已知积和一个因数，求另一个因数的运算。在加减乘除四种运算中，除法是最难的。

1. 等分除法和包含除法

学习除法，首先要理解它的意义。除法可分为等分除法和包含除法两种。顾名思义，等分除法就是把一个量或数平均分成几份，求一份是多少的除法。例如：

三(1)班有 42 名同学，平均分成 6 个组，每组有几名同学？

就是一道等分除法题。

从除法与乘法的关系看，等分除法是已知积和相同加数的个数，求相同加数的运算。

$$6 \quad \times \quad 7 \quad = \quad 42 \qquad 42 \quad \div \quad 7 \quad = \quad 6$$

相同加数　相同加数的个数　积　　　积　相同加数的个数　相同加数

包含除法就是求一个量或数是另一个量或数的几倍的除法。前面的例子如果改成：

三(1)班有 42 名同学，分成 7 人一组，可以分几组？

就是一道包含除法题。包含除法是已知积和相同加数，求相同加数的个数的运算。

$$6 \quad \times \quad 7 \quad = \quad 42 \qquad 42 \quad \div \quad 6 \quad = \quad 7$$

相同加数　相同加数的个数　积　　　积　相同加数　相同加数的个数

除法虽然是乘法的逆运算，但除法意义的教学必须从实例着手，也就是从具体水平开始，而不能从除法与乘法的互逆关系着手。《美国现代小学数学》中指出，包含除法比等分除法容易理解；而在我国则相反，人们认为等分除法更容易理解，因此我国的小学数学先学等分除法。

引出等分除法的最好实例，就是平分某种东西。应该从具体水平开始，让学生用实物操作，而不能只让他们看图或看别人(教师或同学)演示。起初实物的数目和分的份数都应该少，以便学生容易看出其中的数量关系。有的教材上所举的操作材料常常是不易找到的，如分水果、面包、饮料等。结果往往由教师拿几件实物演示一下，或者干脆只出示一个图示意。这就违背了"从具体水平开始教学"的原则。

对于等分除法，可以让学生通过分糖果的活动来理解。"过家家"是学生熟悉和乐意玩的游戏，教师可以用某种东西代表糖果，比如用扑克牌代表饼干，由小组确定一人，让他把"饼干"平均分给其他同学，再把分的结果用除法算式表示出来。例如，把8块饼干分给4个人，得到：

$$8÷4＝2(块)。$$

包含除法可以用"摆筷子"的活动来学习。用小棒代表筷子，让小朋友做游戏。这种材料很容易找到，用来代表筷子也很恰当，同时这种活动又是学生熟悉的。例如，6根筷子可以供几个人吃饭？学生通过将6根筷子分成2根一组，共分了3组，得出可供3人吃饭。这时教师指出，用算式可写成：

$$6÷2＝3(人)。$$

然后告诉他们：这种运算就是除法，中间的符号叫除号。

教师应引导学生发现，式子中的三个数各代表什么。通过多次这样的活动，学生就会明白除法的意义。在做了一定数量的实物操作后，学生可以进行看图写除法算式这种半具体水平的活动。学生应该进行大量的这种练习。

2.0不能作除数

除法有一个特殊情况：0作除数没有意义，也就是说 $a÷0$ 这个式子没有意义。这可以根据乘除的互逆关系来说明。设 $a÷0＝b$，那么 $b×0＝a$。a 要么不等于0，要么等于0。若 $a≠0$，则这样的 b 不存在，因为任何数乘0都得0；若 $a＝0$，同样因为任何数乘0都得0，则 b 可以为任意数。就是说，无论如何我们都得不到确定的商。所以0作除数没有意义。

但是0除以一个不为0的数是有意义的，并且0除以任意一个不为0的数，商都是0。这可以根据除法的意义来说明：几个小朋友分0个糖果，每人当然什么也分不到。也可以根据乘除互逆的关系来说明：因为 $5×0＝0$，所以 $0÷5＝0$。

在学生理解了除法的意义后，应让他们进行充分的练习，以学会计算。下面的三类题目可供练习。

(1)$6×\boxed{}＝18$，$2×\boxed{}＝4$，$\boxed{}×3＝12$。

(2)$\boxed{}÷2＝4$，$12÷2＝\boxed{}$，$10÷\boxed{}＝5$。

(3)$3\overline{)15}$，$2\overline{)18}$，$6\overline{)24}$。

我国表内除法的教学都不用竖式，显然是觉得很简单，没有这种必要。其实，对于低年级学生来说，理解互逆概念是相当困难的。用竖式计算则可以试商，将商与除数相乘就得出分掉了多少；从被除数中减去分掉的，如果差为 0 则表示恰好分完。这一计算过程体现了分的过程，便于学生理解除法，并为以后学习多位数除法的竖式运算打下了基础。

二、除法的教学

我国小学数学的除法教学分为表内除法，有余数的除法，除数是一位数的除法，除数是两位数的除法四个阶段。

1. 基本除法（表内除法）

基本除法就是能用乘法口诀直接得出商的除法，我国称为"表内除法"，这些除法是整个除法运算的基础。

要使学生学会用乘法口诀求商，对于等分除法，如把 9 平均分成 3 份，每份是多少？教师可以这样引导：假设每份是 1，因为 $3 \times 1 = 3$，显然太少；假设每份是 2，$3 \times 2 = 6$，还是不够；再把每份数增加到 3，3 乘 3 恰好等于 9，所以每份是 3。对于等分除法，如把 12 个同学分成 4 人一组，可以分几组？假设可以分 2 组，但 2 乘 4 只有 8 人；再增加为 3 组，3 乘 4 恰好等于 12 人，所以可以分 4 组。通过多个这样的例子，使学生发现可以用乘法口诀来求商。

用乘法表也可以求商。这时被除数是表中的积，除数是一个因数，商是另一个因数。例如，解答 $6 \div 2 = ?$，先在表的顶行找到除数 2，再顺着 2 所在的列向下找到被除数 6，然后向左移动，找到这一行的第一个数 3，就是所求的商。（表 6-5）

2. 有余数的除法

在做自然数的除法时，人们经常碰到不能整除的情况，即有余数的除法。对于这种除法，一般教材的处理方法是，先学习能整除的除法，在学完基本除法后，才开始学习有余数的除法。但这种安排出现了一个问题：学生在长时间学习能整除的除法后，形成了思维定势，对有余数的除法往往难以理解。有的学生常常会像做下面的竖式那样做有余数的除法。

$$
\begin{array}{r}
5 \\
5\overline{)28} \\
\underline{28} \\
0
\end{array}
$$

把有余数的除法放到后面学习是出于这种考虑：有余数的除法比较复杂，学生难以理解。其实生活中有许多有余数的除法的例子，通过实例学生不难理解有余数的除法。

表 6-5

×	0	1	2	3	4	5	6	7	8	9
0	0	0	0	0	0	0	0	0	0	0
1	0	1	2	3	4	5	6	7	8	9
2	0	2	4	6	8	10	12	14	16	18
3	0	3	6	9	12	15	18	21	24	27
4	0	4	8	12	16	20	24	28	32	36
5	0	5	10	15	20	25	30	35	40	45
6	0	6	12	18	24	30	36	42	48	54
7	0	7	14	21	28	35	42	49	56	63
8	0	8	16	24	32	40	48	56	64	72
9	0	9	18	27	36	45	54	63	72	81

例如：

三（2）班有 45 名同学，分成 8 人一组，可以分几组？还剩几人？

可以用除法算式表示为： $45 \div 8 = 5$（组）……5（人）。

$$\begin{array}{r} 5 \\ 8\overline{)45} \\ \underline{40} \\ 5 \end{array} \cdots\cdots \text{余数}$$

学生还可以通过用小棒操作来理解这道有余数的除法。

如果三（2）班的同学不是 45 名，而是 31 名，那么可以分成几组？余几人呢？

如果是 32 名、33 名、34 名……40 名呢？

可以列出下面的算式：

$$31 \div 8 = 3\text{（组）}\cdots\cdots 7\text{（人）}，$$

$$32 \div 8 = 4\text{（组）}，$$

$$33 \div 8 = 4\text{（组）}\cdots\cdots 1\text{（人）}，$$

$$34 \div 8 = 4(组) \cdots\cdots 2(人)，$$
$$35 \div 8 = 4(组) \cdots\cdots 3(人)，$$
$$36 \div 8 = \square(组) \cdots\cdots \square(人)，$$
$$37 \div 8 = \square(组) \cdots\cdots \square(人)，$$
$$38 \div 8 = \square(组) \cdots\cdots \square(人)，$$
$$39 \div 8 = \square(组) \cdots\cdots \square(人)，$$
$$40 \div 8 = \square(组)。$$

让学生填上□中的数，并观察这一组算式，引导他们发现：随着被除数的增大，余数也不断增大，但余数总比除数小。原因是余数一等于除数，商就会增加1，余数就变成0了。

3. 基本除法的扩展

在熟悉了基本除法后，就应该扩展基本除法。首先可以扩展到整十数除以一位数。例如，由 $6 \div 2 = 3$ 扩展到 $60 \div 2 = 30$。可以让学生做将6捆10根的小棒平分为两份的操作，学生可以做许多类似的操作来扩展基本除法。进而可以扩张到 $600 \div 2 = 300$，等等。

接下来可以进行下面这样的扩展：

右边的竖式中"-240"中的减号和0略去了。

还可以扩展到每一位都能整除的两位或三位数除以一位数的除法。例如，$39 \div 3$ 可以先分为两个除法来做：

$$39 \div 3 = (30 + 9) \div 3 = (30 \div 3) + (9 \div 3) = 10 + 3 = 13。$$

这样就转化成两个表内除法了。这里利用了除法对加法的分配律。其原理可用下面的图(图 6-5)来说明。

$39 \div 3$　　　　$30 \div 3$　　$9 \div 3$

图 6-5

在学习竖式加法时，先分成两个竖式，分别计算，然后再合成一个竖式。先合成一个十位的商10与个位的商3分别写出来的竖式，再过渡到简略形式的竖式，以利于学生理解每一步计算的意义。

$$
\begin{array}{r}
13 \\
3 \\
3\,\overline{)39} \\
30 \\
9 \\
9 \\
\hline 0
\end{array}
\qquad
\begin{array}{r}
13 \\
3\,\overline{)39} \\
30 \\
9 \\
\hline 0
\end{array}
$$

再如，426÷2 可先分为三个竖式来做。

$$
\begin{array}{r}
213 \\
3 \\
10 \\
200 \\
2\,\overline{)426} \\
400 \\
26 \\
20 \\
6 \\
6 \\
\hline 0
\end{array}
\qquad
\begin{array}{r}
213 \\
2\,\overline{)426} \\
4 \\
2 \\
2 \\
6 \\
6 \\
\hline 0
\end{array}
$$

在多位数的除法中，商的计数单位非常重要。下面的两个除法充分显示了这一点：

$$
\begin{array}{r}
203 \\
3\,\overline{)609} \\
6 \\
9 \\
9 \\
\hline 0
\end{array}
\qquad
\begin{array}{r}
150 \\
3\,\overline{)450} \\
3 \\
15 \\
15 \\
\hline 0
\end{array}
$$

在第一个竖式中，商 2 在百位，3 在个位，商的十位是 0。在简化形式中，十位 0 除以 3 的计算省略了，所以必须补上商的十位数 0。在第二个竖式中，在用简化形式的竖式计算完之后，由于商是 150 而不是 15，所以要在商的个位补一个 0。

4. 多位数除以一位数

多位数除以一位数的除法可以分为三类：

(1) 两位数除以一位数的表内除法(基本除法)；

(2) 每个数位都能整除的表外除法，如 48÷4，639÷3，等等；

(3) 以上两类之外的、除数为一位数的除法，如 54÷2，632÷4，等等。

第一类属于基本除法的一部分，第二类属于基本除法的扩展。这里研究第三类除法的教学。学习这一类除法的关键是试商。例如，54÷2，教师首先让学生思考：54 里有多少个 2？因为 2×10＝20＜50，所以多于 10 个。那么 54 里有 20 个 2 吗？因为 2×20＝40＜50，所以多于 20 个。是否有 30 个 2 呢？因为 2×30＝60＞50，所以不到 30 个。至此可以确定，54 除以 2 的商是二十几，就是说，商是两位数，十位数是 2。可以让学生用竖式来试商。

$$
\begin{array}{r} 1\,0 \\ 2\,\overline{)\,5\,4} \\ 2\,0 \\ \hline 3\,4 \end{array}
\qquad
\begin{array}{r} 2\,0 \\ 2\,\overline{)\,5\,4} \\ 4\,0 \\ \hline 1\,4 \end{array}
\qquad
\begin{array}{r} 3\,0 \\ 2\,\overline{)\,5\,4} \\ 6\,0 \\ \hline \end{array}
$$

得出了商的十位后，继续计算，首先把两次的商都完整地写出来作为过渡，然后写出简化的竖式：

$$
\begin{array}{r} 2\,7 \\ 7 \end{array}
$$

$$
\begin{array}{r} 2\,0 \\ 2\,\overline{)\,5\,4} \\ 4\,0 \\ \hline 1\,4 \\ 1\,4 \\ \hline 0 \end{array}
\qquad\longrightarrow\qquad
\begin{array}{r} 2\,7 \\ 2\,\overline{)\,5\,4} \\ 4 \\ \hline 1\,4 \\ 1\,4 \\ \hline 0 \end{array}
$$

从以上的试商过程可以看出，试商时使用包含除法比使用等分除法更方便。三位数除以一位数的试商方法与此类似。

如果有的学生不理解这种试商方法，就要让他们回到具体水平，进行把 54 根小棒平分成两份的操作活动。

5. 多位数除以两位数

多位数除以两位或两位以上的数，是除法中最难的内容，应该由简单到复杂，循序渐进地学习。首先学习除数是整十数的除法：

幼儿园有 20 个小朋友，老师有 80 块饼干，平均分给这 20 个小朋友，每人应该分几块？

写出除法算式，利用乘法口诀不难得出：$80 \div 20 = 4$（块）。

比较 $8 \div 2 = 4$ 还可得出：$80 \div 20 = 8 \div 2$。

也就是说，被除数和除数都缩小为原来的 $\frac{1}{10}$，商不变。

类似地可以解答 $90 \div 30$，$240 \div 60$，$400 \div 80$，$150 \div 30$ 之类的题。

下面可以开始学习较简单的需要试商的题目。例如：

一本故事书有 143 页，如果每天看 30 页，需要看几天？

列出算式：$143 \div 30 = $ ＿＿＿＿＿＿。

教师引导学生试商：把 143 看作 140 来试商，思考：140 里有几个 30 呢？利用乘法口诀计算：

$$30 \times 4 = 120 < 140，\ 30 \times 5 = 150 > 140。$$

由此可知，应商 4。

$$30\overline{)143}\begin{array}{r}4\\\underline{120}\\23\end{array}\qquad 143\div30=4\cdots\cdots23$$

从计算可以看出，虽然商是 4，但因为还有余数 23，所以当以"天"为单位时，应该是需要 5 天才能看完。由此可知，对于应用题来说，除法的结果要根据具体情况来确定。

当除数不是整十数时，也可以采用同样的方法来试商。例如，下面的除法：

$$197\div39,\ 324\div81,\ 273\div68,\ 245\div72。$$

由于 39，81，68，72 都接近整十数，可分别看作 40，80，70，70 来试商。例如：

$$(40)\ 39\overline{)197}\begin{array}{r}4\\\underline{156}\\41\end{array}\qquad (40)\ 39\overline{)197}\begin{array}{r}5\\\underline{195}\\2\end{array}$$

当除数不接近整十数时，如 26，37，14，46 等数，则可以分别看作 25，35，15，45 来试商。

学生需要做大量的练习，才能逐步掌握试商的方法和技巧。

学生还应学会怎样用乘法检验除法的结果是否正确。通过检算，他们就能发现错误并加以改正。

除法的教学也应结合应用题进行。

思考与练习

1. 分别举例说明等分除法和包含除法的意义及它们与乘法的关系。

2. 为什么 0 不能做除数？

3. 怎样用图来说明除法对加法的分配律？

4. 怎样在扩展基本除法的基础上学习除数是一位数的除法？

5. 除数是两位数的除法怎样试商？

6. 怎样教学有余数的除法？

第五节　分数的运算

一、分数的加减法

(一)同分母分数的加减法

对于同分母分数的加减法，学生应循序渐进地学习。

1. 看图计算

在学生已经从具体水平开始理解分数意义的基础上，同分母分数的加减法的学习可以从看图计算这种半具体水平开始。例如，图6-6、图6-7。

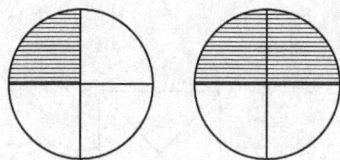
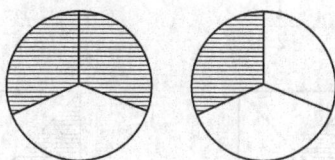

$$\frac{1}{4}\text{个圆} \qquad \frac{1}{4}\text{个圆} \qquad\qquad \frac{2}{3}\text{个圆} \qquad \frac{1}{3}\text{个圆}$$

$$\frac{1}{4}+\frac{2}{4}=\frac{3}{4} \qquad\qquad\qquad \frac{2}{3}-\frac{1}{3}=\frac{1}{3}$$

图 6-6 　　　　　　　　　　　　图 6-7

2. 利用分数单位计算

$\frac{1}{4}$ 是 1 个 $\frac{1}{4}$，$\frac{2}{4}$ 是 2 个 $\frac{1}{4}$，$\frac{1}{4}$ 叫这两个分数的分数单位。同样，$\frac{2}{3}$ 和 $\frac{1}{3}$ 的分数单位都是 $\frac{1}{3}$。分母是几的分数，它的分数单位就是几分之一；分子是几，就有几个分数单位。同分母分数的加减法可以利用分数单位来做：

$$\frac{1}{4}+\frac{2}{4}=1\text{个}\frac{1}{4}+2\text{个}\frac{1}{4}=3\text{个}\frac{1}{4}=\frac{3}{4},$$

$$\frac{2}{3}-\frac{1}{3}=2\text{个}\frac{1}{3}-1\text{个}\frac{1}{3}=1\text{个}\frac{1}{3}=\frac{1}{3}。$$

分数单位再次揭示了计数单位在计数和计算中起着基本的作用。

3. 同分母分数加减法的计算法则

利用分数单位的计算表明，同分母分数相加减，只需把分子相加减，分母不变：

$$\frac{1}{4}+\frac{2}{4}=\frac{1+2}{4}=\frac{3}{4}, \qquad \frac{2}{3}-\frac{1}{3}=\frac{2-1}{3}=\frac{1}{3}。$$

　　而分子的加减运算就是自然数的加减运算，由此可知，**加法的交换律、结合律对同分母分数的加法也成立。**

　　(二)异分母分数的加减法

　　1. 看图计算

　　异分母分数的加减法是学生碰到的一种很生疏的运算，他们不知怎么处理，往往会把分子分母分别相加减。教师应当通过实际例子让他们自己认识到不能这样做，并找到正确的计算方法。例如，让他们观察并未尝试解答下面的问题(图6-8)。

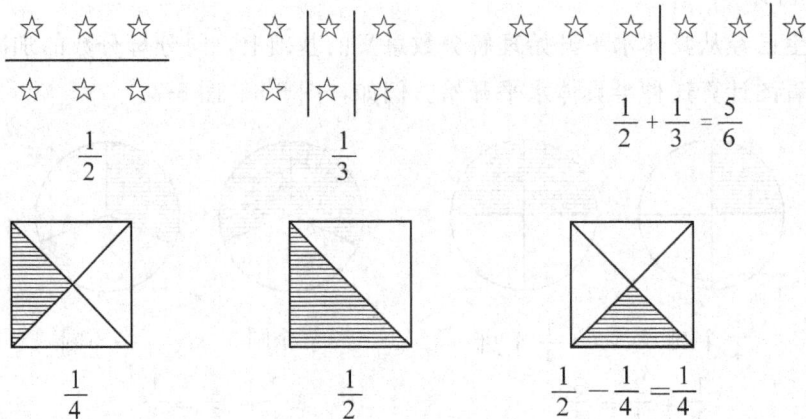

$$\frac{1}{2} + \frac{1}{3} = \frac{5}{6}$$

$$\frac{1}{2} - \frac{1}{4} = \frac{1}{4}$$

图 6-8

再引导儿童发现：

$$\frac{1}{2} = \frac{3}{6}, \quad \frac{1}{3} = \frac{2}{6}, \quad \frac{1}{2} + \frac{1}{3} = \frac{3}{6} + \frac{2}{6} = \frac{5}{6},$$

$$\frac{1}{2} = \frac{2}{4}, \quad \frac{1}{2} - \frac{1}{4} = \frac{2}{4} - \frac{1}{4} = \frac{1}{4}。$$

　　通过一定数量的例子，学生概括出：异分母的分数相加减，先化成同分母的分数，再加减。

　　这样，异分母分数的加减法又转化为同分母分数的加减法。于是我们又得出：加法的交换律、结合律对异分母分数的加法也成立。至此我们可以断定：自然数加法的交换律、结合律对分数加法都成立。

　　为了将异分母的分数化成同分母的分数，需要学习通分；为了化简分数则需要约分。通分和约分又以公倍数和公因数的知识为基础。

　　2. 最小公倍数和最大公因数

　　求两个数的最小公倍数和最大公因数有三种方法。

(1)列举法。

这种方法直接根据最小公倍数和最大公因数的定义来求，是最"原始"的方法。例如要求 24 和 36 的最小公倍数，先按从小到大的顺序，分别列出它们的非 0 倍数。

24 的倍数：24，48，72，96，120，144，168，192，216，…

36 的倍数：36，72，108，144，180，216，252，…

让学生观察两行倍数，找出其中的公倍数是：72，144，216，…由此得出 24 和 36 的最小公倍数是 72。

求最大公因数则先按从小到大的顺序，分别列出它们的因数。

24 的因数：1，2，3，4，6，8，12，24。

36 的因数：1，2，3，4，6，9，12，18，36。

它们的公因数是：1，2，3，4，6，12。所以最大公因数是 12。

这种方法儿童容易理解，但比较麻烦。

(2)分解质因数法。

用这种方法，顾名思义，先要分解质因数：

$$24＝2×2×2×3, 36＝2×2×3×3。$$

24 的倍数能被 24 整除，因而能被 24 的所有质因数整除，也就是说，24 的所有质因数都是它的倍数的质因数。同样，36 的所有质因数都是 36 的倍数的质因数。所以，24 和 36 的公倍数必须有 2 和 3 两种质因数；24 有 3 个质因数 2，36 有 2 个质因数 2，24 和 36 的公倍数必须有 3 个质因数 2，而不是 2 个；24 有 1 个质因数 3，36 有 2 个质因数 3，24 和 36 的公倍数必须有 2 个质因数 3，而不是 1 个。这样选出来的是作为 24 和 36 的公倍数应具有的质因数的最少个数，所以就是 24 和 36 的最小公倍数：$2×2×2×3×3＝72$。

24 和 36 公有的质因数都是它们的公因数，如 2 和 3 都是它们的公因数。这些质因数的积也是它们的公因数，如 $2×2$，$2×3$，$2×2×3$ 都是它们的公因数。因为能被两个 2 整除就能被 4 整除；既能被 2 又能被 3 整除，就能被 6 整除，等等。而最大公因数就是由尽可能多的公有的质因数相乘而得到的公因数。按这个规则，24 有 3 个质因数 2，36 只有 2 个质因数 2，因此公有的质因数最多是 2 个 2；24 有 1 个质因数 3，36 有 2 个质因数 3，只能取 1 个 3。于是得 24 和 36 的最大公约数是：

$$2×2×3＝12。$$

(3)短除法。

这种方法是分解质因数法的简便写法。先像右边那样用短除法找出 24 和 36 的所有质因数。显然，左边的 2、2、3 是 24 和 36 的所有公共质因数，所以它们的最大公因数就是这三个数的积。下边的 2 是 24 的质因数，3 是 36 的质因数。按照分解质因数法，24 和 36 的最小公倍数是三个除数和两个余数的乘积，即

$$2\times2\times3\times2\times3=72。$$

以上三种方法中，第一种容易理解，但是比较麻烦。第二种理解起来比较困难，但这种方法还可以解决大量的其他问题，意义很大。第三种方法与第二种的原理相同，但写法简洁明了，便于计算。我国的小学数学以前一直采用短除法，在本轮课程改革中，大概是因为不好理解，人教版新教材改用列举法。

许多情况下不需要这样按部就班地做：

①如果数 a 是数 b 的倍数，那么 a 就是 a，b 的最小公倍数，b 就是 a，b 的最大公因数。例如，9 和 18 的最小公倍数是 18，最大公因数是 9。

②如果 a 与 b 都是质数，那么它们的最小公倍数就是 a 与 b 的积，最大公因数是 1。例如，3 和 5 的最小公倍数是：$3\times5=15$。

③如果 a 是质数，而 b 不是 a 的倍数，那么它们的最小公倍数就是 a 与 b 的积，最大公因数是 1。例如，7 是质数，18 不是 7 的倍数，7 与 18 的最小公倍数是：$7\times18=126$。

④如果 $a>b$，那么 a 的倍数中，能整除 b 的最小倍数就是 a，b 的最小公倍数。例如，$36>24$，$2\times36=72$，72 是 24 的倍数，所以 24 与 36 的最小公倍数是 72。因此在求两个数的最小公倍数时，可以将大数逐次加倍，加到能被小数整除时，这个倍数就是它们的最小公倍数。

3. 通分和约分

(1)通分。

通分就是根据分数的基本性质，把分数的分子和分母都乘一个不为 0 的数，从而把异分母的分数化成同分母的分数。传统的教学通常都要先找出分母的最小公倍数再通分，将两个异分母的分数化成以最小公倍数为公分母的分数，再进行加减运算。但实际上，以任何公倍数为公分母都能达到计算的目的。很多情况下，直接将分母之积作公分母反而更简单。

(2)约分。

根据分数的基本性质，把一个分数的分子、分母都除以一个不为 0 的数，使分数变得简单，叫约分。约分有逐次约分和一次性约分两种方法。一次性约分即将分子、分母都除以它们的最大公因数，使分子分母变成互质数。这种分数称为最简分

数。最大公因数还有其他许多应用。

二、分数的乘法

(一)分数乘整数

分数乘整数的意义与整数乘法的意义相同，即求几个相同的分数的和的简便运算。例如，$\frac{2}{3}\times 4$ 表示 4 个 $\frac{2}{3}$ 相加。这一意义学生容易理解。

由分数乘整数的意义立即得出分数乘整数的法则：

$$\frac{2}{3}\times 4=\frac{2}{3}+\frac{2}{3}+\frac{2}{3}+\frac{2}{3}=\frac{2+2+2+2}{3}=\frac{2\times 4}{3}=\frac{8}{3}。$$

就是说，分数乘整数，把这个整数与分数的分子相乘作积的分子，分母不变。这一法则儿童也不难掌握。

(二)整数乘分数

整数乘分数的意义与整数乘法的意义不同，$4\times\frac{2}{3}$ 不能说是 $\frac{2}{3}$ 个 4 相加。其意义要根据整数乘法的实际意义来加以推广。一个量乘整数的意义是，求这个量的若干倍是多少。

例 6.1 火车每小时行驶 120 km，照这样的速度，3 小时行驶多少千米？

分析：根据"路程＝速度×时间"的数量关系，算式是：

$$120\times 3。$$

其意义是：求 120 的 3 倍是多少。

把这个例子改为：火车每小时行驶 120 km，照这样的速度，$\frac{1}{3}$ 小时行驶多少千米？

数量关系与上题相同，算式应该是：

$$120\times\frac{1}{3}。$$

根据这个实际问题，这个算式的意义是求 120 的三分之一是多少。因此，这个分数乘法的计算方法是：

$$120\times\frac{1}{3}=120\div 3=40(km)。$$

如果再增加一问：

$\frac{2}{3}$ 小时行驶多少千米？

则是求 120 的三分之二是多少，计算方法是先求出 120 的三分之一是多少，再乘 2：

$$120 \times \frac{2}{3} = 120 \div 3 \times 2 = 40 \times 2 = 80 (\text{km})。$$

因为　　$120 \div 3 \times 2 = \frac{120}{3} \times 2 = \frac{120 \times 2}{3}$，

所以　　$120 \times \frac{2}{3} = \frac{120 \times 2}{3} = \frac{240}{3} = 80 (\text{km})。$

由此我们得出：整数乘分数，把整数与分子相乘作积的分子，分母不变。

(三)分数乘分数

整数乘分数的意义是求这个整数的几分之几是多少，分数乘分数的意义则是求这个分数的几分之几是多少。

例 6.2　拖拉机每小时耕地 $\frac{3}{4}$ 公顷，$\frac{1}{2}$ 小时耕地多少公顷？

分析：因为"耕地面积＝每小时耕地面积×耕地时间"，所以得到算式：

$$\frac{3}{4} \times \frac{1}{2}。$$

其意义是：求 $\frac{3}{4}$ 的二分之一是多少。求 $\frac{3}{4}$ 的二分之一也就是把 $\frac{3}{4}$ 缩小为原来的 $\frac{1}{2}$，而把一个分数缩小为原来的 $\frac{1}{2}$ 相当于把它的分母扩大为原来的 2 倍，于是我们得到算式：

$$\frac{3}{4} \times \frac{1}{2} = \frac{3}{4 \times 2} = \frac{3}{8}。$$

这是有一个分数的分子是 1 的两个分数相乘，下面再看两个分数的分子都不是 1 的乘法。例如：拖拉机每小时耕地 $\frac{2}{3}$ 公顷，$\frac{3}{4}$ 小时耕地多少公顷？

算式是：$\frac{2}{3} \times \frac{3}{4}$。其意义是求 $\frac{2}{3}$ 的四分之三是多少。所以可以计算：

$$\frac{2}{3} \times \frac{3}{4} = \frac{2}{3} \div 4 \times 3 = \frac{2}{3 \times 4} \times 3 = \frac{2 \times 3}{3 \times 4}。$$

这表明，两个分数相乘，只需将分子、分母分别相乘即可。由此我们可以得出：**分数乘分数，把分母与分母相乘作积的分母，分子与分子相乘作积的分子。**

三、分数的除法

(一)分数除以整数

分数除以整数的意义与整数的等分除法相同。

例 6.3　一台拖拉机 4 小时耕地 $\frac{4}{5}$ 公顷，每小时耕地多少公顷？

分析：这是一道等分除法题，算式是 $\frac{4}{5}\div 4$，即把 $\frac{4}{5}$ 公顷平均分为 4 份，求每份是多少。或者说，要把 $\frac{4}{5}$ 公顷缩小为原来的 $\frac{1}{4}$。学生很容易看出，答案是 $\frac{1}{5}$ 公顷，即把分子 4 平均分为 4 份或除以 4。

算法是：

$$\frac{4}{5}\div 4=\frac{4\div 4}{5}=\frac{1}{5}（公顷）。$$

进一步可以让学生思考：一个工程队建设一项工程，4 天完成了这项工程的三分之二，平均每天完成这项工程的几分之几？

算式是：$\frac{2}{3}\div 4$。

然后思考它的算法。这个算式的难点在于分子 2 除以 4 不能得整数。这时教师可以提醒学生，除了缩小分子外，我们还有别的方法缩小一个分数吗？学生可以想到，扩大分母也可以缩小分数，分母扩大为原来的几倍，分数就缩小为原来的几分之一。于是得到计算方法是：

$$\frac{2}{3}\div 4=\frac{2}{3\times 4}=\frac{2}{12}=\frac{1}{6}。$$

把分子除以一个数会碰到不能整除的情况，但把分母乘一个数就没有这个问题。因此这种方法具有一般性。把 $\frac{2}{3}$ 的分母乘 4 相当于把 $\frac{2}{3}$ 乘 $\frac{1}{4}$，即乘 4 的倒数。由此我们可以把这种方法表述为：

分数除以整数，等于乘这个整数的倒数。

(二)分数除以分数

分数除以分数的意义需要从实例引入。

例 6.4　小明 2 小时走了 6 km，平均每小时走多少千米？小红 $\frac{2}{3}$ 小时走了 $\frac{11}{12}$ km，照这样的速度，平均每小时走多少千米？

分析：第一问的数量关系是"速度＝路程÷时间"，算式是 $6\div 2$，其意义是已知一个数的 2 倍是 6，求这个数是多少。

第二问的数量关系相同，算式应该是 $\frac{11}{12}\div\frac{2}{3}$。

其意义是：已知一个数的三分之二（或 $\frac{2}{3}$ 倍）是 $\frac{11}{12}$，求这个数是多少。

再思考算法，可以这样想：因为 $\frac{2}{3}$ 是两个 $\frac{1}{3}$，可以先把 $\frac{11}{12}$ km 平均分为 2 份，得出 $\frac{1}{3}$ 小时走了多少千米；再将得数乘 3，就得到每小时走多少千米。即：

$$\frac{11}{12}\div\frac{2}{3}=\frac{11}{12}\div 2\times 3=\frac{11}{12}\times\frac{1}{2}\times 3=\frac{11}{12}\times(\frac{1}{2}\times 3)=\frac{11}{12}\times\frac{3}{2}(km)。$$

于是我们得到：**分数除以分数，等于乘这个分数的倒数。**

综合前面分数除以整数的法则，我们得到：

分数除以一个数，等于乘这个数的倒数。

思考与练习

1. 如果学生在做分数加减法时，把分子与分子相加减、分母与分母相加减，你怎样使他明白这样做是错误的？

2. 用短除法求几个数的最大公因数只需除到这几个数变成互质数为止，求最小公倍数则需除到每两个数都互质为止，这是为什么？

3. 为什么要用实例来引入一个数乘或除以分数的意义？

4. 举例说明分数乘分数的法则。

5. 蜂鸟每分钟飞 $\frac{3}{10}$ km，$\frac{2}{3}$ 分钟飞多少千米？用线段图表示这道题的数量关系。

6. 用线段图表示例 6.4 的数量关系。

7. 举例说明分数除以分数的法则。

▶第六节   小数的运算

一、小数加减法的教学

我国小学从四年下学期开始学习小数的加减法。教学的方法是直接告诉学生，小数加减法的竖式计算方法是将小数点对齐，然后像整数加减法一样计算。由于学生对整数竖式加减法十分熟悉，所以很容易学会计算方法，然而往往并不理解为什么要这样做。

《美国现代小学数学》中则利用分数来做小数加减法。例如：

$0.2+0.3=$ 2个十分之一 $+$ 3个十分之一 $=$ 5个十分之一 $=0.5$，

$0.5-0.3=$ 5个十分之一 $-$ 3个十分之一 $=$ 2个十分之一 $=0.2$。

这种计算虽然能使学生明白计算的道理，但比较烦琐。

那么是否有既能使学生明白道理，又比较简便的方法呢？回答是肯定的。从小数产生的历史我们发现，小数来自十进制计量单位，小数在生活中用得最多的也是表示物价、长度等。因此我们可以利用十进制计量单位来学习小数的加减法。方法是让学生做以下的改写练习：

5元4角7分＋3元零2分，   5米3分米5厘米－4米2分米4厘米，

5.47元＋3.02元，   5.35米－4.24米。

然后进入竖式的学习，让学生进行下列两种竖式的对比计算，如

```
      5 元 4 角 7 分                    5.47
  +   3 元 0 角 2 分        ⟶      + 3.02
  ─────────────────                ────────
      8 元 4 角 9 分                    8.49


      5 米 3 分米 5 厘米                5.35
  -   4 米 2 分米 4 厘米      ⟶      - 4.24
  ─────────────────                ────────
      1 米 1 分米 1 厘米                1.11
```

让学生做足够多的练习，先做不进位的，后做进位的。通过大量的练习，最后学生可以发现：小数竖式加减法要对齐数位，而只要对齐了小数点就对齐了数位；对齐小数点后，其计算方法与整数竖式加减法完全相同。

二、小数乘法的教学

(一)小数乘整数

小数乘整数的意义与整数乘法的意义相同，即求几个相同小数的和的简便运算。例如：

冰激凌 2.5 元一支，买 3 支共需多少钱？

算式是：　　2.5×3。

因为 2.5 元＝25 角，所以这个乘法可以化成整数乘法来做：

$$
\begin{array}{r} 2.5 元 \\ \times\quad 3 \\ \hline 7.5 元 \end{array}
\longleftrightarrow
\begin{array}{r} 2\,5 角 \\ \times\quad 3 \\ \hline 7\,5 角 \end{array}
$$

这个例子启示我们，小数乘整数可以转化为整数乘法来做。例如：

$$0.36×5=1.8$$

$$
\begin{array}{r} 0.3\,6 \\ \times\quad 5 \\ \hline 1.8\,0 \end{array}
\quad
\begin{array}{c} \text{扩大为原来的}\\ \text{100倍} \\ \longrightarrow \\ \text{缩小为原来的}\\ \frac{1}{100} \\ \longleftarrow \end{array}
\quad
\begin{array}{r} 3\,6 \\ \times\quad 5 \\ \hline 1\,8\,0 \end{array}
$$

也就是说，像整数乘法一样，一个因数扩大为原来的 100 倍，积也扩大为原来的 100 倍。因此把积缩小为原来的 $\frac{1}{100}$，就得到了正确的积。

化成分数计算可以看出其中的道理：

$$0.36×5=\frac{36}{100}×5=\frac{36×5}{100}=\frac{180}{100}=1.80=1.8。$$

再让学生计算多个不同的例子：

$$
\begin{array}{r} 1\,2.5 \\ \times\quad 4 \\ \hline 5\,0.0 \end{array}
\qquad
\begin{array}{r} 3.0\,5 \\ \times\quad 6 \\ \hline 1\,8.3\,0 \end{array}
\qquad
\begin{array}{r} 1.0\,6 \\ \times\,2\,4 \\ \hline 4\,2\,4 \\ 2\,1\,2 \\ \hline 2\,5.4\,4 \end{array}
\qquad
\begin{array}{r} 5.0\,0\,8 \\ \times\quad 3\,5 \\ \hline 2\,5\,0\,4\,0 \\ 1\,5\,0\,2\,4 \\ \hline 1\,7\,5.2\,8\,0 \end{array}
$$

并通过估算来确定积的小数点的位置。例如，3.05×6 的积应大于 3×6 的积而小于 4×6 的积，所以积应该有两位小数。观察因数的小数位数与积的小数位数，学生可以发现，乘积的小数位数与因数的小数位数总是相同的，其道理也可以化成分数乘法来说明。最后得出：小数乘整数，先按整数乘法计算，再给积点上小数点；因数有几位小数，积就有几位小数。

需要提醒学生注意：计算积的小数位数时，应把最末尾的 0 算在内。

(二)小数乘小数

小数乘小数的意义也应当从实例引入：

一间房间长 4.2 m，宽 3.6 m，它的面积是多少平方米？

按照长方形的面积公式，算式是：4.2×3.6。

因为 4.2 m＝42 dm，3.6 m＝36 dm，所以这道小数乘法也可以转化成整数乘法：

$$
\begin{array}{r}
4.2 \\
\times\ 3.6 \\
\hline
2\,5\,2 \\
1\,2\,6\ \ \\
\hline
1\,5.1\,2
\end{array}
\qquad
\begin{array}{c}
\xrightarrow{\text{扩大为原来的}10倍} \\
\xleftarrow{\text{缩小为原来的}\frac{1}{100}}
\end{array}
\qquad
\begin{array}{r}
4\,2 \\
\times\ 3\,6 \\
\hline
2\,5\,2 \\
1\,2\,6\ \ \\
\hline
1\,5\,1\,2
\end{array}
$$

这个问题的好处是，房间的长、宽和面积都是学生熟悉的，他们不至于认为房间的面积是 151.2 m² 或 1.512 m²。

然后可以让学生猜想：小数乘小数，积的小数位数与两个因数的小数位数有什么关系？

学生不难提出：积的小数位数等于两个因数的小数位数的和。再让他们做一些题来验证这个猜想，如

(1)一块玻璃长 1.2 m，宽 0.85 m，它的面积是多少平方米？

(2)苹果的价格是 5.5 元/kg，买 1.5 kg 需要多少钱？

(3)小明骑自行车每小时行驶 9.5 km，照这样的速度，2.5 h 可以行驶多少千米？

列出竖式计算，分别是：

$$
\begin{array}{r}
1.2 \\
\times 0.8\,5 \\
\hline
6\,0 \\
9\,6\ \ \\
\hline
1.0\,2\,0
\end{array}
\qquad
\begin{array}{r}
5.5 \\
\times\ 1.5 \\
\hline
2\,7\,5 \\
5\,5\ \ \\
\hline
8.2\,5
\end{array}
\qquad
\begin{array}{r}
9.5 \\
\times\ 2.5 \\
\hline
4\,7\,5 \\
1\,9\,0\ \ \\
\hline
2\,3.7\,5
\end{array}
$$

这些生活中常见的问题学生不难对结果做出估算：玻璃的面积大约是 1 m²；苹果如果每千克 6 元，那么 1.5 kg 是 9 元，所以实际钱数是 8 元多；自行车如果每小时行驶 10 km，那么 2.5 小时行驶 25 km，所以实际行驶的路程应略小于 25 km。经过估算，学生增强了对猜想的信心。把小数化成分数可以看出其中的道理：

$$1.2\times0.85=\frac{12}{10}\times\frac{85}{100}=\frac{12\times85}{10\times100}=\frac{1\,020}{1\,000}=1.020=1.02。$$

由此得出，小数乘小数也像整数乘法一样，两个因数一共扩大了多少倍，积也

扩大多少倍。

于是我们得到小数乘法的法则：**小数乘小数，先当作整数相乘，再确定积的小数位数。积的小数位数就等于两个因数的小数位数的和。**

三、小数除法的教学

1. 小数除以整数

小数除以整数的意义与整数等分除法的意义相同，即把作为被除数的小数平分成几份，求一份是多少。这是学生容易理解的。

小数除以整数的计算方法可以通过实例得出。

例 6.5 王鹏想用零花钱买一本童话书，价格是 22.4 元。他打算用四周的时间攒够买书的钱，他每周平均要积攒多少元零花钱？

然后用以下两种方法计算：

$$
\begin{array}{l}
22.4\ 元＝224\ 角，\\
224 \div 4＝56（角），\\
56\ 角＝5.6\ 元。
\end{array}
\qquad
\begin{array}{r}
5.6 \\
4\overline{)22.4} \\
\underline{20} \\
2\ 4 \\
\underline{2\ 4} \\
0
\end{array}
$$

左边的算法是先把元化成角，使被除数变成整数，计算后再化成小数。右边则是跟整数除法一样用竖式计算，对照左边学生可以发现，用竖式求得的商应该有一位小数。再做几道类似的题目，学生就可概括出，小数的竖式除法与整数相同，只要把商的小数点与被除数的小数点对齐就可以了。其道理也可以化成分数来说明。

2. 小数除以小数

首先举出实例，使学生明确生活中要用到小数除以小数。例如：

妈妈买了 3.5 kg 西瓜，共用了 8.75 元，西瓜的价格是每千克多少元？

火车从北京出发，到达第一站时用了 1.15 小时，共行驶了 143.75 km，这辆火车的平均速度是每小时多少千米？

小数除以小数可以用两种方法转化为小数除以整数或整数除以整数来计算：

(1)化成分数计算：

$$0.64 \div 0.2 = \frac{0.64}{0.2} = \frac{0.64}{0.2} \times \frac{10}{10} = \frac{6.4}{2} = 6.4 \div 2。$$

$$2.368 \div 0.74 = \frac{2.368}{0.74} \times \frac{100}{100} = \frac{236.8}{74} = 236.8 \div 74。$$

(2)把被除数和除数都扩大相同的倍数，化成整数除以整数或小数除以整数：

$$0.64÷0.2=(0.64×10)÷(0.2×10)=6.4÷2。$$

$$2.368÷0.74=(2.368×100)÷(0.74×100)=236.8÷74。$$

由此可以发现，像整数除法一样，被除数和除数都扩大为原来的 10 倍、100 倍……商不变。利用这一性质，我们总可以把除数转化成整数。通过转化，就可以用已经熟悉的方法来计算了。

实际上，由于小数是整数向低位方向的延伸，整数的计算法则对小数同样适用。前面小数的加法、减法和乘法都表明，小数运算与整数运算具有相同的法则。

思考与练习

1. 为什么要利用十进制复名数来学习小数的运算？

2. 为什么要用学生熟悉的实例来引入小数的运算？

3. 怎样使学生理解小数乘法的法则？

4. 小数除法怎样转化为整数除以整数或小数除以整数？

第七章 四则运算应用题的教学

第一节 儿童解答应用题的心理特点

所谓应用题，顾名思义，就是需要运用数学知识解决的实际问题。在我国传统的小学数学中，应用题分为"简单应用题"和"复合应用题"两类。简单应用题一般指的是常见的、用一步运算就能解决的应用题（但有的一步计算应用题并不简单），复合应用题则指用两步以上的运算解决的应用题。

在我国的小学数学中，应用题其实在很大程度上是为了练习计算安排的。一个明显的体现是，学了某种运算后，安排的应用题就都是用这种运算解答的。这样就容易形成思维定势。应用题不只是为计算提供练习，其教学应达到以下目标：

(1)通过应用题的学习，使儿童懂得数学源于现实，并应用于实际。

(2)培养儿童运用数学知识分析和解决简单实际问题的能力。

(3)通过应用题的教学，培养儿童的数学思维。

解答应用题可以培养学生分析和解决数学实际问题的能力，这就决定了应用题在小学数学中占有重要地位。然而，应用题教学一直是我国小学数学教学的难点。

一、应用题教学的重点和难点

要解决应用题教学的问题，首先要确定应用题教学的重点和难点，才能有的放矢，对症下药。应用题教学的重点和难点是什么呢？传统教学对这一点的看法是高度一致的：难点和重点都是分析应用题的数量关系。

从理论上看，这种观点是很有道理的：应用题无非是给出了一些已知量，要求某个未知量。而已知量之间、已知量与未知量之间存在一定的数量关系，把它们一一弄清楚，未知量的求法也就得出了。然而，教学实践的效果却并不支持这一结论。

常规的应用题的教学一般分为四步：审题、分析数量关系、列式计算、作答。审题通常很简单：先读题，再找出已知条件和问题。然后是"重头戏"——分析数量关系。教师运用分析法或综合法（常常辅以线段图），对数量关系一步一步地进行详细的分析和逻辑推理，甚至画出"方框图"，用箭头表示推理过程，最后引导学生列式解答。

这种教学方法表面上看效果不错，但考试的结果往往令人吃惊：课堂上多次讲过的同类型的题，考试时却有为数不少的学生做不对。问题何在？

认为分析数量关系是重点，这一结论是从对应用题本身的分析中得出的，而没有从实践的层面分析儿童是怎样解应用题的，也就是说没有分析儿童解答应用题的心理过程。

苏联著名教育家苏霍姆林斯基曾组织教师对这个问题进行过深入的调查研究，得出的结论"使这些教师深为惊讶"：某些学生之所以不会解答算术应用题，竟是由于他们不会把题目流利地、有理解地读出来。这些儿童在读题时把精力都用在阅读过程本身上去了，没有剩余的精力去理解所读句子的含义。他们不能把一句话作为统一的整体来感知，更不能前后连贯地、系统全面地理解应用题的题意。

无独有偶，W. 海敦斯在《美国现代小学数学》中也一再强调读题在儿童解答应用题中的重要作用。他列出的解答应用题应遵循的几条基本思路的第一条就是："阅读几遍题目，一定要使你理解它。"并指出："在全班开始做应用题前，让一个孩子大声读题，其余的跟着默念。在儿童尝试解题前，要求他们重读每个题目。仍有读题困难的儿童可以借助盒式磁带录音机。""儿童们在纸上开始做题时，对题目应一读再读。"

以上观点表明：读题是儿童理解题意的基本手段；流利地、有理解地读题是理解题意的标志；理解题意是解答应用题的关键。其实，理解题意是分析数量关系的基础，题意不清，数量关系分析就无从谈起；题意理解不透彻，数量关系的分析也不可能正确。美国著名数学史家 M. 克莱因曾指出，数学家解决问题的一个重要原则是，首先必须彻底弄清问题，他们用于弄清问题的时间比解答问题的时间还要多。看来，这一原则也适用于儿童。

二、两个教学实例

理解题意，常规的教学是在"审题"这一环节中进行的，而"审题"往往只是简单地读一遍，然后问：条件是什么？问题是什么？学生将题目中有数据的句子念出来，就是条件；有问号的句子念出来，就是问题。整个过程一般只有几十秒钟，达不到理解题意的目的。

例 7.1 一道"相遇问题"例题的教学

甲、乙两工程队合修 800 m 公路，甲队每天修 60 m，乙队每天修 76 m。甲队先修 120 m，然后两队一起修，修完共需几天？

教师首先进行"审题"教学，问了"条件""问题"。然后叫一名举手的学生上台做，她的列式是：

$$(800-120)\div(60+76)。$$

显然她所算的时间没有包括甲先修 120 米所用的时间，因而不合题意。这充分说明了能答出"问题"是什么，并不见得就理解了"问题"，而这名学生还是优等生。

例 7.2 改进后的"相遇问题"的教学

把例题教学的重点放在理解题意上，并且按以下步骤进行理解题意的教学：

(1)把题目读几遍；

(2)不看题目，在脑子里回忆这道题；

(3)用自己的话复述题目；

(4)尽量画一张图来表示题意(不要求画标准的线段图，可以画自己喜欢的任何图，只要能表示出题意就行)。

按这种方法教学，结果发现，孩子们在经过这一理解题意的过程之后，大都不需要教师分析数量关系就解出了题目。他们在解答应用题时，理解题意和分析数量关系并不是截然分开的，而是互相融合的。而这一过程的基础就是正确、熟练地理解题意。

三、一项心理实验

20 世纪七八十年代，国外一些认知心理学家的大量研究表明，在小学生的应用题解答中，"儿童对问题情境的表征或者说对题文的理解在解题过程中起着关键作用"。我国中央教科所刘凡也做过类似的实验研究，他使用两组应用题让学龄前儿童解答。

A(目标题)

(1)小明有 3 个苹果，小丽又给他 2 个，现在小明有几个苹果？

(2)小明有 5 个橘子，给了小丽 2 个，小明现在有几个橘子？

(3)小明有 3 块糖，小丽有 2 块糖，他们两人一共有几块糖？

(4)小明和小丽一共有 5 个苹果，小丽有 3 个苹果，小明有几个苹果？

(5)小明有 5 个橘子，小丽有 3 个橘子，小明比小丽多几个橘子？

(6)小明有 3 个苹果，小丽的苹果比小明的多 3 个，小丽有几个苹果？

B(改述题)

(1)小明有 3 个苹果，小丽也有一些，小丽把苹果给了小明 2 个，小明现在有几个苹果？

（2）小明有 5 个橘子，他把自己的橘子给了小丽 2 个，现在小明有几个橘子？

（3）小明有 3 块糖，小丽有 2 块糖，他们两人合起来有几块糖？

（4）小明和小丽的糖合起来有 5 块，这些糖里有 3 块是小丽的，其余的糖是小明的，小明有几块糖？

（5）班里有 5 个小朋友，但只有 3 条小凳子，有几个小朋友没有小凳子坐？

（6）班里有一些小朋友，有 3 条小凳子，现在有 2 个小朋友没有小凳子坐，班里有几个小朋友？

A 组题以一年级教科书及通常采用的标准形式陈述，B 组题与 A 组题的语义结构相同，但表达得更详细、明确。测验结果，B 组题的通过率大大高于 A 组题。实验中发现，在成人看来非常清楚明白的表述，儿童都会产生错误理解。例如，他们不知道第（1）题中"小丽又给他 2 个"这句话包含了小丽也有一些苹果的意思；他们常常曲解"一共"这个词，把"小明、小丽一共有几块糖？"误解为"小明有几块糖？小丽有几块糖？"

实验的结论是："我们的研究表明，解答算术应用题的关键在于解答过程的初级阶段，这个阶段在选择运算或计算策略之前，即构建一个适当的问题表征。实际上，儿童犯的大量错误都是因为错误地理解了问题情境。"

综上所述，教学实践和心理实验都证明，理解题意是应用题教学的关键。应用题教学应把重点放在理解题意上，而应用题的表述应当不惜笔墨，尽量使儿童易于理解。

思考与练习

1. 小学数学应用题的教学应达到哪些目标？

2. 为什么我国小学数学教育界认为应用题教学的关键是分析数量关系？

3. 应用题教学的关键是什么？读题在应用题解答中有什么作用？

4. 怎样帮助学生理解应用题的题意？

▶ 第二节　自然数四则运算简单应用题

一、应用题的现实性

顾名思义，应用题应该具有很强的现实性。但是这个问题并不像想象的那样简单。下面的几道应用题是传统教材中常见的题型：

湖边有 16 只天鹅，飞走 9 只，还剩几只？

学校养 7 只白兔，5 只黑兔，一共养多少只兔？

商店里原有洗衣机 42 台，卖出 24 台，还剩多少台？

小朋友在植树，一共有 17 人，戴帽子的有 5 人，不戴帽子的有几人？

小青第一天吃了 8 个苹果，第二天吃了 5 个，两天一共吃了多少个？

这些题被认为是具备现实性的。然而天鹅很少见；兔子虽然比较常见，但养兔子的小学却几乎从未看到；小朋友一般接触不到商店卖洗衣机的数量问题，他们对此也不感兴趣；计算不戴帽子的人数会令人觉得奇怪；最后一道题可以说是极不合理的。并且这几道题提出的问题对儿童来说都不是很需要弄清的。

有关序数的应用题是学生的一个薄弱环节，有人曾向二年级的学生提问：老师的家住在三楼，你们去老师家要上几层楼？结果大多数说要上 3 层，有几人说要上 6 层（他们把楼梯拐弯处的平台也算作一层楼了）。但是，教材中却几乎没有序数应用题。

应用题要具备应用性，应满足两点：

(1)应用题所说的事是儿童生活中实际存在的；

(2)应用题所提出的问题是儿童需要解决的。

二、自然数加减法简单应用题

简单应用题看起来简单，却有多种类型，尤其是加减法简单应用题的类型很多。但是小学数学教材一般只给出基数问题中最简单的几种，这就不利于培养学生分析和解决实际问题的能力和数学思维能力。

下面就根据这些思想，全面地列出加减法简单应用题的基本类型。由于加法与减法的互逆关系，所以将加减法应用题对比列出，并在每一类中举基数问题和序数问题（如果有的话）各一例。

1. 关于两个量的关系的应用题

加　法

1.1 求两量之和

1.1.1　第一组有 8 名学生，第二组有 7 名学生，两组共有几名学生？

　1.2 求比一个量多几的量

1.2.1 兰兰出生时妈妈 28 岁，兰兰 10 岁时，妈妈多大？

1.2.2 浩浩坐在第一组的第 3 个座位，兰兰坐在他后面的第 3 个座位，兰兰坐在第一组的第几个座位？

减　法

Ⅰ.Ⅰ 求两量之差

Ⅰ.Ⅰ.Ⅰ 明明今年 7 岁，晶晶今年 10 岁，明明比晶晶小几岁？

Ⅰ.Ⅰ.Ⅱ 在一次全班赛跑中明明得了第 7 名，晶晶得了第 10 名，谁的名次高？高几名？

　Ⅰ.Ⅱ 求比一个量少几的量

Ⅰ.Ⅱ.Ⅰ 兰兰出生时妈妈 28 岁，妈妈 38 岁时，兰兰多大？

Ⅰ.Ⅱ.Ⅱ 浩浩坐在第一组的第 6 个座位，兰兰坐在他前面的第 3 个座位，兰兰坐在第一组的第几个座位？

2. 关于整体和部分的应用题

　2.1 已知部分求整体

2.1.1 第一组有 3 名男生、4 名女生，这一组共有几名学生？

　Ⅱ.Ⅰ 已知整体求部分

Ⅱ.Ⅰ.Ⅰ 第一组共有 7 名学生，其中有 3 名男生，女生有几名？

3. 关于初始量、变化量和终结量的应用题

　3.1 求增加后的量

3.1.1 浩浩去年高 95 cm，今年又长高了 2 cm，浩浩今年高多少厘米？

3.1.2 浩浩原来坐在第五排，这一学期他的座位退后了 2 排，现在他坐在第几排？

　3.2 求减少前的量

3.2.1 浩浩在图书馆借了一些书，今天他还了 3 本，还有 5 本没有还，原来他借了几本书？

　Ⅲ.Ⅰ 求减少后的量

Ⅲ.Ⅰ.Ⅰ 昨天的气温是 15℃，今天比昨天降低了 3℃，今天的气温是多少摄氏度？

Ⅲ.Ⅰ.Ⅱ 电梯从 10 楼开始下降了 3 层楼，现在电梯在几楼？

　Ⅲ.Ⅱ 求增加前的量

Ⅲ.Ⅱ.Ⅰ 毛毛今年初的体重是 28 kg，比去年初增加了 4 kg，他去年初的体重是多少千克？

3.2.2 兰兰由于眼睛近视，老师把她的座位往前移了三排，现在她坐在第二排，原来她坐在第几排？

3.3 求变化量

3.3.1 昨天的气温是零下 2℃，今天的气温是 3℃，今天的气温比昨天升高了几度？

Ⅲ.Ⅱ.Ⅱ 兰兰今年在市电子琴比赛中获得第五名，比去年后退了 2 个名次，她去年的名次是第几名？

Ⅲ.Ⅲ 求变化量

Ⅲ.Ⅲ.Ⅰ 兰兰家原来养了 5 只鸡，昨天又孵出了一窝小鸡，现在兰兰家有 17 只鸡了，这一窝小鸡有多少只？

Ⅲ.Ⅲ.Ⅱ 晶晶家住在四楼，兰兰到晶晶家去要上几层楼？

4. 关于两次变化的应用题

4.1 求两次变化的和

4.1.1 昨天气温升高了 2℃，今天又升高了 3℃，今天的气温比前天高几摄氏度？

4.2 已知两次变化的差，求增加变化

4.2.1 兰兰原来在图书馆借了一些书，昨天她还了 4 本，又借了几本，结果她借的书比原来还多了 3 本，昨天她借了几本书？

Ⅳ.Ⅰ 求两次变化的差

Ⅳ.Ⅰ.Ⅰ 公共汽车到站后下了 7 人，上了 5 人，车上的乘客是多了还是少了？多了或者少了几人？

Ⅳ.Ⅱ 已知两次变化的差，求减少变化

Ⅳ.Ⅱ.Ⅰ 小芳原来有一些零钱，昨天她花了一些，今天妈妈又给了她 7 元钱，结果她的钱比原来多了 4 元，昨天她花了几元？

这些问题的数量关系虽然不外乎是"加数＋加数＝和"及"和－加数＝另一加数"，但是它们隐藏在具体情境之中，不熟悉情境，不善于分析问题，仍然找不到正确的解法。经测试证明，教材中未出现的加减法简单应用题的几种类型学生的得分很低；4.2 和Ⅳ.Ⅱ两类是学生最困惑的；序数问题普遍比基数问题得分低。

三、自然数乘除法简单应用题

(一)自然数乘法简单应用题

乘法简单应用题可分为以下几类。

1. 求一个数的几倍是多少

例如：

(1)一个馒头 5 角，一个面包的价钱是馒头的 5 倍，一个面包多少钱？

(2)骑自行车的速度是每小时 10 km，汽车的速度是自行车的 6 倍，汽车的速度是每小时多少千米？

2．求几个相同量的和

例如：

(1)明明家有 5 口人，早餐每人吃 2 个馒头。妈妈让明明去买一顿早餐的馒头，明明应该买几个？

(2)二(乙)班有 6 行座位，每行 7 个座位，二(乙)班有多少学生？

(3)分针走一大格是 5 分钟，走 6 大格是多少分钟？

3．求均匀变化的结果

例如：

(1)飞机从北京起飞，平均每小时飞行 925 km，3 小时后，飞机离北京多少千米？

(2)我国北方沙漠化土地面积已经达到 38.57×10^4 km²，并继续以每年 3.6×10^3 km² 的速度扩展，5 年后我国北方的沙漠化土地将增加多少平方千米？

(二)自然数除法简单应用题

除法简单应用题不外乎包含除法和等分除法两种。

1．等分除法应用题。

例如：

(1)小明家到学校大约有 650 m，小明上学走了 13 分钟。小明平均每分钟大约走多少米？

(2)工人师傅要把一根长 120 cm 的钢筋围成一个正方形，这个正方形的边长是多少厘米？

(3)为了测量一种细铜丝的直径，工人师傅把它一圈紧靠一圈地缠在钢管上，一共缠了 10 圈。然后量出这 10 圈共缠了 1 cm 长，这种铜丝的直径是多少毫米？

2．包含除法应用题

例如：

(1)兰兰家今天来了客人，妈妈招待客人吃中饭。兰兰清点了人数后，取来 16 根筷子。你知道有几人吃饭吗？

(2)冰激凌每支 3 元，10 元钱可以买几支？还要找几元？

(3)光明小学今年新招生 140 人，规定每班不能超过 40 人，这些学生至少要编几个班？

思考与练习

1. 应用题要具备应用性，要满足什么条件？

2. 举一道求比一个量少几的量的序数应用题；举 4.2 类和 Ⅳ . Ⅱ 类应用题各一道。

3. 自然数乘法简单应用题和除法简单应用题各可以分为哪几类？每类列举一道题。

▶第三节 分数乘除法复合应用题

分数乘除法简单应用题的教学，我们已经结合分数乘除法运算的教学做了介绍。分数乘除法复合应用题是小学数学的难点，数量关系比较复杂。目前我国小学数学教育界已经形成共识，较难的复合应用题应该留待以后用方程解决，没有必要为此耗费过多的时间。为此，这一节我们主要研究较简单的分数乘除法复合应用题的教学。

一、分数乘法复合应用题

我们来看看教材中的几道分数复合应用题的例题和习题：

(1)一条公路绿化前的噪声80 dB，绿化后噪声降低了八分之一，这条公路现在的噪声是多少分贝？

(2)一个垃圾场平均每天收到 70 t 生活垃圾，其中可回收利用的垃圾占三分之一，15 天收到的垃圾中有多少吨可回收利用？

(3)人心脏跳动的次数随年龄而变化。青少年心跳每分钟约 75 次，婴儿每分钟心跳的次数比青少年多五分之四。婴儿每分钟心跳多少次？

(4)尼罗河全长 6 670 km，长江比尼罗河的十分之九还长 394 km。长江全长多少千米？

(5)一个大棚共 480 m²，其中一半种各种萝卜，红萝卜地占整块萝卜地的四分之一。红萝卜地有多少平方米？

解答这些题目的关键都在于理解每道题目中的一句话，这句话依次是：绿化后噪声降低了八分之一；其中可回收利用的垃圾占三分之一；婴儿每分钟心跳的次数比青少年多五分之四；长江比尼罗河的十分之九还长 394 km；红萝卜地占整块萝卜地的四分之一。

以上每句话中都有一个几分之几，理解的关键是知道是谁的几分之几。例如，第 3 句的意思是：婴儿每分钟心跳的次数比青少年多，多的次数占青少年心跳次数的五分之四。于是马上就可以求出婴儿心跳比青少年多的次数是：$75 \times \frac{4}{5} = 60$（次）。因而婴儿的心跳次数是：$75 + 60 = 135$（次）。其他各题都与此类似。

这些分数乘法复合应用题实际上都可以分两步解答，第一步一般是一道"求一个数的几分之几是多少"的乘法基本应用题；第二步则是简单的整数加减法或乘除法。因此，解答这些题的关键是第一步。

以上分析表明，解答分数乘法复合应用题的要点有二：一是正确理解题意；二是掌握"求一个数的几分之几是多少"的乘法基本应用题。这说明，理解题意是解答应用题的关键，而乘法基本应用题是复合应用题的基础，只要掌握了乘法基本应用题，解答乘法复合应用题就没有问题了。

这类问题也可以利用"单位"的思想来描述。以第(3)题为例，因为婴儿每分钟心跳的次数比青少年多五分之四，那么以青少年的心跳次数为 1 个单位，婴儿每分钟心跳比青少年多的次数就是 $\frac{4}{5}$ 个单位。一个单位是 75 次，$\frac{4}{5}$ 个单位就是 75 次 $\times \frac{4}{5}$。

二、分数除法复合应用题

分数除法复合应用题是小学数学的难点。下面我们以教材中的一道例题为例，探讨这类应用题的教学。

例 7.3 小明的体重是 35 kg，他的体重比爸爸的体重轻十五分之八，小明爸爸的体重是多少千克？

分析：这道题的困难之处在于，怎样求出小明的体重是爸爸的几分之几。教材采用画线段图的办法来突破这一难点。先画出如下的线段图(图 7-1)：

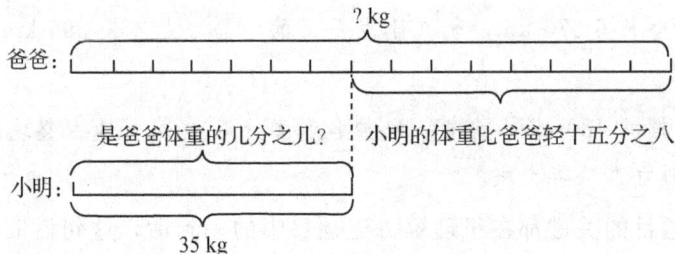

图 7-1

由线段图可看出，如果把爸爸的体重平分成 15 份，小明的体重相当于其中的 (15－8) 份。所以小明的体重是爸爸的十五分之七。

但是我们必须知道应该把爸爸的体重平分成 15 份，才能画出这个线段图。那么为什么要把爸爸的体重平分成 15 份呢？根据是题目中的这句话："他的体重比爸爸的体重轻十五分之八。"其意义是：小明的体重比爸爸的轻，轻的部分占爸爸体重的十五分之八。也就是说，以爸爸的体重为一个单位，则小明的体重比爸爸的体重轻 $\frac{8}{15}$ 个单位。根据分数的意义，所以应该把爸爸的体重平均分成 15 份。

这就是说，只要明白了这句话的意义，就可以知道小明的体重是爸爸体重的十五分之七。再根据分数除法简单应用题的解法，即可求出小明爸爸的体重是：

$$35 \div (1 - \frac{8}{15}) = 35 \div \frac{7}{15} = 125(\text{kg})。$$

教材中这道题是用方程解答的。由以上分析可以看出，只要能正确理解题意，并懂得分数除法基本应用题的解法，解答这类应用题并不困难。这种解法由于具有实际背景，学生容易理解。用方程解答虽然能得出正确答案，但其根据是乘除运算之间的关系，是一种抽象思维，小学生比较难理解。

三、工程问题的特殊解法

传统算术应用题中的"工程问题"有一种特殊解法，即把整个工程看作"1"。例如：

甲、乙两个工程队修一条水渠。若甲队单独做需 10 天完成，乙队单独做需 15 天完成。现在由乙队先做 3 天，余下的工程两队一起做，还需要几天可以完成？

解法是：把整个工程看作"1"，则甲队每天完成十分之一，乙队每天完成十五分之一。算式是：

$$(1 - \frac{1}{15} \times 3) \div (\frac{1}{10} + \frac{1}{15}) = 4\frac{4}{5}(\text{天})。$$

还可以设整个工程为其他数，如 30，则甲队每天完成 3，乙队每天完成 2，算式是：

$$(30 - 2 \times 3) \div (3 + 2) = 4\frac{4}{5}(\text{天})。$$

事实上可设整个工程为任意非 0 的数。这样小学生会感到奇怪，一项那么大的工程，为什么可以看作"1"呢？甚至可以随便设呢？

道理其实就在于单位的选择。虽然我们不知道工程量是多大，但是我们可以选择整个工程量作单位，那么甲队每天完成 $\frac{1}{10}$ 个单位，乙队每天完成 $\frac{1}{15}$ 个单位。也可以选择整个工程量的三十分之一作单位，则整个工程为 30 个单位，那么甲队每天完成 3 个单位，乙队每天完成 2 个单位。理论上我们可以选择整个工程量的 m 分之一（$m \neq 0$）为单位。在一定的范围内单位可以随意选择，这点是儿童不难理解的。例如，长度单位有米、厘米、毫米等，还有市制单位，不同的国家又有不同的长度单位制。我们可以根据需要或喜好来选择。这种解释就顺理成章了。

"选单位"的方法不仅可以用于解答工程问题，还可以用于解答其他应用题。

例如：

图 7-2 是一个园林规划图，其中正方形的四分之三是草地；圆的七分之六是竹林；竹林比草地多占地 450 m²。问：水池占地多少平方米？

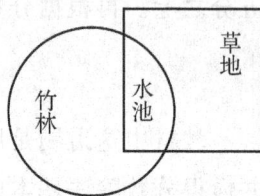

图 7-2

这是第五届华罗庚金杯赛的一道初赛题，解法是：以水池的面积为 1 个单位，那么草地的面积是 3 个单位，竹林的面积是 6 个单位。竹林比草地多 3 个单位。这 3 个单位是 450 m²，所以一个单位是 150 m²。这就是水池的面积。

再如，一个人在临死时对妻子说：你不久要生孩子了，如果生的是男孩，就把我的财产的三分之二给他，你拿剩下的三分之一；如果是女孩，就把我的财产的三分之一给她，你拿三分之二。可是，生下来的却是一男一女龙凤胎，这笔财产究竟应该怎样分呢？

这道题看起来比较复杂，可是如果我们采用"选单位"的方法，却很容易解答：以女孩的财产为 1 个单位，则妻子的财产应为 2 个单位，男孩的财产应为 4 个单位。于是只要将全部财产分成 7 个单位，按以上确定的单位数分配即可。

从上面这几个问题的分析我们看到，恰当地选择单位是解答应用题的好方法。上述例子表明，教学内容科学，学生就容易理解；否则，学生即使会做，也是知其然而不知其所以然。

思考与练习

1. 解答分数乘法复合应用题的关键是什么？
2. 解答分数除法复合应用题的关键是什么？
3. 解答"工程问题"为什么可以设整个工程为"1"？

第八章　图形与几何的教学

▶ **第一节　立体图形与平面图形**

数和形是数学研究的两大领域。研究形的领域称为"几何"。自欧几里得的《几何原本》诞生以来，几何的教学一直沿用这本书的几何体系。欧氏几何从最简单的图形点、线、面开始，逐步增加复杂的程度，由平面图形再到立体图形。从少数几个公理出发，推出一系列的定理，由定理又推出更多的定理，把全部几何知识组织成一个严密的结构。2 000 多年来，这一体系一直备受推崇。

我国的中学几何至今保持着欧氏几何的体系。传统的小学几何初步知识虽然没有逻辑推理，其内容顺序与欧氏几何也是相同的。然而近几十年来，儿童数学学习心理的研究已经揭示，儿童几何观念的发展与欧氏几何的体系并不一致。因此，2000 年开始的基础教育课程改革对小学数学的几何部分做了很大的修改。

一、几何体的认识

儿童认识图形并不是从平面图形开始的，而是从立体图形开始的。因为儿童日常生活中接触到的都是立体，立体是看得见、摸得着的。而面是从体中抽象出来的，面是体的界，面没有厚薄。没有厚薄的面比体更为抽象。同样，线是面的界，线没有粗细；点是线的界，点没有大小。这些都是相当抽象的概念。

(一)认识立体模型

立体图形的认识也应从具体水平开始，即首先认识实物的立体模型。学校应该准备全套的立体模型，并且每个小组都要有一套，这样学生才能进行各种观察和操作活动。而观察和操作活动是认识立体图形必不可少的。教师可以安排以下活动。

1. 分一分

这一活动的目的是，认识立体模型的形状和名称，能把形状与名称联系起来。

给每组准备一套立体模型，同形状的模型不但要有大小的不同，还要有颜色和材料的不同。让各组同学把这些模型按形状分类。分类时要突出是按形状分，不要受颜色、材料，特别是大小的影响。长方体与正方体的相似程度较高，如果学生把它们分在一类，教师也应该肯定，但可以进一步问：这一类还可以再分吗？

分类完成后，教师再与学生一道，给每一类模型命名，并让他们熟悉这些名称。各组可以做这样的活动：一人拿起一个模型，指定某人说出它的名称；或说出一个名称，要求某人拿出这个模型。其他同学判断是否正确。做对了的，则获得提问的权力，做错了的，则需继续回答问题。

2. 说一说

教师让学生观察一个球的模型，然后问：你见过哪些跟球的形状一样的东西？再用同样的方法教学圆柱、长方体和正方体。在教学中要始终突出"形状"。让学生明白，同样是球的物体，它们的颜色、质量、材料都可以不同，只有形状都是相同的。这一活动的目的是使学生懂得，几何体在现实生活中广泛存在，数学是源于现实的；数学只研究物体的形状，不涉及物体的其他性质。

3. 摸一摸

每组准备一套立体模型，小组的同学轮流蒙上眼睛去摸，摸到一个模型要凭感觉说出它的名称。由于看不见，学生要通过感觉想象模型的形状，因此这一活动可以增强儿童的空间想象能力。长方体与正方体的差别小，要给学生充分的时间仔细区分它们。

4. 看一看

让学生从不同的角度轮流观察各个模型，通过观察得出：球从任何角度观察，形状都是一样的。立着的圆柱从四周看，形状是一样的，但从上往下看与从四周看的形状不一样；从上往下看时，角度不同，形状也不一样。正方体如果正对着各个侧面看，形状是一样的，但是上边的面与周围的面看起来不一样；如果斜对着各个面看，斜的角度不同，形状也不同。长方体与正方体很相像，但是它的面并不都相同，因此不同的摆法看起来有不同的形状，等等。

以上活动都应该用立体模型来做，而不应该只让学生观察图片。图片与模型有根本的不同，它们处于不同的抽象水平。

这一活动可以为学生认识抽象的立体图形打下基础。

（二）认识立体图形

几何中的立体图形既有视觉成分也有符号成分。儿童应先认识视觉成分大的图形，逐步过渡到标准的几何立体图形。大致可以分为三步：

1. 认识纯粹的立体模型摄影图

这种图形立体感强，没有明显的轮廓线，看起来很接近实物。但是不像实物那样，会随观察角度的改变而改变。教师应引导学生观察和思考，某一个图是从哪个角度观察得到的，以培养他们的观察能力。

2. 认识有显示立体感的阴影、也有轮廓线的图形

这种图形就是在第一种图形上添上轮廓线，因此也有较强的立体感。它的轮廓线也就是立体图形的轮廓线，去掉显示立体感的阴影就成了立体图形。因此这种图可以作为由投影图到立体图形的一个过渡。

3. 认识只有轮廓线的图形，即标准的立体图形

将第二种图形去掉显示立体感的阴影，就得到这种图形。它们的立体感不强，符号成分很大，儿童需要有一定的空间想象能力才能认识它们。这种空间想象能力需要通过多次将它与前两种图形做对比来建立。

二、平面图形的认识

平面图形是从立体图形中抽象出来的。我们观察各种立体图形的表面，就能得到不同的平面图形。因此，平面图形的认识可以直接承接几何体的认识：观察圆柱的底面和球就得到圆；观察正方体的面得到正方形；观察长方体的面得到长方形；观察三棱柱的底面得到三角形。这样得到的平面图形包括了图形边界内的点，如这样得出的圆是同一平面上到定点的距离不大于定长的点的集合。这正是现代几何的观点，与传统的欧氏几何是不同的。我们知道，传统的平面几何中圆的定义是：到定点的距离等于定长的点组成的图形。这一定义只包括圆周，我国的中学平面几何仍采用传统的定义。

观察立体模型的表面得到的是特殊的多边形。为了认识一般的多边形，可以为学生准备一些多边形和圆形的硬纸片，让学生分组用这些纸片进行分类活动，然后教师再给出每一类图形的名称：三角形、四边形、五边形等。

认识圆、正方形、长方形、三角形的形状和名称后，也要让学生举出生活中常见的具有圆形、正方形、长方形、三角形等形状的物体。举例时不要求学生所举的图形是一个面，如由三条边围成的图形也可以说它具有三角形的形状。这一活动也是要使学生明白，数学来源于现实。

现行小学数学教材中，除了以上两个内容外还有一个内容是画图。由于没有学习这些图形的特点，也没有介绍圆规，教材的安排是用模板来画。这样，这种活动的价值就相当有限了。实际上，即使不介绍这些图形的特点，也还有更有意义的活动：可以为学生准备一些圆形、正方形、长方形、等边或等腰三角形的纸，让他们折一折，就可以发现这些图形的一些特点。

思考与练习

1. 在"分一分"和认识多边形的活动中，都会让学生先分类，再给出各类的名称，这样做有什么好处？

2. 认识立体模型的四个活动的目的分别是什么？

3. 认识立体图形可分为哪三个步骤进行？这三个步骤的思路是怎样的？

4. 现代几何的平面图形与传统几何的平面图形有什么区别？

▶ 第二节　位置与方向

位置与方向是 2000 年基础教育课程改革新增的内容，发达国家早就将这一知识作为小学生必须掌握的知识。位置与方向是现实性很强的知识，确定位置和辨别方向是人类重要的生存本领；这一知识与今后学习平面坐标系也有密切联系。

一、位　置

（一）位置的基本知识

小学数学教材介绍了上下、前后、左右六种位置，安排在一年级的下学期学习。这六种位置都具有相对性，都必须有参照物。

上下以天顶做标准，离天顶越近的越在上方。

前后的情况比较复杂。人的正面为前，背面为后；离目的地越近的越在前面；前进的方向为前方，相反的方向为后方；房屋、汽车、教室、课桌、讲台等事物都有前、后。

左右是以人为标准的，一个物体本来无所谓左右，我们人为地规定在我们右手边的东西或部分为右边，在我们左手边的东西或部分为左边。随着人的位置的变化，左右也会改变，相对的两人，他们的左右是相反的。因此认识左右是学习位置的重点和难点。

这六个方位在生活中用得很多，学生都有丰富的经验，教学应紧密联系生活实际。

小学数学教材把教室中的座位作为"位置"的主要内容之一。学习这一内容的关键，第一，是要确定起点。例如，第一排是从左数起还是从右数起，左右是以教师为标准还是以学生为标准。一般应该从左数起，书本排字就是从左起的。第二，是要明确"行"和"列"的概念，横排叫"行"，竖排叫"列"。应该让学生明确地建立这两个概念。

"座位"与平面直角坐标系的坐标相类似。像平面上的点一样，教室里的座位也可以用两个数字来表示，让学生学习这种表示法可以为今后学习平面直角坐标系打下基础。

（二）学习活动设计

活动一：拍手歌（陶行知）

左手和右手，两个好朋友。

只要勤动手，吃穿样样有。

这一活动的目的是使学生认识左手和右手，并认识左右的相对性。由两名学生相对坐着进行。学生要学会有节奏地念这首歌，并且念到"左手"时相互拍左手，念到"右手"时相互拍右手，交替进行。这个活动为基本活动，由于是两人相对着拍手，充分体现了相对的两人左右手位置相反的特点。边念边拍，可以训练学生身体的协调性。实践也收到了良好的效果。

活动二：长方体游戏

每个同学准备一个长方体(可用文具盒、墨水瓶、牙膏盒等代替)。

(1)每个同学指出长方体的上下、前后、左右，并用笔写在上面；

(2)一个同学把自己的长方体转动一下，说出原来的某个方位变成了另外哪一个方位，同座的另一个同学说出其他五个方位各变成了哪个方位。回答的同学可以看自己的长方体。轮流玩几次。

(3)游戏内容同2，但回答的同学不用长方体，凭想象回答。轮流玩几次。

第三项游戏难度较大，不要求学生回答正确，找出规律。学生答不对，教师也不要讲解或给予帮助。玩这个游戏的目的只是给学生一个问题思考，引起他们的兴趣。

活动三：用两个数字表示座位

在学习完用"第几排第几个"表示座位后，教师指出，用两个数字就可以表示每个人的座位，并举例说明。然后做各种练习活动：教师说两个数字，让它们表示的座位上的同学站起来；让某个同学说出表示他的座位的两个数字；等等。最后，教师告诉学生一种表示座位的简洁记法：(×，×)。让学生练习使用这种记法，如把书上的练习题的答案用这种方法来表示。学习这种方法仍然要确定起点，要使学生明白，两个数字的次序不同，表示的位置也不同。实践证明，一年级的学生对这种活动很感兴趣。

二、方向和角

方向的知识也是在新一轮课程改革后引入小学数学的。一般的小学数学教材在二年级上册介绍"角的初步认识"，三年级下册介绍"位置与方向"。

(一)方向

方向是非常重要的空间知识，辨别方向是基本的生存本领。

方向是用角来描述的。东与西相对，南与北相对，即这两对方向都成180°角。东、南、西、北四个方向，东与南、东与北，西与南、西与北，都成90°角。东北方向与东方或北方成45°角，东南方向与东方或南方成45°角，西北方向与西方或北方成45°角，西南方向与西方或南方成45°角。其他方向，都是用这一方向与东南西北中的某一方向所成的角来描述的。角的这一功能决定了，我们应把角的两边定义为射线。

小学数学中方向的知识分两阶段学习。第一个阶段在三年级，只认识东南西北四个方向。

1. 第一阶段的教学

由于方向存在于现实空间之中，学生学习方向的知识是为了辨别现实空间中的方向，所以，方向的教学应在户外空间中进行。应该把学生带到操场上，让他们找出太阳升起的东方，而与东方相反的方向就是西方。如果我们调整站立的位置，使东方在自己的右边，那么左边就是西方，前面就是北方，后面就是南方。

接着可以让学生探讨：如果背对北方，那么其他方向分别在自己的哪一边？如果面对着东方呢？

在学习了关于方向的这些基础知识后，可以安排如下一些活动。

（1）介绍自己的学校。

例如，介绍学校有几个门，各开向哪个方向？学校内东南西北中各有什么建筑？学校周围东南西北各是什么？等等。

（2）看导游图。

这是生活中经常会碰到的。教师可以准备一张动物园的导游图，导游图应该有两三个门。让学生观察后说出：动物园有几个门，各在什么方向？介绍一下，动物园中东南西北各面都有哪些动物馆？指出到某一个动物馆的路线，如到熊猫馆的路线，等等。

学生看图时首先要确定图的方向（一般都标出了正北），在介绍路线时，首先要确定从哪个门进入。后一点在实际中很重要：我们在动物园看一幅导游图时，首先要知道自己所在的位置，否则就无法确定自己的路线从哪里开始。

（3）画校园的平面示意图。

这一活动是承接第一个活动的。画平面示意图（简称平面图）首先要确定一个方向，比如确定纸的哪一边是东方。从理论上说，这个方向可以任意选定。但是地图通常是按上北下南、左西右东绘制的。教师不必一开始就告诉学生这个约定，而让学生自由选择。这样在画出图后，会出现各种不同的方向。再把这些图摆在一起观察，学生就会发现，这些方向不同的图看起来不方便，从而发现有约定一个方向的必要。这时教师再告诉学生上面的约定，就水到渠成了。

这一阶段由于学生只学了直角，还没有学习角的度量，所以他们只能画出一些建筑物的大致位置。教师可以引导他们先画出正处在东南西北四个方向的建筑物，再画出其他建筑物的大致位置。画平面图还需要测量距离，学生可以用卷尺量，或者用步长来测量。为简便起见，可以只测量几个处于关键位置的建筑物，其他建筑物画出大致位置即可。学生还需要确定一个比例尺，比如用 1 厘米表示 100 米。

画平面图有一些技巧，比如应先把学校中心的部位画在纸的正中。这种技巧也应让学生通过实践来学习。

2. 第二个阶段的教学

第二个阶段安排在四年级，这时学生已经学过角的度量了。利用这一知识，学生可以精确地确定平面图上某一点的位置。这一阶段的学习活动可以分为两类。

(1)看图作业。

先看比较简单的平面图，根据平面图确定图上某一目标物的方向和距离。首先必须确定一个观测点，比如对于学校的平面图来说，可以让学生确定教学楼在旗杆的什么方向，距旗杆多远。旗杆就是观测点。对同一目标物可以选择不同的观测点来观测，使学生懂得方位的相对性。如果观测位置是一座较大的建筑物，还须在这座建筑物中选定一个观测点，如可以选择它的中心点或门的位置作观测点。学生需要选定一个方向，然后用量角器量出观测点到目标物的连线与这个方向所成的角。要确定距离，还需要利用比例尺。

然后看普通的地图，做与前面类似的活动。例如，确定某个城市相对于另一个城市来说的方向和距离。活动的过程和需要的知识都与上面相同，但地图要复杂得多。

做这两个活动都需要大量的图，至少每组需要一个。教师可以用教材上的图复印，或者自制平面图再复印。这两种活动都需要多次进行，以便学生熟练掌握其中的知识和操作技能。

(2)画平面图。

由于这时学生已学过角的度量，所以理论上他们可以画出目标物的精确位置。但是由于我国的小学一般没有测量角度的工具，实际上还是难以做到。解决的办法，一是自制简单的测角器。简单的测角器制作很容易，花钱也不多。二是由教师给出各个建筑的角度。这样就只是一种练习而已，但仍然可以培养学生的作图能力，让学生学到一些知识。

"方向"这一内容是很有价值的数学教育材料，它包含丰富的知识：方向，角，长度等。长度的测量一般不是一次就能完成的，有时也需要学生做加法计算，当用步长测量时则必须做乘法。除此之外，也更能培养学生的动手能力。

(二)角

1. 角的意义

角的教学，首先要明确角的意义，即数学里为什么要有"角"这个概念？在小学数学中，角的意义有以下几点：

(1)描述方向。前面已经说了。

(2)描述圆周运动。做圆周运动的物体有两种速度。一种是在单位时间内通过的路程，这种速度叫线速度，与直线运动的速度概念相同。另一种是在单位时间内通过的路程与圆周的比。例如，小手表的分针与大钟的分针，它们的尖端在 15 分钟里所走的路程都是整个圆周的四分之一。用角的概念来描述就是，它们在 15 分钟里都转过了 90°角。这种速度叫角速度。这两根针的尖端的线速度相差很大，但角速度却是相同的。圆周运动的这种特点，必须用角来描述。

(3)描述两条直线的位置关系。所谓两条直线互相垂直，就是它们相交成 90°角。两条相交直线的位置关系，只要说出它们相交所成的角度就可确定。两条直线平行，则它们与第三条直线相交所成的同位角相等。两条直线重合，则它们所成的角是 0°。

(4)角是多边形的一个元素。

由以上的(1)(2)(3)可知，角的两边应定义为射线，角的边画长一点或短一点，对角的大小没有影响。

用于描述方向，一般只用小于 90°的角，如北偏东多少度，西偏南多少度等。一个平面内的所有方向都在一个圆周上，即在 0°到 360°之中。描述两条直线的位置关系只要 0°到 180°的角就够了。凸多边形的角在 0°到 180°之间。但是物体做圆周运动可以转任意的圈数，既可以顺时针方向转，也可以逆时针方向转。所以描述圆周运动需要度数为任意实数的角。

从小学到中学，角的概念是不断扩张的。小学阶段学习 0°到 180°的角，定义是：从一点出发的两条射线所组成的图形。初中阶段学习 0°到 360°的角，定义是：一条射线绕它的端点旋转，它的起始位置与终止位置所组成的图形。虽然没有对旋转方向做出规定，但实际上只讲逆时针方向旋转的角。从高中起，学习任意角，对角的旋转方向和旋转圈数都不做限制，并把角放在平面直角坐标系中研究。

2. 角的概念的引入

角的概念首先要用实例来引入，那么用什么实例好呢？从以上的分析可以看出，用钟表的时针与分针所组成的图形最好，因为它有以下优点：

(1)非常普遍，为儿童所熟悉；

(2)具有角的形象；

(3)体现了角的两边可长可短，延长角的两边并不影响角的大小；

(4)包含旋转的概念，对今后角的概念的推广有利。

教师可以出示两个大小相差较大的钟，指出这两个钟的钟面一大一小，两根针有长有短，但是它们的分针从"2"走到"3"花的时间都相同。这两根针从开始的位置到最后的位置形成了右边的两个图（图 8-1）。

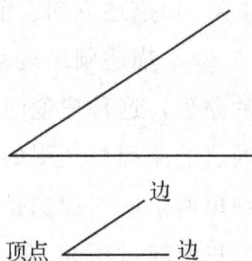

图 8-1

然后教师指出，这样的图叫作角，角有一个顶点，两条边。

3. 角的大小比较

教师承接上面的实例指出，我们已经知道，分针转过上面的两个角，用的时间是一样的。因此我们说，这两个角是相等的。由此我们知道，把角的两边画长一点或者短一点，角的大小不会改变。

那么怎样比较角的大小呢？可以用这样的方法（教师用角的模型演示）：将一个角的顶点和一条边与另一个角的顶点和一条边重叠，如果这个角的另一边落在另一个角的两边之间，那么这个角比另一个角小；如果落在另一个角的两边之外，那么这个角比另一个角大；如果恰好落在另一边上，那么这两个角相等。

如果没有角的大小的正确概念，学生就难以接受墙角的直角与三角板的直角一样大。

4. 角的度量和分类

这里有一个问题：先讲度量还是先讲分类呢？小学数学教材的安排是，首先讲直角，然后讲角的分类，小于直角的角叫锐角，大于直角的角叫钝角。如果用这种方法分类，就必须介绍上述比较两个角大小的重叠法。但实际上，课本对角的大小的意义和比较方法都未做任何说明，而角的度量这时还没有介绍，所以这时说角的大小并无根据。

如果先讲角的度量，那么角的大小和分类都很容易处理，并且锐角和钝角的范围都清楚了。而角的度量方法是具体、直观的，学生容易接受。

思考与练习

1. 怎样使儿童理解左右的相对性？

2. 为什么要把角的两边定义为射线？

3. 用钟表的时针和分针所组成的图形来引入角的概念有什么好处？

▶第三节　平移、旋转和轴对称

　　平移、旋转和轴对称是小学数学"图形与变换"部分的重要学习内容。学习这些内容，有利于学生从运动变化的角度加深对平面图形的认识，发展几何直觉，增进对数学的理解；有利于学生进一步积累"图形与几何"的知识和经验，进一步开展观察、操作、实验、探索的实践，也有利于增强学生对数学的好奇心，提高对"图形与几何"的学习兴趣，激发他们的创新意识。"变换"这个概念是本轮课程改革新引入的，传统的欧氏几何没有这一概念，平移和旋转也是本轮课程改革新增的内容。

一、变换的概念

　　"图形与几何"的研究对象是现实世界中物体和几何图形的形状、大小、位置关系及其变换。形状、大小、位置关系容易理解，但是，什么是变换？变换的数学内涵是什么呢？

　　1. 映象和变换

　　现代几何学是按照集合论的理论，用集合之间的对应关系来描述变换的。一个图形也就是一个点的集合，两个图形的点之间可以建立对应关系。如果一个平面图形变成另一个平面图形，则新图形叫作原图形的映象。原图形的点在映象中的对应点叫这一点的象。如果一个图形的每一个点只对应于它的映象的一个点，并且映象的每一个点也只对应于原图形中的一个点，这样的对应就叫作变换。也就是说，变换就是两个平面图形的点之间的一一对应。

　　2. 保距变换和保角变换

　　能够保持图形的大小和形状不变的变换称为保距变换。在保距变换中，一个图形的映象中的任何两点之间的距离，等于原图形中对应的两点之间的距离。因此，一个图形的映象总是全等于原图形的。保距变换主要有三种：平移变换、旋转变换和轴对称变换。

　　只改变图形的大小，不改变图形的形状的变换称为保角变换。在保角变换中，原图形中所有角的大小都保持不变。一个图形的相似形就是通过保角变换得到的。

　　3. 平移变换、旋转变换和轴对称变换

　　平移变换是最简单的保距变换。如果原图形中的点都沿着平行的路线朝某一个方向运动一个相等的距离而到达它的映象，这样的变换称为平移。对平移来说，原图形中的点到它的象的距离都相等，原图形中的点与它的象的连线都是互相平行的。距离和方向是平移的两个要素。

旋转变换是第二种保距变换。如果原图形中的点都绕着一个固定的点转动一个相同的角度而得到它的映象，这样的变换称为旋转。这一点叫作旋转中心。对于旋转来说，原图形中的点与旋转中心的连线和它的象与旋转中心的连线所成的角，总是相等的。旋转中心、旋转方向、旋转角度是旋转的三个要素。

轴对称变换是第三种保距变换。如果连接原图形的点与它的象的线段都被同一条直线垂直平分，这样的变换称为轴对称变换，每组对应点互为对称点，垂直平分对称点的连线的直线叫作对称轴。对称轴是轴对称变换的要素。

二、平移、旋转和轴对称的特点

(一)平移的特点

(1)平移后的图形与原图形是全等图形，即大小、形状都没有改变。

(2)平移后的图形与原图形的对应点的连线互相平行且相等。

由此可知，平移只改变一个图形的位置，图形的大小、形状、方向都不改变。一个平移由移动距离和移动方向确定。

(二)旋转的特点

(1)每一个旋转都有一个旋转中心，旋转中心在旋转中位置不改变。

(2)旋转后的图形与原图形是全等图形。

(3)原图形的点与旋转中心的连线与它的对应点与旋转中心的连线所成的角都相等。

由此可知，旋转只改变一个图形的方向，图形的大小、形状都不改变。一个旋转由旋转中心、旋转方向和旋转角度确定。

(三)轴对称的特点

(1)成轴对称的两个图形是全等图形。

(2)轴对称图形有一条对称轴，把轴对称图形沿对称轴对折，对称轴两边的图形互相重合。

(3)对称轴垂直平分每一对对称点的连线。

轴对称变换也不改变图形的大小和形状，但图形的位置和方向都要改变。一个轴对称变换唯一地由它的对称轴确定。

三、平移、旋转和轴对称的教学

(一)平移和旋转的教学

1. 认识生活中的平移和旋转现象

平移和旋转这两种变换都来自现实生活，因此，第一步要让学生认识生活中的平移和旋转现象。教师先举出学生熟悉的生活中的平移和旋转的实例，如推窗的移动是平移现象，钟表的针的转动是旋转现象。再让学生举出平移和旋转的实例。

生活中有许多运动是平移和旋转的复合，如转动螺帽时，螺帽既在转动，又沿螺杆的方向移动；火车在平直的轨道上行驶时，火车轮子既不停地旋转，又向前移动。学生如果举了这样的例子，教师就要引导他们做仔细的分析。学生很容易把这种运动看作旋转，特别是对于拧螺帽和开关螺旋形的水龙头这两种现象，由于平移的运动不明显，更容易产生错觉。教师应引导学生进一步仔细思考，可以问：大家都同意吗？有没有不同意见？教师的问话应尽量不表现出自己的倾向。如果没有人提出异议，教师应举出一种类似的、但移动现象更明显的运动让学生判断，比如拧螺丝钉时，螺丝钉的运动。总之，教师要尽可能让学生自己发现问题，得出结论。

旋转现象中还有一种空间中的旋转，这时物体是绕一条轴旋转的，如普通的门的旋转就是这种旋转。在学生中多半会有人举出这类现象作为旋转的例子。这时教师首先应肯定这是一种旋转现象，但又要让学生进一步思考，这种旋转与钟表的针的旋转一样吗？学生容易看出两者的区别。然后教师让学生进一步描述这种区别，引导他们得出：钟表的针在一个面上旋转，而门不在一个面上旋转。之后教师指出，目前我们只研究在一个平面上的旋转。

2. 认识平移和旋转的特点

第二步要让学生认识平移、旋转各有什么特点。这是教学的重点。

首先学生容易发现，平移只移动而不转动；旋转只转动而不移动。旋转有一个旋转中心，旋转中心不动，其他部分都绕旋转中心转动。

平移的基本特点是，图形的每一点移动的方向和距离都相同。这一点学生不易发现。教师应画出图来说明。移动方向相同体现为移动后的图形与原图形的对应点的连线都互相平行并且相等。教师可以选几对关键位置的对应点连成线段让学生观察。

生活中的平移大多是沿水平或竖直方向移动，但实际上，平移可以沿任何方向，只要每一点的移动方向都相同，就是平移。教师要使学生认识到这一点，可以举出实例，如过山车从斜坡轨道冲下来的运动等。还可以用实物演示。

旋转的基本特点是，除旋转中心外，图形的每一点转动的角度都相等，但转过的路程不都相同。这一点也是学生不易发现的。教师首先可以举出实例来说明，如时钟的秒针转动时，秒针上的各个点转过的角度都是相同的，但路程不同。然后画出图来说明。

3. 平移和旋转的作图

教材安排了在方格纸上将一个图形平移或旋转的学习活动，学生要按照要求作出一个图形平移或旋转后的图形。要做到这一点，学生必须根据平移或旋转的特点，确定某一点平移或旋转后的位置。因此，这一学习活动可以使学生透彻理解平移和旋转的特点。

(1)平移的作图。

第一步可以让学生沿水平或竖直方向平移。教师给出平移的方向和距离，由学生在方格纸上画出平移后的图形。第二步让学生在方格纸上进行任意方向的平移。

平移作图的一个重要技巧是，一个图形往往有几个关键点，作出这几个关键点，图形的其余部分就随之确定了。

教师可以为这类活动增加情节和实际意义。例如，设计一个小房子形状的图形作为小兔子的家，小兔子要把家向东方平移 100 m，以便有更多的阳光照射，请小朋友替小兔子把新家的位置画出来。这样学生会更感兴趣，同时他们还要确定比例尺，比如用一格代表 20 m。这样就更有实际意义了。

(2)旋转的作图。

旋转的作图与平移的作图类似，也用方格纸来画。教师同样可以创设情境和实际意义。例如，小兔子建了一座房子，但房子的朝向不对。应该"坐北朝南"，才有充足的阳光，并且冬暖夏凉。请小朋友将小兔子的房子旋转一下，变成坐北朝南。

旋转的作图往往也可以通过确定关键点来简化作图。

利用旋转可以作出一些漂亮的图案，学生很感兴趣。可以让他们适当地进行这种作图。

4. 利用旋转认识图形的性质

(1)认识正方形的性质。

用纸剪裁出一个正方形，连接它的两条对角线。用一颗图钉穿过对角线的交点，把正方形钉在木板上。把正方形绕图钉旋转，通过观察可以发现，每转 90° 正方形就会与原来的位置重合(可以把原来的位置画下来)。由此可知，正方形的四条边、四个角、两条对角线都相等，两条对角线互相平分，所成的四个角都相等。

(2)认识长方形和平行四边形的性质。

用同样的方法旋转一个长方形或平行四边形，可以发现，每转 180°它们就会与原来的位置重合。由此可知，长方形和平行四边形的对边、对角都相等，两条对角线互相平分。

(3)认识等边三角形的性质。

以等边三角形三条高的交点为旋转中心，用同样的方法旋转等边三角形可以发现，每转 120°，等边三角形就会与原来的位置重合。由此可知，等边三角形的三个角、三条边、三条高都相等。

(二)轴对称的教学

1. 认识生活中的轴对称现象

轴对称与平移和旋转不同，平移和旋转在生活中的实例都是一种运动，轴对称则不是运动，而是一种图形。生活中许多常见的图形具有对称性，如红领巾、五角星、国徽等。学生已经学过的一些图形也具有轴对称性，如长方形、正方形、圆、等边三角形等。教师在举例时要注意两点：

(1)轴对称图形是平面图形，因此，像飞机、立正站立的人体等都不是轴对称图形；

(2)轴对称图形是一个严格的数学概念，必须具备沿对称轴对折，对称轴两边的图形重合这一特性。因此即使是人体的平面图也不能说是轴对称图形，因为人体的左右两边总是有微小差异的。

教师可以让学生观察一些对称图形，找出它们的对称轴；举出常见的有对称图形的例子，并指出它们的对称轴。

2. 认识轴对称图形的特点

轴对称图形的特点集中体现在"沿对称轴对折，对称轴两边的图形互相重合"这一点上。由于能重合，所以一个图形与它的轴对称图形全等；如图 8-2，A 与 A' 是一对对称点，连接 A，A'，交对称轴于点 O。由于 A 与 A' 重合，所以 $\angle 1 = \angle 2$。而 $\angle 1 + \angle 2$ 是一个平角，等于 180°，所以 $\angle 1 = \angle 2 = 90°$。也就是说，对称轴垂直平分对称点的连线。教师可以让学生用一个对称图形折一折，然后说出轴对称图形的特点。

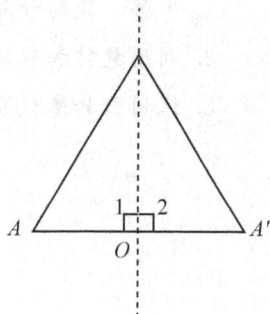

图 8-2

3. 剪轴对称图形

把一张纸对折，剪一个图形，打开后就成为一个轴对称图形，这是一个很好的操作学习活动。这一活动十分具体形象地体现了轴对称图形的特点：对称轴两边的图形互相重合。学生对这种活动也非常感兴趣。

4. 轴对称图形的作图

作轴对称图形也可以使学生透彻理解轴对称图形的性质。在方格纸上画出一个图形的另一半，并使之成为一个轴对称图形，对学生来说，是一个比剪更难的操作。因为学生无法利用对折来确定另一半图形，而必须根据对称轴的数学特性进行逻辑思考。但从另一方面来看，由于学生已有了一些在方格纸上平移图形的经验，加之利用实物剪轴对称图形的感性积累，自主探索解决这一问题的方法也是可行的。教学时，可以先放手让学生独立尝试解决问题，再引导学生仔细分析每一组对应的点与对称轴之间的关系，从而使学生掌握方法，并从中获得对轴对称图形的一些新的认识。作轴对称图形也需要确定几个关键点，然后根据对称轴垂直平分对应点的连线的性质确定它们的对称点。

5. 利用轴对称认识图形的性质

我们学过的许多图形都具有对称性。正方形有 4 条对称轴，长方形有 2 条对称轴，等腰三角形一般有 1 条对称轴，等边三角形有 3 条对称轴，等腰梯形有 1 条对称轴，而圆则有无数条对称轴。让学生找出它们的对称轴和对称轴的条数是很好的学习活动。这些图形的许多性质都可以用对称来说明。用对称还可以发现一些新的性质，如等腰三角形和等腰梯形的底角相等。

思考与练习

1. 平移、旋转和轴对称各有什么特点？

2. 利用旋转和轴对称来认识图形的性质有什么好处？

3. 试用旋转来说明平行四边形的性质。

第四节 长度、周长、面积和体积

一、长 度

(一)长度单位

1. 公制单位和市制单位

由于历史的原因，几乎世界各国都存在公制单位和市制单位并存的现象。历史上许多国家都有传统的度量衡单位，一般各国不统一。公制单位则是在近代和现代发展起来的，其主要特点就是世界通用。

对于这种情况，我国的做法是规定所有出版物都必须使用公制单位。然而发达国家的做法却不同，它们在使用公制单位的同时，并不限制市制单位，在日常生活中使用市制单位更普遍，在各种出版物中也普遍使用市制单位。例如，英美等国仍广泛使用英尺等市制单位作长度单位，美国的小学数学教材有专门的章节介绍市制单位。

市制单位由于有着悠久的历史，实际上已成为一个国家传统文化的一部分。我国有不少成语就与传统度量衡单位有关，如分斤掰两、一落千丈、寸步难行、一泻千里……从这个角度看，发达国家保留市制单位的做法是有道理的。

2. 长度单位教学的两个问题

我国的小学数学教材在单位的内容安排上遵循两个原则。一是分段教学，先学常用的单位。例如，长度单位先学厘米和米两个常用的(安排在二年级上册)，后学毫米、分米、千米三个不那么常用的(安排在三年级上册)。其意图是降低儿童学习的难度。但是这种安排也有弊病：公制长度单位除千米外，其他单位都是十进制的，很有规律。这种安排跳过了中间的分米，就破坏了这一规律。如果将厘米、分米和米同时学习，正好与100以内数的认识一致，儿童学起来就会感到既熟悉又有规律，容易理解和记忆。

二是教学重点放在对长度的体验上，即要求学生凭目测估计出一段距离的长度。这一教学目标对较小的长度如几毫米、几厘米来说已经不容易达到，对较大的长度，如以米为单位的长度则是很难达到的，至于以千米为单位的长度就更是不可能的了。目测一个长度有距离远近的不同，需要大量的经验，远不是通过一两个课时学生就能够掌握的。

(二)长度单位的教学

教材首先安排了一个不用尺的测量活动。这一活动的目的是使学生懂得使用统一的长度单位的必要性。使用的测量单位不同(有的用橡皮,有的用小刀等),就得不到统一的结果,也就不能互相理解。这一环节的教学可以这样进行:

师:同学们知道怎样测量长度吗?

生:用尺来量。

师:量长度为什么要用尺呢?不用尺行吗?

师:下面我们试一试,不用尺,想办法量出数学书的书脊的长度。

(学生分组活动,测量之后介绍测量方法和结果,揭示使用统一的测量单位的必要性。)

第二个活动可以让学生谈一谈他们知道哪些关于长度单位的知识。让学生自己说学生会很兴奋,比听教师讲高兴得多。学生已经知道的,教师再讲,他们就不感兴趣了。

师:我们已经知道,测量长度必须用统一的单位,那么你们知道哪些常用的长度单位呢?关于这些长度单位你们知道哪些知识?请同学们在小组里说一说。

(学生分组讨论,然后各组派代表汇报,汇报时不重复别人已经说了的。教师将学生说出的单位和各单位间的进率板书出来,不局限于厘米和米,必要时加以讲解和概括。)

第三个活动是让学生进行实际测量,教材上这一单元的主要活动就是这种活动。可以让学生测量教室里的各种东西的长度。还可以增加一个活动:先让学生测量自己一拃(zhǎ)的长度,记下来。然后用拃测量课桌的边等东西的长度,测了之后再用尺来验证,看谁量得更准。教师可以先告诉学生,没带尺时,人们常常用这种方法测量长度。

第四个活动是进行长度单位的换算和加减计算。不限于米和厘米两个单位,学生知道的单位都可以用。这类活动最好结合实际测量活动一起进行。例如,以厘米为单位测量某个长度后,如果超过 10 cm,就可让学生换算成几分米几厘米;量出课桌的长和宽,再计算长与宽的和是多少;等等。

二、周 长

周长是学生容易接受和理解的概念,因为学生在生活中早就有了"一周"的概念。对于正方形和长方形来说,它们的周长就是四条边的和,因此更容易理解,并且计算也是很容易的。但是奇怪的是,以往的教学中,却普遍存在学生将周长与面积混淆的现象，以至于小学数学教材曾经专门安排了一节"周长与面积的区别"。

　　教学中出现的不正常的现象，往往是不正确的教学方法造成的。

　　其实，学生混淆的并不是周长与面积，而是周长与面积的计算公式（当然，这里的公式是用文字加数字表示的）。教师一再强调记忆公式，强调公式的重要性，并且要求学生从形式上记忆公式，而不重视让学生理解公式的意义，就会出现这种怪现象。如果学生对学习内容不感兴趣，甚至厌恶，那么哪怕再三强调，他们仍会熟视无睹。

　　其实学生只要明白正方形和长方形的周长就是四边的和，那么不需任何公式他们也会计算。这种计算完全没有必要给出公式，给出公式并不能使问题简化或更容易，反而增加了记忆的负担。小学教师往往认为长方形的周长用（长＋宽）×2 最简便，要求学生记忆这个公式，用这种方法计算。其实这并不是绝对的。例如，对于$(7+9)\times 2$ 与 $7\times 2+9\times 2$，学生可能更愿意计算后者。因为前者要做一道两位数的进位乘法，而后者的两个乘法都是一位数乘法。

三、面　积

(一)面积的意义

　　面积是什么？要下一个定义不容易。人教版教材的说法是："物体的表面或封闭图形的大小，就是它们的面积。"这与汉语词典相同，只是用更通俗的语言解释了一下而已。

　　为了给面积一个更有意义的定义，我们回想一下面积是怎样求出来的。我国的小学教材中首先学习长方形的面积，求法是用单位正方形去测量长方形，求出长方形内可以摆放的单位正方形的个数，这就是长方形的面积。其他多边形的面积则用转化的方法来求：平行四边形转化为长方形，梯形和三角形转化为平行四边形，其他多边形都可转化为三角形。由此我们可以给面积下一个这样的定义：

　　摆满一个物体的表面或一个封闭图形所需的单位正方形的最大数量，叫作它们的面积；这个单位正方形就是它们的面积单位。

　　这一定义既对"大小"的意义做了明确的说明，又揭示了面积的计算方法。

　　这种定义方法也可以用于长度：

　　线段或物体表面的边界所包含的单位线段的最多条数，叫作它们的长度；这个单位线段就是它们的长度单位。

　　对于曲线，则可以用线段来逼近它。

(二)长方形的面积

1. 长方形的面积公式的单位

面积的计算从长方形开始,人教版教材用两个活动来得出长方形的面积公式。

(1)用单位正方形测量:在长 5 cm、宽 3 cm 的长方形内摆边长为 1 cm 的正方形,发现每行摆 5 个,可以摆 3 行,从而得出面积是 5×3 等于 15 cm²。

(2)列表发现关系:任取几个 1 cm² 的正方形,拼成不同的长方形。边操作,边填表(表 8-1):

表 8-1

长/cm	4	3	6	5	4	8	…
宽/cm	2	2	3	3	3	4	…
面积/cm²	8	6	18	15	12	32	…

观察这张表,发现长方形的面积与它的长和宽的关系是:

$$长方形的面积=长×宽。$$

长和宽都是有单位的,如果学生把算式写成:

$$5\ cm×3\ cm=15\ cm²。$$

与公式是符合的,但却是有问题的。因为按照公式的得出过程,"5"表示每行摆 5 个小正方形,"3"表示共摆了 3 行。公式计算的实际上是摆了多少个单位正方形,所以应该写成:

$$5×3=15(cm²),$$

或者 $\qquad\qquad 5\ cm²×3=15\ cm²。$

后者可以理解为每行的面积是 5 cm²,共有 3 行。

2. 长方形面积公式的严谨性

严谨性是数学的重要特点,即使是小学数学,也要求要有一定的严谨性。那么面积公式像这样推导具有足够的严谨性吗?

一个很明显的问题是,所给的长方形的长和宽都恰好能摆下整数个单位正方形,如果还有剩余怎么办呢?这个问题小学生是可以看到的,因为他们在量长度时就碰到过大量的有剩余的情况。由此也可以知道,小学生是可以解决这个问题的。类比度量长度的情况,学生不难想到,可以用更小的面积单位继续测量。在之前学习面积单位时,已有不同的单位供他们使用。教师可以向学生提问:如果摆了还有剩余怎么办?让他们自己研究、讨论。必要时教师可以提示:量长度时有剩余我们是怎么做的?比如……最后应使学生明白,只要有足够的面积单位,我们总可以达到想要的任何精度。

在长与宽不可公度的情况下，长方形面积的量数将是一个无理数，也就是说将会永远量不尽。这种情况需要用实数理论来处理，当然不可能向小学生讲解，但教师是应该明白的。

3. 面积公式推导过程的逻辑问题

不难看出，"列表发现关系"这一活动是没有意义的，因为所考察的长方形不是任意给出的，而是用整数个单位正方形人为拼成的。实际上，拼的时候长、宽与面积的关系就已经确定了，所以这一活动得出的结论其实是已知的。

考察几个例子来得出可能的结论，这是不完全归纳法，得出的结论并不可靠。并且这里没有必要使用，因为这种情况完全可以使用乘法的算理很简单地得出结论：每行个数×行数＝总个数。而每行个数等于长的量数，行数等于宽的量数，总个数等于面积的量数，所以长方形的面积＝长×宽。

(三)平行四边形、三角形和梯形的面积

这三种图形的面积公式都采用转化为已知图形的方法得出。教学内容分两部分，一是公式的推导，二是公式的运用。传统教学都将重点放在公式的运用上。这一方面是因为教学理念，认为公式的推导方法没有什么用处；另一方面是因为考试都只考公式的运用。其实公式的运用是一种比较简单、机械的套公式计算过程，而公式的推导则体现了数学的思想方法。转化就是一种十分有效、应用广泛的数学方法。

1. 平行四边形的面积

平行四边形可以通过割补法转化为长方形，教师应引导学生自己发现转化的方法。首先教师提问：平行四边形的面积能不能用单位正方形量出来？（不能。）那么我们要想一个新的方法来求它的面积。然后教师将事先准备的平行四边形纸发给各组，让他们思考这个问题。学生会摆弄平行四边形纸，用各种方法折它。教师应参与各组的活动，必要时加以引导：能不能把它变成一个长方形？学生可能会把平行四边形的两个锐角都剪下来，得到一个小一些的长方形。教师不要制止，这其实是向正确方向前进了一步。教师只要强调：得到的长方形要与原来的平行四边形面积一样大，学生就能拼出正确的图形了。

然后教师将学生的拼法画出来（图 8-3），让学生观察，找出拼成的长方形与原来的平行四边形的关系。

学生通过观察发现：长方形的长等于平行四边形的底，宽等于平行四边形的高。因而得出平行四边形的面积公式为：$S＝底×高$。

但是有一种情况不能用这种方法割补，如图8-4所示。这时可以用一条底边的平行线将平行四边形一分为二，再分别用割补法。将两个小平行四边形的面积相加，即可得出同样的面积公式。

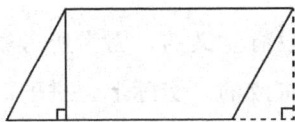
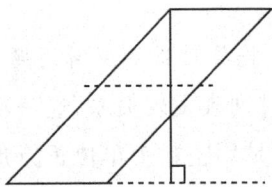

图8-3   图8-4

2. 三角形的面积

三角形的面积公式也是通过将三角形转化为平行四边形而得出的。用两个同样的三角形可以拼成一个平行四边形，如图8-5。反过来，任意一个平行四边形沿对角线剪开，都可以分为两个同样的三角形。

在平行四边形面积推导的基础上，这种拼和剪学生自己不难做出来，教师可以为各组提供三角形和平行四边形，让学生自己操作。在此基础上，三角形的面积公式学生也可以自己得出。让学生从事这种活动可以大大提高他们的思维能力和学习兴趣。

三角形的面积公式还可以通过将三角形转化为长方形而得出。如图8-6，将三角形的三个顶点都折到底边的高的垂足上，就得到一个小长方形，它的面积是三角形面积的一半。小长方形的长和宽分别是三角形的底和高的一半，由此就得出了三角形的面积公式。从图中还可发现，三角形的三内角之和恰好是一个平角。

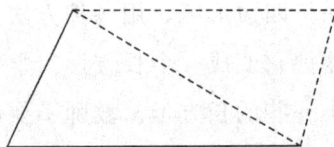
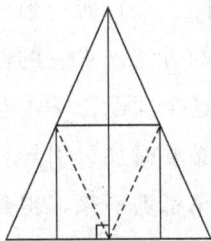

图8-5   图8-6

3. 梯形的面积

让学生自己探讨梯形面积公式，如果不加提示，他们多半会试图将梯形转化为长方形。这种情况比较复杂（如图8-7）。为了节省教学时间，教师可以提示：平行四边形的面积我们已经会算了，因此将梯形转化为平行四边形，问题就解决了。

梯形转化为平行四边形的方法是用两个同样的梯形拼成一个平行四边形，如图8-8。

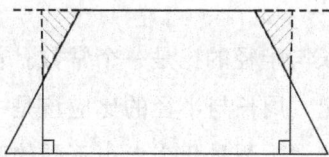

图 8-7

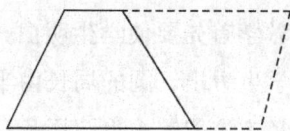

图 8-8

这种方法比用割补法将平行四边形转化为长方形更难想到。教师要给每组学生提供几个相同的梯形纸，引导他们将两个全等的梯形拼成一个平行四边形。如果教师提示：用两个相同的梯形能不能拼成一个平行四边形？学生一般都能拼出来。

反过来可以将一个平行四边形分成两个同样的梯形。如图8-9所示，取 $DE=BF$，沿线段 EF 剪开，就得到两个同样的梯形 $AFED$ 和 $BFEC$。

这一活动可以加深学生对两种图形关系的认识，培养他们分析图形的能力。

由于每个梯形都可以分为两个三角形，梯形的面积公式也很容易由三角形的面积公式推出，如图8-10所示。

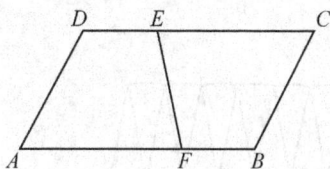

图 8-9

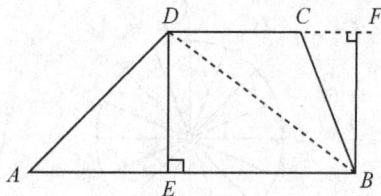

图 8-10

根据图8-8容易得出，梯形的面积公式是：

$$S=（上底＋下底）×高÷2。$$

思考与练习

1. 了解本地市制单位的使用情况，你认为教学市制单位有什么意义？

2. 怎样教学长方形的面积公式？

3. 特殊四边形和三角形面积的教学应该确定哪些教学目标？

4. 特殊四边形和三角形的面积教学的重点和难点是什么？

四、圆的周长和面积

1. 圆周长

圆周长的教学首先要使学生明白，圆周长与半径的比是一个常数。首先，通过用圆规画圆可使学生看出，圆的周长由半径决定，周长与半径的比应该是一个定值。因此，由圆的半径应该能够求出圆周长；然后让学生测量几个大小不同的圆的周长和直径，计算周长与直径的比。学生会发现，圆周长是直径的 3 倍多一点，但小数部分的数值并不一致。这时教师可以指出，圆周长与直径的比是一个常数，叫圆周率，它是一个无限不循环小数。由于圆的周长和面积在六年级学习，教师可以适当介绍一些历史上人类对圆周率的探讨，特别是我国古代数学家在圆周率计算方面的伟大成就。

认识了圆周率，自然得出圆周长公式是：

$$C = 2\pi r。$$

适当的选取 π 的近似值，就可计算圆的周长。

2. 圆面积

小学数学中圆面积的求法，首先是采用分割和重拼的方法将圆转化成近似的长方形，如图 8-11(1)和(2)：

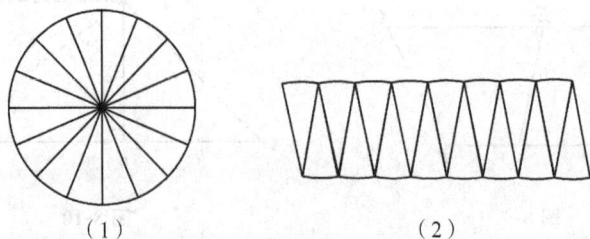

（1）　　　　　　　　　　（2）

图 8-11

由图 8-11(2)看出，这个近似长方形的长近似于圆周长的一半，即 πr，宽就是圆的半径 r。教材指出，如果分的份数越多，每一份就会越小，拼成的图形就会越接近于长方形。因而得出圆面积的计算公式是：

$$S = \pi r^2。$$

这里没有提出在无限细分的条件下发生曲直转化的思想，这样学生就会认为，得到的是一个近似公式。但实际上我们却是当作精确公式使用的。显然教材的编者认为小学生不可能理解这种思想。这种观点并无根据，因为我们从来没有尝试做这种教学。而现实生活中，弧形桥拱是学生常见的一种曲直转化的例子。让学生观察这种桥拱他们完全可以发现，虽然桥拱看起来是一个完美的弧形，但是近看砌成桥拱的每一块石块或水泥构件却是标准的长方体，它们的每一条棱都是直的。这一事实有力地表明了曲直是可以转化的。利用多媒体可以将这一实例清楚、生动地展现出来，六年级的学生是可以理解的。退一步说，即使不能理解，不做任何说明就让他们接受这一公式，不就等于让他们接受错误的东西吗？所以无论如何是应该做说明的。

多媒体课件在这一公式的教学中可以起到很大的作用。用多媒体课件演示所分的份数加倍时，近似长方形的边的变化，可以生动地体现曲直的转化过程。

圆面积还可以采用另一种教学方案。如图 8-12(1)，设圆内接正八边形的边长是 a，周长是 L，每个小三角形的高是 h（边心距），那么圆内接正八边形的面积是：

$$S_{正八边形}=\frac{1}{2}ah\times 8=\frac{1}{2}8a\times h=\frac{1}{2}Lh。$$

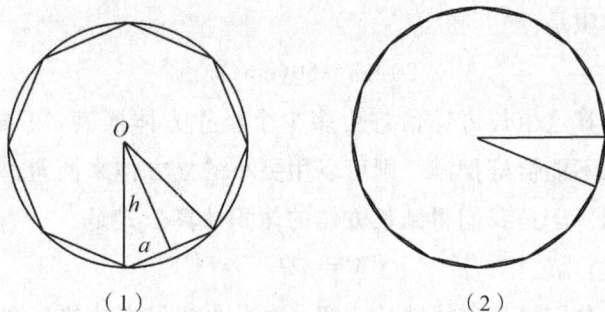

（1）　　　　　　　　　　　　（2）

图 8-12

将圆内接正多边形的边数不断加倍，可以发现，正多边形的周长 L 不断接近圆周长，每个小三角形的高 h 不断接近圆半径 r（如图 8-12(2)）。当边数无限增加时，两者就没有区别了，于是得出圆面积公式是：

$$S_{圆}=\frac{1}{2}\times 2\pi r\times r=\pi r^{2}。$$

刘徽的"割圆术"就是这种方法，他说："割之弥细，所失弥少；割之又割以至于不可割，则与圆合体而无所失矣。"（割得越细［意即正多边形的边长越短］，所失去的越少；不断地割下去，直到不能再割，［正多边形］就与圆周重合而没有差别了。）这一段极为精辟的论述表明，他对极限思想和曲直转化有深刻的认识。

五、体　积

对于体积的意义，通常的说法是：物体所占空间的大小叫作物体的体积。其中

"空间的大小"比面积描述中的"封闭图形的大小"要明确一些，但还是没有说明什么叫"空间的大小"。根据定义，多面体是由平面多边形围成的。因此，多面体的体积也可以像长度和面积一样，用单位立方体来测量。这样，我们也可以根据测量方法来给多面体的体积下一个定义：

摆满一个几何体所需的单位立方体的最大数量，叫作这个几何体的体积；这个单位立方体就是它的体积单位。

1. 长方体和正方体的体积

长方体和正方体的体积与长方形和正方形的面积十分相似，两者的计算方法都来自用单位量测量。例如，用体积为 1 cm³ 的小正方体来测量一个长方体的体积，先摆最下面一层。如果长方体底面的长和宽分别是 5 cm 和 4 cm，那么每行可以摆 5 个，一共可以摆 4 行，每层的体积是 $5 \times 4 = 20 (\text{cm}^3)$。如果高是 3 cm，那么共可摆 3 层。于是得体积是：

$$20 \times 3 = 60 (\text{cm}^3)。$$

由此可知，计算这个长方体恰好由多少个小立方体摆满，只需把它的长、宽、高相乘即可。如果不能恰好摆满，则可以用更小的立方体来测量。这情形也与度量长方形的面积相同。于是我们得到长方体的体积计算公式是：

$$V = abh。$$

其中 a，b，h 分别是长方体的长、宽、高，也叫长方体的三度。

正方体（也叫立方体）的情况与长方体相同，只不过它的三度都相等。因此正方体的体积是：

$$V = a^3。$$

由于 a 与 b 之积就是长方体的底面面积，所以长方体和立方体的体积公式也可以写成：

$$V = 底面积 \times 高 = Sh。$$

人教版教材中，体积公式的推导与面积公式完全相同，因此也存在同样的问题。

2. 圆柱和圆锥的体积

（1）圆柱的体积。

像长方体可以与长方形类比一样，圆柱也可以与圆类比；圆柱体积的求法就可以与圆面积的求法类比，即将圆柱转化为长方体，如图 8-13 所示。由这个图看出，长方体的底面积等于圆柱的底面积，长方体的高等于圆柱的高。

于是得圆柱的体积计算公式是：

$$V = 底面积 \times 高 = Sh。$$

这个公式与前面长方体体积的第二个公式是相同的，这样就把圆柱与长方体的体积公式统一起来了。

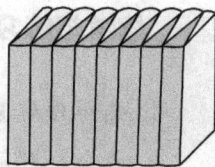

图 8-13

这里同样存在一个由近似转化为精确的问题。这里的转化是由曲面向平面的转化，当无限细分时，曲面与平面就没有区别了。

（2）圆锥的体积。

在小学数学中，圆锥的体积公式是通过与圆柱的体积做比较得出来的。每组准备中空的等底等高的圆柱和圆锥各一个，首先让学生观察这两个模型，然后教师提问：你们发现这两个模型有什么相同的地方？学生通过观察、比较发现，它们是等底等高的。教师再引导：既然它们有这么多相同的地方，那么它们的体积是否有什么关系呢？如果能找出两者之间的关系，那么我们就可以利用圆柱的体积公式来求圆锥的体积。你们能设法比较它们的体积吗？

观察两个中空的模型，学生不难想到用倒水或倒沙的方法来做比较，结果发现圆锥的体积等于等底等高的圆柱的体积的三分之一。于是得出圆锥的体积公式是：

$$V = \frac{1}{3}Sh。$$

教师应多准备几套圆柱和圆锥让学生操作、验证，这样学生才会比较信服。但是，这一结果终究是通过实验得到的，单凭实验我们不能说它普遍成立，也不能肯定它是精确的。因此教师还应指出，在今后学习了相关的数学知识后，我们可以严格地证明这个公式，即这个公式是精确的。

利用定积分可以得出这个公式。设圆锥的底面半径为 R，高为 h（图 8-14），则它可以看作是由线段

$$y = \frac{R}{h}x \, (0 \leqslant x \leqslant h)$$

旋转出来的。根据旋转体的体积公式 $V = \pi \int_a^b [f(x)]^2 \mathrm{d}x$，

其体积是

$$V = \pi \int_0^h (\frac{R}{h})^2 x^2 \mathrm{d}x = \frac{\pi}{3}(\frac{R}{h})^2 x^3 \Big|_0^h = \frac{\pi}{3}R^2 h。$$

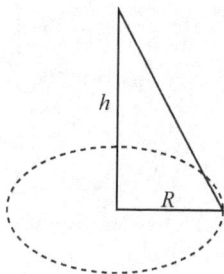

图 8-14

211

思考与练习

1. 怎样理解圆面积公式和圆柱体体积公式都是精确的公式？

2. 你怎样理解刘徽关于割圆术的论述？

3. 怎样使儿童认识到曲直是可以互相转化的？

4. 怎样教学长方体的体积公式？

▶ 第五节　三角形的认识

三角形这一内容一般安排在四年级下学期学习。三角形是边数最少的多边形，其他多边形都可以分成若干个三角形，因此三角形是学习其他多边形的基础。三角形有丰富的性质，中年级的学生已经可以认识三角形的不少性质了。

一、三角形的初步知识

(一)三角形的三边关系

三角形任意两边之和大于第三边，这一性质可以让学生通过操作发现。给每组几根长短不同的小棍，让他们用来摆三角形。并通过操作指出，哪几根不能摆成三角形？为什么摆不成？学生就会发现，当两根小棍之和小于第三根时，这样的三根小棍不能摆成三角形。由此就得出：三角形任意两边之和大于第三边。

(二)三角形的稳定性

在多边形中，稳定性是三角形特有的性质。认识三角形的稳定性可分为三个步骤。

1. 认识哪种多边形具有稳定性

给每组学生几个用小木条连接成的三角形、四边形、五边形和六边形的模型，木条的端点用螺丝连接，可以转动。教师不要做任何说明，只让学生任意摆弄这些模型。然后问：你们发现了什么？学生通过推动这些模型发现，只有三角形推不动，其他多边形都能推动。这样他们就发现了三角形的稳定性。学生的表述可能是：三角形推不动，其他模型推得动。教师指出，这个性质叫"三角形的稳定性"。

2. 固定不稳定的多边形

给每组几根单根的木条，木条的两端钻有孔，可穿过螺杆。让各组学生设法用这些木条来固定那些不稳定的多边形。学生通过操作发现，固定四边形只需一根木条；固定五边形最少需要两根木条；固定六边形最少需要 3 根木条……只要把多边形分成几个三角形，就能把它固定好。

3. 举出生活生产中利用三角形稳定性的例子

这一活动可以让学生认识到数学知识的实际用处，增强他们学习数学的兴趣。

二、三角形的分类

分类是科学研究的基本方法之一，在数学中应用很广。教学三角形的分类，一方面要使学生进一步认识三角形边、角的特点，另一方面要使学生理解分类的思想、掌握分类的方法。后者更是这一内容的重点和难点，应高度重视、精心设计。

在这以前学生已学过角的分类，而角的分类与三角形的按角分类有密切联系，因此，教师可以用下面的问题导入：我们知道，角可以分为锐角、直角、钝角三类，三角形可不可以分类？怎样分类呢？这节课我们就来研究这个问题。教师可以设计以下活动。

(一)将三角形按角分类

1. 观察三角形的角的特点

教师首先出示一组图：直角三角形1个，锐角三角形、钝角三角形各2个。让学生观察后小组讨论：三角形的角有什么特点？

学生观察、讨论后得出：任意一个三角形至少有2个锐角。然后各组再任意画几个三角形，看它们是不是也有这个特点。

2. 将三角形按角分类

再让学生观察另外三组图，讨论：三组三角形的角各有什么特点？

各组派代表说出讨论结果：第一组每个三角形都有一个直角；第二组每个三角形的三个角都是锐角；第三组每个三角形都有一个钝角。

师：如果请你们给每组三角形命名，你们会取什么名字呢？

各组命名，基本上与书上的命名相同。教师请同学们自学课本。自学完后进一步提问：除这三种外，还有别的三角形吗？有没有三角形能同时属于两个类？各组经过讨论，确信这种分类包含了所有三角形，并且没有三角形能同时属于两个类。

3. 认识等腰三角形和等边三角形

认识等腰三角形和等边三角形，教材安排了以下两方面的内容：

(1)等腰三角形的底、腰、底角等概念。

(2)等腰三角形和等边三角形的性质：等腰三角形的两底角相等，等边三角形的三个角都相等。

对于中年级的学生，这种内容可让他们看书自学。之后教师再通过提问检查自学情况。然后教师请各组打开事先准备好的信封，拿出里面的等腰三角形和等边三角形纸片，设法证实这些性质。教师到各组辅导，如果发现学生只用量的方法，可以提示：不量能不能比较出来？(折比量更简明，并且通过折能发现对称性)之后，教师让学生思考以下问题：

等边三角形与等腰三角形的关系是怎样的？

用下面两个图表示两者的关系，哪个图是正确的？(图8-15)

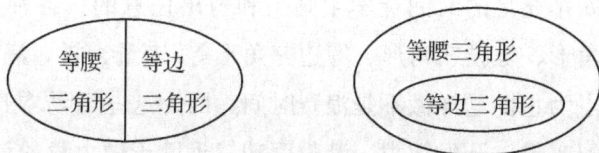

图 8-15

(二)将三角形按边分类

让学生思考：下面的分类正确吗？为什么？（图 8-16）

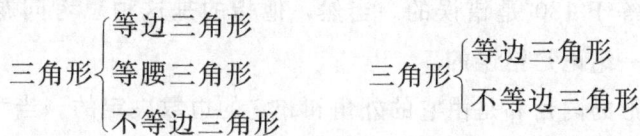

图 8-16

最后教师可以布置思考练习：把我们学过的数做一些分类，可以对已学过的全部数进行分类，也可以对某一种数（如整数）进行分类。看哪个组分类的方法多而新。

三、三角形的内角和

三角形的内角和等于 180°，这个性质是很出人意料的：任意三角形的三个角大小相差很大，它们的和为什么都恰好等于一个平角呢？这一点会引起学生强烈的惊奇和疑问，因此具有极佳的数学教育功能，是很好的教学材料。

小学教材安排了两个活动来认识三角形的内角和：量三角形的三个角的度数再相加；把三角形纸的三个角撕下来，拼成一个平角。进行这两个活动要注意以下两点。

(1)不要把这种活动做成一种验证性的活动，即把"三角形的内角和等于 180°"当作已知的结论，只是让学生验证一下而已。而要作为一种探索性的活动，让学生探索三角形的内角和是否有什么规律。

为此，教师要做充分的引导。首先可提问：三角形的三个角都可以在 0°到 180°之间变化，但是通过画图我们可以发现，当一个角变小时，另一个角就会变大（教师画图）。那么是否三个角的和的度数会在某个范围之内呢？以此来引起学生的思考。

然后教师指出，一般三角形的情形比较复杂，我们先考察一种简单的情形——直角三角形的内角和。由于任何两个同样的直角三角形都可以拼成一个长方形，容易得出，直角三角形的内角和都等于 180°。那么任意三角形的内角和是否也等于 180°呢？由此就引出量和拼的活动。这样，活动就具有明显的探索性了。

(2)由于是探索性活动，并且要得出一般性的结论，所以考察的三角形的个数和种类不能太少。要安排充足的时间让学生画出和剪出任意的、各种类型的三角形（锐角三角形、钝角三角形、等腰三角形、等边三角形等）来量、拼，满足他们的好奇心，直至他们相信这一点为止。这样做不是浪费时间，因为这些活动本身就能训练学生的操作能力，激发学习兴趣，开发智力。其教育功能远胜于做大量的计算练习。

在量、拼活动之后，学生会产生强烈的疑问：三角形的内角和为什么会恰好等于 $180°$？可惜的是，这个问题目前我们的教师也不明白，只是把它作为一种偶然现象接受下来。实际上，我国著名数学家陈省身早就发现了其内在原因，并指出：说三角形的内角和等于 $180°$ 是错误的。当然，他指的是这种思考问题的方法是错误的，而不是说这一结论是错误的。

原来，多边形的内角和是由它的外角和和它的边数决定的。当我们沿一个凸多边形的边走一周而回到起点时，方向的变化是 $360°$，而转过的角度恰好是这个多边形的外角之和，如图 8-17：

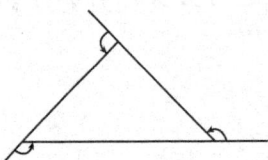

图 8-17

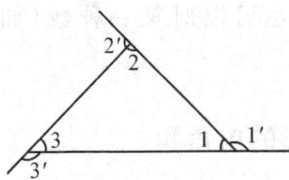

图 8-18

也就是说，任何凸多边形的外角和都是 $360°$。

于是对于三角形来说我们得到（如图 8-18）：
$$(\angle 1+\angle 1')+(\angle 2+\angle 2')+(\angle 3+\angle 3')$$
$$=180°\times 3=540°.$$

即
$$(\angle 1+\angle 2+\angle 3)+(\angle 1'+\angle 2'+\angle 3')$$
$$=(\angle 1+\angle 2+\angle 3)+360°=540°,$$

$$\therefore \angle 1+\angle 2+\angle 3=540°-360°=180°.$$

即三角形的内角和等于 $180°$。

一般来说，设 n 边形的内角和是 $A_内$，外角和是 $A_外$，那么
$$A_内+A_外=A_内+360°=180° \cdot n,$$
$$\therefore A_内=180° \cdot n-360°=(n-2) \cdot 180°.$$

四、三角形的高、中线和角平分线

三角形的高、中线和角平分线都交于一点，这些性质对学生来说是十分出人意

料的和奇特的，可以强烈地激起他们探索图形奥秘的兴趣，因此也是极好的数学教育材料。然而小学教材只介绍了三角形的高，并且没有介绍三角形的三条高交于一点。原因是计算三角形的面积只需要三角形的高。这里再次体现了小学数学教材是以计算为中心的。

（一）三角形的高

三角形的高可以按锐角三角形、直角三角形、钝角三角形分三步教学。

1. 锐角三角形的高

把锐角三角形放在第一步，是因为锐角三角形的三条高容易作出，并且三条高的交点在三角形内。

教师可以让学生用两种方法作出锐角三角形的高。一是画出锐角三角形，用三角板作出三条高；二是发给学生几个纸三角形，让他们折出高来。教师应指导学生精细操作，使作出的三条高准确地交于一点。准确地作图是学习几何的一项基本功，必须认真加以训练。

2. 直角三角形的高

直角三角形有两条高就是它的两条直角边，因此只需作出斜边上的高。而三条高的交点就是直角顶点。教师应尽量让学生自己看出这两点。

3. 钝角三角形的高

学生很难作出钝角三角形的夹钝角的两边的高，他们会犯各种错误，如不从顶点出发向对边作垂线。为了克服这个难点，教师可以先让学生过平行四边形的顶点向对边的延长线作高（如图 8-19）。在学生能顺利地作出后，再让他们作钝角三角形的高，并强调作三角形的高必须从一个顶点出发向对边作垂线，像平行四边形的情况一样，垂足有时会落在对边的延长线上。与平行四边形的高作类比，可以起到温故知新的作用。

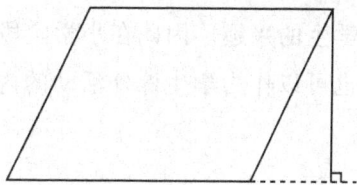

图 8-19

（二）三角形的中线

三角形的中线是顶点与对边中点的连线，只要找出各边的中点，三角形的中线很容易作出。找中点可以使用有刻度的直尺，也可以用尺规作图的方法确定。

三角形的中线交于一点也是一个看起来很奇特的现象。这一现象可以用物理知识来说明：如图 8-20，$\triangle ABC$ 是一块均匀的薄板，取一条平行于底边的窄条，则该窄条的重心位于它的中点上。每一条平行于底边的窄条的重心都在窄条的中点上，这些中点组成了底边上的中线，因此 $\triangle ABC$ 的重心一定在这条中线上。同样的道理，$\triangle ABC$ 的重心也一定在另两条中线上。而它的重心只有一个，所以这三条中线必定交于一点。正因为如此，三角形三条中线的交点叫作三角形的重心。如果在这块三角形薄板的重心钻一个小孔，用一根细线穿过去把薄板吊起来，薄板就会处于水平位置(如图 8-21)。

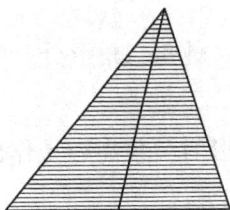

图 8-20

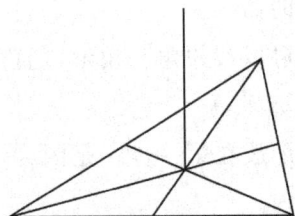

图 8-21

(三)三角形的角平分线

三角形的三个内角的平分线叫三角形的角平分线。角平分线可以用量角器作出，也可以用尺规作图法来作。三条角平分线交于一点，这一点叫三角形的内心。以三角形的内心为圆心，以内心到三边的垂线段为半径，可以画出一个与三角形的三边都相切的圆，如图 8-22。对于这些作图来说，虽然学生不懂其中的道理，但是学生喜欢动手操作，几何图形的这些奇妙的性质会激起学生强烈的兴趣，丰富他们的数学知识。如果只学一点图形的概念和有关的简单计算，就难以激发

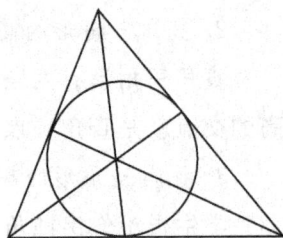

图 8-22

学生的兴趣。因此在小学阶段让学生学一点这类几何知识是很有必要的。这些活动也可以作为学生课外活动的内容。

思考与练习

1. 学习三角形的稳定性有什么意义？怎样教学三角形的稳定性？

2. 本节介绍的三角形按边的两种分类，哪种是正确的？为什么？

3. 怎样教学三角形的内角和？

4. 为什么数学大师陈省身认为"说三角形的内角和等于 180°是错误的"？

5. 你认为是否应该让小学生学习三角形的重心、垂心和内心？说说你的理由。

第九章　代数、统计和概率初步知识的教学

▶第一节　代数初步知识

一、字母和方程

(一)用字母表示数

用字母表示数最初是为了使表述简洁，如长方形的面积公式"长方形的面积＝长×宽"，用字母可表示成"$S=ab$"，十分简洁明了。后来人们却发现这些字母也可以像数一样进行运算，于是就发生了革命性的变化，开辟了一个广阔的数学新领域，即代数。"代数"一词的最初意义，就是"以字母代表数"。

字母比数的抽象程度要高一个层次，数是符号，字母则是符号的符号。学生在初中正式开始学习代数，由于抽象程度高，起初往往难以适应。因此，代数初步知识的教学对小学与初中的衔接起着重要作用。

这一内容的教学可分为三个步骤进行。

1. 用字母表示公式

小学从四年级开始有了字母，这时学生已经学了许多公式，教师可以让学生用约定的字母来表示这些公式，例如：

	用文字表示	用字母表示
正方形的周长	边长×4	$a×4=4a$
正方形的面积	边长×边长	$a×a=a^2$
长方形的周长	(长＋宽)×2	$2(a+b)$

等等。

在这一过程中学生同时要学习字母与字母相乘、字母与数相乘、相同字母相乘等的写法。

2. 用字母表示运算律

这一内容在四年级开始学习。用字母表示运算律比表示公式要困难，因为表示公式只需将文字换成字母即可，而运算律是用语言叙述的，如加法交换律的表述

是：两数相加，交换加数的位置，和不变。教师可以先举出例子来说明：

$3+5=5+3$，$13+5=5+13$，$24+8=8+24$，…

如果学生由此能想到用"$a+b=b+a$"来表示这一定律，那么他们已经对字母的意义有了很好地理解了。如果还不能，教师可以做进一步的引导，如可以先用文字来表示：甲数＋乙数＝乙数＋甲数。

3．用字母表示数量关系

这一步是学习方程的基础。教师应举出生活中常见的数量关系让学生用字母表示。例如，妈妈比小明大 27 岁，这个年龄关系是固定的，妈妈总是比小明大 27 岁。教师首先让学生把这个关系用文字表示出来：

妈妈的年龄＝小明的年龄＋27　 或　 小明的年龄＝妈妈的年龄－27。

再用两个字母分别代表妈妈和小明的年龄，比如分别用 a、b 来代表。然后可将上面的式子写成：

$a=b+27$　 或　 $b=a-27$。

生活中有很多常见的数量关系，如购物、匀速运动、总量与部分量……教师应举出大量的例子让学生练习，以便熟练掌握字母语言，顺利地进入方程的学习。

（二）简易方程

1．方程的意义

对于小学生来说，方程是一个新知识，他们不知道什么是方程，方程有什么用，为什么要学习方程。教师首先要解决学生的这些疑问，才能引起他们对方程的兴趣。因此，简易方程的教学首先要使学生明白，方程是一种有用的数学工具，它能帮助我们解应用题，特别是解复杂的应用题。

人教版教材中"方程的意义"一课就是要完成这一任务的。教材利用天平作为方程的具体模型，用一组图来引入方程。教材中，图 1 称出了一个空杯子为 100 g；图 2 再往杯子里注满水，由女孩提问：一杯水有多重？男孩则思考：如果水为 x g，杯子和水共重……接着图示称的过程，之后称出一杯水为 250 g。由此得出等式：

$$100+x=250。$$

于是给出方程的定义：像 $100+x=250$ 这样含有未知数的等式，称为方程。接着让学生自由写方程，判断书上的 6 个式子哪些是方程。方程意义的教学至此完成。

这一教学过程达到了上述目的吗？显然没有。它只得出了一个含有未知数的等式，并没有说明为什么要学这种等式，这种等式有什么用。并且图 2 设水重 x g 很突然，学生不知道为什么要这样做。

如果要改进这一过程，设 x 应该推后。注水后应该先称出杯子和水的质量（这是很自然的），得出一个关系式：

杯子的质量＋水的质量＝250 g　　或　　100 g＋水的质量＝250 g。

其中水的质量是未知的，我们可以用一个括号或"?"来代替它，就得到：

$$100 \text{ g} + (\quad) = 250 \text{ g} \quad 或 \quad 100 \text{ g} + ? = 250 \text{ g}。$$

观察这个等式，容易得出：

$$(\quad) = 250 \text{ g} - 100 \text{ g} = 150 \text{ g} \quad 或 \quad ? = 250 \text{ g} - 100 \text{ g} = 150 \text{ g}。$$

这表明，在这样的等式中，未知的量很容易求出。也就是说，这样的等式可以帮助我们求出未知的量。

为了方便，我们用字母来代替括号或问号（联系上节课的用字母表示数），并省略单位，得：

$$100 + x = 250。$$

然后给出方程的概念，并指出：只要列出了方程，其中的未知数很容易求出。因此列方程可以解答应用题。

至此方程的概念已经得出，并且说明了方程的作用。但是为了加深学生的认识，还应再举几个应用问题让他们列方程解答。

经过了这些改进，以上教学还是存在问题的。一是使用天平其实是不必要的。可直接给出问题：

一个杯子为 100 g，装满水后为 250 g，这个杯子装了多少克水？

然后按上面的程序列数量关系式得出方程，对于五年级的学生是完全可以做到的。在此之前，学生在计算中已经接触了大量的等式，不需要利用天平来抽象出等式。

二是所给的例子是一个很简单的应用题，不用列方程也可以很快解出，这样学生就看不出用方程解应用题的必要性，反而觉得列方程解更啰嗦。要使学生看到列方程解应用题的优越性，教师需要举出难度较大的应用题。例如，四年级下册有一道打星号的应用题：

书架上有两层书，共 144 本。如果从下层取出 8 本放到上层去，两层书的本数就相同了。书架上、下层各有多少本书？

用 x 代表上层书的本数（不要说"设上层书有 x 本"），增加 8 本后就是 $(x+8)$ 本，这时下层也是 $(x+8)$ 本。于是得：

$$2 \times (x+8) = 144，$$

所以　　$x + 8 = 144 \div 2 = 72，\ x = 72 - 8 = 64$（本）。

从这一解答过程学生可以发现，用方程解答较难的应用题，思维比较简单，从而体会到列方程解应用题的优越性。这样，教学目标就完全达到了。当然这里的方程稍复杂一点，但是通过教师的适当解释，以上解方程的过程五年级的学生是完全可以理解的。

2. 简易方程的解法

简易方程的解法有以下两种。

(1) 利用运算的意义来求解。

例如，由 $100+x=250$ 求 x，是已知两个加数的和及其中一个加数，求另一个加数；由 $3x=15$ 求 x，是已知一个数的 3 倍是 15，求这个数；由 $13-x=6$ 求 x，是已知差和被减数求减数；等等。比较简单的方程都可以用这种方法直接求解。

(2) 先得出等式的性质，再根据等式的性质解方程。

现行的教材主要采用这种方法。等式的性质也是利用天平得出的：在天平两边都加上或去掉同样的质量，天平保持平衡，由此得出，等式两边都加上或减去同一个数，等式仍然成立；把天平两边的质量都扩大为原来的相同的倍数或都缩小为原来的几分之一，天平保持平衡，由此得出，等式两边都乘或除以同一个不为 0 的数，等式仍然成立。因为方程也是等式，所以等式的性质对方程都成立，因而可以用来解方程。

例 9.1 解方程：$(36-4x) \div 8 = 0$。

解：两边都乘 8，$(36-4x) \div 8 \times 8 = 0 \times 8$。

得　　　$36-4x=0$。

两边都加上 $4x$，$36-4x+4x=0+4x$。

得　　　$36=4x$。

两边都除以 4，$36 \div 4 = 4x \div 4$。

得　　　$9=x$。

即　　　$x=9$，这就是方程的解。

(三) 简易方程的应用

学习方程的目的是为了解决数学问题，因此在学习了方程的解法后应让学生解答大量的应用问题。

我国传统的应用题教学是用算术方法解答应用题，一些难度较大的应用题解答起来比较困难和复杂，也成为小学数学教学的难点。传统的应用题教学曾经将应用题分了很多类型，如行程问题、追及问题、相遇问题、和差问题、工程问题、倍比问题，等等，一类一类地学习，每类问题都有特定的解法。后来将方程引入小学数学，利用方程来解答较复杂的应用题，各类应用题都可以用方程来解，并且思维简单，有统一的步骤：设未知数；将问题中的有关数量表示成 x 的代数式；找出问题中的等量关系，根据等量关系列方程；解方程，验算，作答。这样就大大简化了应用题的教学。新教材也保留了这种做法，在学习了方程的解法后，让学生利用方程解答了大量的应用题，这些应用题都有比较复杂的数量关系。

二、应用题的算术解法和代数解法

理解应用题的算术解法与代数解法的本质区别，对教师来说是十分重要的。下面我们通过一个例子来探讨一下这个问题。

例 9.2　丢番图的墓志铭："坟中安葬着丢番图，多么令人惊讶，这里如实地记录了他的经历。上帝给予的童年占六分之一，又过十二分之一，两颊长胡须，再过七分之一，点燃起结婚的蜡烛。五年之后天赐贵子，可怜迟到的宁馨儿，享年仅及其父之半，便进入冰冷的坟墓。悲伤只有用数论的研究来弥补，又过四年，他也走完了人生的旅途。"根据这个墓志铭，请你算一算，丢番图活了多大年纪？

算术解法：以丢番图的享年为 1 个单位，则他的童年为 $\frac{1}{6}$ 个单位，青少年为 $\frac{1}{12}$ 个单位，由青少年到结婚为 $\frac{1}{7}$ 个单位，儿子的享年为 $\frac{1}{2}$ 个单位。根据题意，丢番图的享年连续去掉六分之一、十二分之一、七分之一、二分之一后，还剩 $(4+5)$ 年。所以这 $(4+5)$ 年是 $\left[1-\left(\frac{1}{6}+\frac{1}{12}+\frac{1}{7}+\frac{1}{2}\right)\right]$ 个单位。于是得丢番图的享年是

$$(4+5)\div\left[1-\left(\frac{1}{6}+\frac{1}{12}+\frac{1}{7}+\frac{1}{2}\right)\right]=9\div\frac{9}{84}=84(岁)。$$

代数解法：设丢番图的享年为 x，那么他的童年为 $\frac{1}{6}x$，青少年为 $\frac{1}{12}x$，由青少年到结婚为 $\frac{1}{7}x$，儿子的享年为 $\frac{1}{2}x$。由题意得方程：

$$\frac{1}{6}x+\frac{1}{12}x+\frac{1}{7}x+5+\frac{1}{2}x+4=x。$$

解方程，得：$14x+7x+12x+420+42x+336=84x$
$$75x+756=84x$$
$$756=9x$$
$$x=84。$$

对比这两种方法我们发现，用算术方法我们需要找出一种求未知数的计算方

法；寻找这种计算方法需要对题意进行深入仔细的分析；要集中所有的已知条件列出一个求未知数的式子；未知数不参加解题的运算过程。

用代数方法则只需用一个字母 x 代替未知数，列出一个含有未知数的等式——方程；为了列出这个方程，只需将题目中有关的量用 x 的代数式表示出来，再找出一个等量关系；列出方程后，解方程的过程是一种机械运算，只要按固定的步骤做下去就可求出 x 的值；在解题过程中，x 像已知数一样参加运算。

由此可知，代数方法的优越性在于思维比较简单，而解方程的运算过程实现了程序化。这正是数学的发展方向之一。具体来说就是运用了方程这种新工具，而这种新工具的产生起源于以字母代替未知数。但是代数解法是一种形式化的抽象思维，学生比较难理解。

算术方法也并非毫无优点。一般来说用算术方法计算比较简单，有时候利用特殊的技巧可以得到非常简便的解法。例如，分析本题的数量关系可以发现，丢番图的享年是 6、12、7、2 的公倍数，而这个公倍数最小是 $12 \times 7 = 84$，显然这就是正确答案。

思考与练习

1. 怎样分步骤教学用字母表示数？
2. 方程的意义的教学应该达到哪些目标？
3. 简易方程的解法有两种，你认为哪一种比较好？为什么？
4. 应用题的代数解法与算术解法的根本区别是什么？代数解法有哪些优越性？

▶第二节　统计初步知识

自然界和人类社会中的各种现象可以分为两类，一类是其结果可以预先确定的，如抛到空中的重物总是落回地面；在标准大气压下，水总在 100℃沸腾；水稻的生长总是经历发芽、长叶、分蘖、吐穗、扬花、结实这几个阶段；等等。这类现象称为确定性现象或必然现象。几何、代数、数学分析、微分方程等数学分支就是研究这一类现象的工具。另一类现象则是其结果事前不能预先确定的，如抛一枚质地均匀的硬币，落下来后可能正面朝上也可能反面朝上；新生儿可能是男婴也可能是女婴；下周一的天气；用机器加工一个零件所产生的误差；选举的投票结果；明年某地的水稻产量；等等。这类现象称为偶然现象或随机现象。人们通过长期的观察和实践逐渐发现，在相同的条件下，大量出现的偶然现象也存在某种规律。例如，多次抛掷一枚质地均匀的硬币，正面和反面出现的次数之比总是接近 1∶1，并且抛的次数越多，越接近这个比值；根据各个国家、各个时期的人口统计资料，新生儿中男婴和女婴的人数之比总是大约为 1∶1；即使是偶然性很强的天气变化，也存在一定的规律，经过长期的研究和实践，天气预报的准确性已越来越高。正如恩格斯所指出的："在表面上是偶然性在起作用的地方，这种偶然性始终是受内部的隐蔽着的规律支配的，而问题只是在于发现这些规律。"大量的随机现象所呈现的这种规律，称为随机现象的统计规律。数理统计就是研究随机现象的统计规律的科学，概率论则是数理统计的数学基础。

现实中存在大量的随机现象，研究这些随机现象的统计规律是人类的重要任务。当代社会信息量激增，科学研究和生产实践经常需要收集和处理大量的数据，因此概率论与数理统计广泛地应用于物理学、人文科学及社会科学的各门学科中，工商企业及政府的决策也都离不开概率论与数理统计。

概率与统计的基础知识在发达国家的小学数学中受到了高度重视。我国的小学数学引入统计知识较晚，概率的启蒙知识则是在基础教育课程改革中才引入的。

一、统计学的发展趋势和现实意义

统计学主要分为描述统计学和推断统计学。对于收集到的或给定的一组数据，统计学可以整理、分析和描述这组数据，这就是描述统计。另外，对于一组很大的数据，统计学可以用科学的方法取样，并通过对样本的研究来推断总体的性质和特点，这就是推断统计。小学数学只介绍描述统计学的初步知识。

当代统计学的发展趋势有以下几个特点。

(1)由描述统计向推断统计发展。目前，西方发达国家所指的科学统计方法，主要就是针对推断统计来说的。

(2)由社会、经济统计向多分支学科发展。在 20 世纪以前，统计学主要包括社会统计和经济统计。随着社会、经济和科学技术的发展，到今天，统计已覆盖了社会生活的一切领域，几乎无处不在，成为通用的方法论科学，被人们广泛用于研究社会和自然界的各个方面，并发展成为有着许多分支学科的科学。

(3)统计预测和决策科学迅速发展。传统的统计是对已经发生和正在发生的事物进行统计，提供统计资料和数据。20 世纪 30 年代以来，特别是第二次世界大战以来，由于经济、社会、军事等方面的需要，统计预测和统计决策科学有了很大发展，使统计走出了传统的领域而被赋予了新的意义和使命。

(4)信息论、控制论、系统论与统计学的相互渗透和结合，使统计科学进一步得到发展并日趋完善。信息论、控制论、系统论在许多基本概念、基本思想、基本方法等方面有着共同之处，三者从不同角度、不同侧面提出了解决共同问题的方法和原则。这三种理论的创立和发展，彻底改变了世界的科学图景和科学家的思维方式，也使统计科学和统计工作从中吸取了营养，拓宽了视野，丰富了内容，出现了新的发展趋势。

(5)计算技术和一系列新技术、新方法在统计领域中不断得到开发和应用。近几十年间，计算机技术不断发展，使统计数据的收集、处理、分析、存贮、传递、印制等过程日益现代化，大大提高了统计工作的效能，扩大了统计的应用领域，使统计科学发生了革命性的变化。如今，计算机科学已经成为统计科学的不可分割的组成部分。

随着社会、经济和科学技术的发展，统计在现代化国家管理、企业管理及社会生活中的地位越来越重要。人们的日常生活和一切社会活动几乎都离不开统计。英国统计学家哈斯利特说："统计方法的应用是这样普遍，在我们的生活和习惯中，统计的影响是这样巨大，以致统计的重要性无论怎样强调也不过分。"有的科学家甚至把我们的时代叫作"统计时代"。

二、组织数据

统计的第一步是收集数据，一旦收集好了所需要的数据，我们就必须以某种方式把它们组织成恰当的形式，这就是组织数据。组织数据有多种方式。

(一)统计表

组织数据的一个方法是把它们列成表格，这是最常用的一种形式。例如，下表是某小学一年级某班 40 名学生的体重分布情况表(表 9-1)。

表 9-1　××小学一年级(二)班体重分布情况表

体重	16 kg 以下	16 kg～20 kg	21 kg～25 kg	26 kg～30 kg	31 kg 以上
人数/人	3	3	27	5	2
百分比/%	7.5	7.5	67.5	31.25	5

这张表把体重分成五段来统计人数。从表中可以看出，有近 70% 的学生体重为 21 kg～25 kg，大于 30 kg 和小于 16 kg 的学生都很少，约占 5%～8%，超过 90% 的学生体重为 16 kg～30 kg。这样分段比较准确地反映了该班学生体重的分布情况。把这张表与我国学生的标准体重表对照，还可看出这班学生的体重情况是否正常。如果我们简单地把这个班每个学生的体重列出来，就看不出他们的体重分布情况。

如果在一年级和二年级各选一个班，并把这两个班的学生的体重像下面那样列在同一个表中，还可以很方便地将两个班的学生的体重做对比(表 9-2)。

表 9-2　××小学一、二年级学生体重对比表

人数 体重 年级	16 kg 以下	16 kg～20 kg	21 kg～25 kg	26 kg～30 kg	31 kg 以上
一年级					
二年级					

统计表还有一个好处是，可以根据表中列出的具体数据，很方便地进行各种计算。

(二)统计图

常用的统计图有条形统计图、折线统计图和扇形统计图，这些统计图各有优点。

1. 条形统计图

这种统计图用不同高度或不同宽度的长条状长方形来表示量的大小，比较形象和直观，人们还能很直观地将两个量做对比(如图 9-1)。

2005年10月制

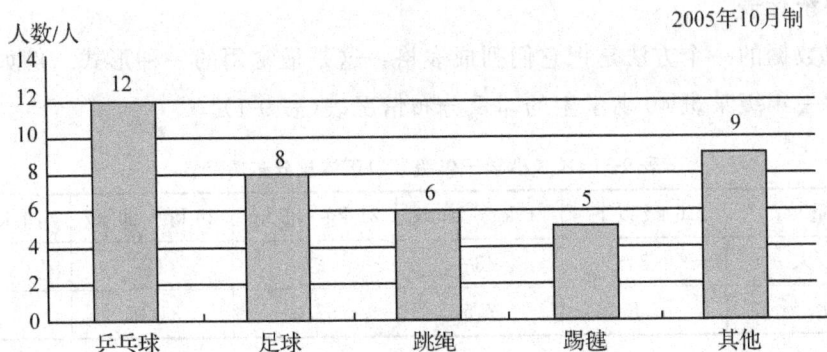

图 9-1　六(1)班同学最喜欢的运动项目统计图

2. 折线统计图

折线统计图制作容易，只要选择几个关键点，在坐标平面上描出来，再用线段把这些点连接起来即可。这种统计图可以体现出一个量在一段时间的变化情况，如上升、下降，什么时刻达到最高点，什么时刻达到最低点等。记录一天温度变化的数据很适宜用折线统计图(如图 9-2)。由于折线统计图基本具备平面直角坐标系的要素，还可以为学生今后的学习打下基础。

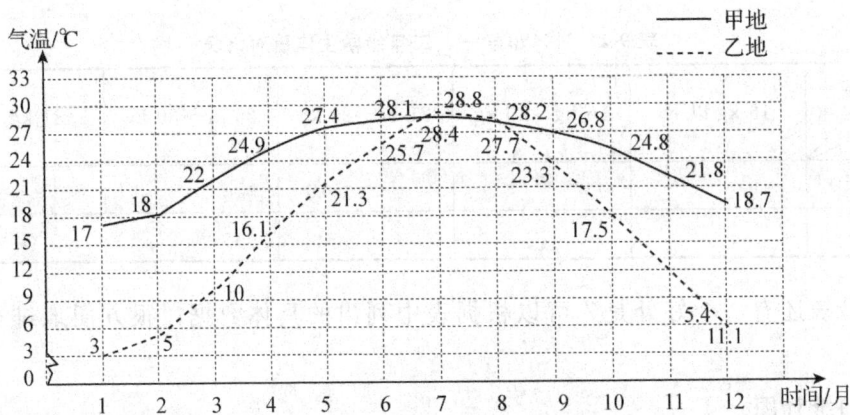

图 9-2　甲、乙两地月平均气温统计图

3. 扇形统计图

扇形统计图可以很形象地表示几个量分别占总量的几分之几(如图 9-3)，一般用百分比来表示。

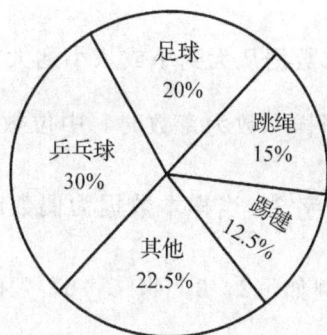

图 9-3　六(2)班同学最喜欢的运动项目统计图

三、分析数据

分析数据是数理统计的主要工作。分析数据需要使用一些统计量，小学数学介绍了平均数、中位数和众数三个统计量，它们都是用来刻画数据的平均水平的，但各有特点。

1. 平均数

平均数是统计中的一个重要概念。小学数学里所讲的平均数是指算术平均数，也就是一组数据的和除以这组数据的个数所得的商。在统计中算术平均数常用于表示统计对象的一般水平，它是描述数据集中程度的一个统计量。既可以用它来反映一组数据的一般情况，也可以用它进行不同组数据的比较，以看出组与组之间的差别。用平均数表示一组数据的情况，有直观、简明的特点，所以，人们在日常生活中经常使用，如平均速度、平均身高、平均产量、平均成绩，等等。

平均数的主要优点是，它能够利用所有数据的特征，而且容易计算。另外，平均数是使误差平方和达到最小的统计量。但是平均数也有不足之处，因为它容易受极端数据的影响。例如，在一个单位里，如果经理和副经理工资特别高，而这个单位的人数又不多，就会使得这个单位所有成员的平均工资变得很高，但事实上，除去经理和副经理之外，其他人的工资并不高，如表 9-3 所示。

表 9-3

人员	经理(1 人)	副经理(1 人)	普通员工(20 人)	平均工资
工资(元/人)	100 000	50 000	2 500	约 9 091

网上曾经有一首打油诗："张村有个张千万，隔壁九个穷光蛋，平均起来算一算，人人都是张百万。"也是说的这种情况。

2. 中位数

所谓中位数，就是将全部数据从大到小或从小到大排序后，位置在正中间的数或正中间的两数的平均值。当样本数为奇数时，中位数是第 $\frac{n+1}{2}$ 个数据，如 1，2，3，4，5 的中位数是第三个数字 3；当样本数据为偶数时，中位数是第 $\frac{n}{2}$ 个数据与第 $\frac{n}{2}+1$ 个数据的平均数。例如，2，3，4，5，6，7 的中位数是：$(4+5)\div 2=4.5$。也就是说，如果数据个数是奇数的话，按从小到大的顺序，取正中间的那个数；如果数据个数是偶数的话，按从小到大的顺序，取正中间那两个数的平均数。在上例中，样本数据是偶数个，位于正中的两个数都是 2 500，因此中位数是 2 500。用这个中位数来刻画这个单位人员的工资水平就比用平均数 9 000 更合理。原因是中位数只与数据的排列顺序有关，不受极端数据的影响。在上例中，即使经理的工资再增加到20 000，中位数仍然是 2 500。

3. 众数

众数即一组数据中出现最多的数据。例如，上例中的众数就是 2 500。显然，众数也可以避免极端数据的影响。一组数据可能没有众数，如 1，2，3，4，5，这组数据就没有众数；也可能有多个众数，如 1，2，3，4，4，5，6，7，7，这组数据就有两个众数 4 和 7。

中位数和众数这两个统计量的特点都是能够避免极端数据的影响，但缺点是没有全面利用数据所反映出来的信息。例如，在上例中，经理和副经理的工资这两个数据就完全没有得到利用。

不过，出现极端数据不一定用中位数和众数。统计上还有一个常用的方法，就是认为极端数据不是来源于这个总体的，因而把这个数据去掉。比如大家熟悉的跳水比赛评分，总要去掉一个最高分和一个最低分，就是认为这两个分数不是来源于这个总体的，不能代表裁判的鉴赏力，于是去掉以后再求剩下数据的平均数。这样，极端数据的影响也就避免了。

四、统计的教学

1. 统计初步知识的内容安排

我国的小学数学教材从一年级第二学期就开始安排统计初步知识。小学阶段统计初步知识的内容可以分为两部分：统计图表和几个简单的统计量——平均数、中位数和众数。

以人教版教材为例，统计图表的学习从一年级第二学期开始。一年级第二学期至四年级第一学期学习条形统计图，其中四年级第一学期学习复式条形统计图；四年级第二学期学习单式折线统计图，五年级第二学期学习复式折线统计图；六年级第一学期学习扇形统计图，六年级第二学期学习扇形统计图与折线统计图的比较。而制作各种统计图都要先列出数据表，所以统计表的学习贯穿在所有统计图的学习中。

统计量的学习则从三年级开始。三年级第二学期学习平均数，五年级第一学期学习中位数，五年级第二学期学习众数。

2. 统计初步知识的教学目标

(1)首先要使学生明白统计的意义，通俗地说，就是知道统计有什么用。

这一点需要通过举例来说明。人教版教材举了两个例子，一个是统计班中对给定的四种颜色来说，喜欢每种颜色的人各有几人，一个是统计本班同学出生的月份。前者比较简单，统计的必要性不强。后者复杂一些，统计的必要性比较明显，更实用、更有趣。

统计量的学习也要突出其统计意义。例如，平均数的学习不仅要使学生明白什么是平均数、怎样求平均数，而且要使他们知道我们为什么需要平均数。这一点也需要用实例来说明。例如，要比较两支球队队员的身高情况，一般来说无法逐个比较。如果两队人数相等，就可以分别求出每队队员身高的总和来加以比较；但如果人数也不相等，则这个求总和的方法就不能用了，这时分别求两队队员身高的平均值，就可以做出有效的比较了。

(2)会列一个因素和两个因素的统计表，能看懂统计表中的信息，并能根据其中的数据做简单的计算。

统计表是整理信息的最基本的手段，制作各种统计图都要先列统计表，或根据给定的统计表来制作统计图。统计表也是最常见的统计信息的发布方式，我们几乎每天都要遇到各种统计表，如列车时刻表、挂历、物价表、求职表，等等。会看统计表、会制作统计表已是现代社会必不可少的基本生活技能。

(3)会制作简单的条形统计图、折线统计图和扇形统计图，能看懂这三种统计图，并能根据这三种统计图做简单的数据分析。

(4)理解平均数的意义，会求平均数，会用平均数做简单的统计分析，知道平均数的局限性。

3. 统计初步知识教学的重点和难点

(1)教学重点。统计表是整个小学统计初步知识的基础，因此是重点之一。在三种统计图中，折线统计图包含了条形统计图的信息，并且与中学的函数图像最接近，应作为重点来教学。在三种统计量中，平均数使用最广泛，应作为重点来教学，使学生熟练掌握。

(2)教学难点。制作条形统计图，有时需要根据实际情况将数据适当分段，如统计学生的体重时要将体重分成"16 kg 以下""16 kg～20 kg""21 kg～25 kg""26 kg～30 kg""31 kg 以上"几段。这种分段要根据学生体重的分布情况来确定：因为体重在 16 kg 以下和 31 kg 以上的学生很少，所以将"16 kg 以下"和"31 kg 以上"各分为一段；因为对体重分布的精度要求不高，所以其余部分每 5 kg 分为一段。

制作折线统计图则需要根据数据分布的实际情况来选点，如制作某一天气温变化的折线统计图，首先应当选择这一天气温的最高点和最低点，其次要选择气温由下降转为上升和由上升转为下降的关节点，这样作出的图才能反映这一天气温的变化情况。以上的分段和选点都要根据具体情况灵活确定，是教学的主要难点。

4. 统计初步知识教学的要点

(1)统计的意义是教学的第一要点。学生只有懂得统计的意义才能产生学习统计的兴趣和动力，因此统计的教学一开始就应举出恰当的实例来说明其意义。以后在学习每一种统计图时都要通过实例使学生懂得这种统计图的作用和特点，在学习每一种统计量时也要通过实例说明它的作用和局限性。

(2)联系实际是统计教学的第一原则。由于儿童思维的具体性，要使他们理解统计的意义必须通过实例，学生初步的统计能力也必须在实际的统计活动中培养。因此，统计初步知识的教学自始至终都要密切联系实际，要精心选择学生喜闻乐见又具备良好的统计教育功能的实例，认真设计和组织学生的统计活动。

(3)通过实际例子使学生理解统计量的意义。例如，前面举了通过比较两支球队队员的身高使学生理解平均数的必要性的例子。类似地还可以比较人数不等的两组学生的身高、体重，某项运动的成绩等。

思考与练习

1. 解释名词：必然现象，随机现象，统计规律，描述统计，推断统计，平均数，中位数，众数。

2. 简述统计学的发展趋势和现代意义。

3. 常用的统计图有哪几种？各有什么优点？

4. 怎样使学生理解平均数的意义？怎样避免极端数据的影响？

5. 统计初步知识的教学要达到哪些目标？

6. 试述统计初步知识教学的重点、难点和要点。

▶第三节 概率初步知识

一、概率的意义和定义

(一)概率的意义

概率论起源于中世纪,当时欧洲流行用骰子赌博,有一个"分赌本问题"曾引起热烈的讨论,并经历了一百多年才得到解决。这一过程孕育了概率论的一些重要的基本概念。这个问题的一个简单情况是这样的:甲、乙二人赌博,各出赌注 30 元。每局两人获胜的机会均等,都是 $\frac{1}{2}$。约定谁先胜 3 局则赢得全部赌注 60 元。现已赌完 3 局,甲 2 胜 1 负,而赌博因故中断。问这 60 元赌注该如何分给二人,才算公平?初看觉得应按 2∶1 分配,即甲得 40 元,乙得 20 元。还有人提出了一些别的解法,但结果都不正确。正确的分法应考虑继续赌下去,甲、乙最终获胜的机会各有多大。

抛硬币是用来说明概率意义的一个最常用的例子。把一枚质地均匀的硬币抛向空中,让硬币落到桌面上,硬币停下来后,可能正面朝上,也可能反面朝上,而我们无法预言哪一面会朝上。这种抛硬币的试验在概率论中称为随机试验。

一个试验,如果在同样的条件下会出现不同的结果,而究竟出现哪一种结果,不能预先知道,则说这一试验是随机试验。

随机试验的结果叫随机事件,简称事件。上文中,"正面朝上"和"反面朝上"就是"抛硬币"这一随机试验的两个事件。

在随机事件中,有的事件还能分解为更小的事件。例如,一个正方形骰子的六个面上分别印有 1~6 的六个数字,抛一次骰子,"向上的面出现偶数"这一事件还能分解为"向上的面出现 2""向上的面出现 4""向上的面出现 6"这三个事件。这种事件称为复合事件。但是这三个事件就不能再分解了,我们把不能再分解的事件称为基本事件。

在一定的条件下必然发生的事件称为必然事件。在一定的条件下一定不会发生的事件称为不可能事件。

概率就是随机事件出现的可能性大小的量度。人们常说的某人有百分之多少的把握通过某次考试,某件事发生的可能性是多少,都是概率的实例。

(二)概率的定义

1. 古典概率

如果一个随机试验满足两条:

(1)只有有限个基本事件;

(2)每个基本事件出现的可能性是一样的。

则称之为古典型随机试验。这种随机试验是概率论发展早期的研究对象。古典型随机试验中某一事件 A 出现的概率 $P(A)$ 定义为:

$$P(A) = \frac{\text{事件 } A \text{ 包含的基本事件数}(n)}{\text{基本事件总数}(m)}。$$

这种定义概率的方法称为概率的古典定义。把这一定义用于前面的"分赌本问题"可得甲最后取胜的概率是 $\frac{3}{4}$,乙最后取胜的概率是 $\frac{1}{4}$。两者之比为 $3:1$,故赌注应按 $3:1$ 的比分配,即甲得 45 元,乙得 15 元。

2. 统计概率

前面我们曾指出,抛掷一枚质地均匀的硬币,抛的次数越多,出现正面的次数与出现反面的次数之比越接近 $1:1$,即出现正面的频率非常接近 $\frac{1}{2}$。历史上,法国学者浦丰(1707—1788)掷过 4 040 次,得到 2 048 次正面,约占总数的 50.69%;英国数学家皮尔逊(1857—1936)一次掷了 12 000 次,得到 6 019 次正面,一次掷了 24 000次,得到 12 012 次正面,分别约占总数的 50.16% 和 50.05%;美国人维尼则做了 10 组投掷硬币的试验,每组掷 2 000 次,得到的数据如下表(表 9-4)。

表 9-4　维尼抛硬币试验数据表

	出现正面的次数	占总次数的比率/%
第一组	1 010	50.50
第二组	990	49.50
第三组	1 012	50.60
第四组	986	49.30
第五组	991	49.55
第六组	988	49.40
第七组	1 004	50.20
第八组	1 002	50.10
第九组	976	48.80
第十组	1 018	50.90
总　计	9 977	49.89

同样，新生婴儿中男婴出现的频率也非常接近 $\frac{1}{2}$。从这些例子我们看到，在同一条件下做大量的重复试验，某一事件 A 发生的频率总是稳定在某一数值附近，我们可以用这一频率来刻画事件 A 发生的概率 $P(A)$，即

$$P(A) = \frac{A \text{ 出的次数 } n}{\text{试验的总次数 } m}$$

这个定义称为概率的统计定义。

3. 几何概率

在概率论发展的早期人们就注意到，仅考虑试验结果有限的情况是不够的，还必须考虑试验结果无限的情况。如果随机试验中的基本事件有无穷多个，且每个基本事件的发生是等可能的，就不能使用古典概率，于是产生了几何概率。几何概率的基本思想是把事件与几何区域相对应，利用几何区域的度量来计算事件发生的概率。

向一个可度量的区域 S 内投一点，如果所投的点落在 S 中任意区域 s 内的可能性的大小与 s 的度量成正比，而与 s 的位置和形状无关，则称这个随机试验为几何型随机试验。这里所说的度量，针对的是线段的长度、平面区域的面积、空间区域的体积等。

如果一个投点试验重复进行了 n 次，所投的 n 个点均匀地分布在 S 中，这个试验就可以看作几何型的随机试验。这种"均匀分布"就相当于古典概率中的"等可能"。由于是均匀分布的，落在任意区域 s 内的频率就会与 s 的度量成正比，而与其形状和位置无关。由此我们得出几何概率的计算方法：向区域 S 内投一点，这一点落在 S 内某一区域 s 中的概率 P 是

$$P(s) = \frac{s \text{ 的度量}}{S \text{ 的度量}}。$$

这样定义的概率称为几何概率。有一种摇奖常用的圆形转盘，转盘分成了大小不等的扇形，转动转盘中心的指针，指针停在哪个扇形中，就得到与之相应的奖品。指针停在某个扇形的概率，就是一种几何概率。例如，如果一个扇形的圆心角是 $40°$，那么指针停在这个扇形中的概率是：

$$P = \frac{40}{360} = \frac{1}{9}。$$

二、概率初步知识的教学

(一)概率初步知识的内容安排

人教版教材的概率内容安排在小学数学的第五册和第九册中。第五册开始学习

可能性，通过实例让学生感受必然事件、不可能事件和随机事件，以及随机事件可能性的大小。第九册通过实例让学生体会事件发生的等可能性及游戏规则的公平性；学习一些简单事件发生的可能性的求法，以及怎样设计一个方案，使其可能性符合指定的要求；对简单事件发生的可能性做出预测，并阐述自己的理由。

(二)概率初步知识的教学目标

概率初步知识是2001年的《全日制义务教育数学课程标准(实验稿)》首次引入的内容，明确其教学目标是教学的首要任务。对于小学生，概率初步知识的教学应达到以下目标。

1. 初步体会有些事件的发生是确定的，有些则是不确定的

因为概率是研究不确定现象的，所以首先要使学生明白，世界上有许多事件是确定的，但也有大量的事件是不确定的。这一点只能通过丰富的实例来使学生理解，而只要有丰富的实例，他们就一定能理解。所举的例子既要有自然现象，又要有社会现象。如果学生能够判断某一事件的发生是确定的还是不确定的，就表明这一目标已经达到。

2. 能够列出简单试验所有可能发生的结果

例如，能列出抛硬币、掷骰子、从装有两种颜色的小球的袋子里随意摸出两个小球等简单事件的所有可能发生的结果。

3. 知道事件发生的可能性是有大小的

例如，能够判断从装有4个黑球、2个白球的口袋中随意摸出一个球，摸到黑球的可能性与摸到白球的可能性哪个大？要达到这一目的，需要让学生进行实际操作，通过操作来体会可能性的大小。

4. 对一些简单事件发生的可能性做出描述

例如，用"一定"来描述必然现象；用"不可能"来描述不可能现象；用"经常"和"偶尔"来描述可能性的大小等。

5. 体会事件发生的等可能性及游戏规则的公平性，会求一些简单事件发生的可能性

例如，体会抛一枚质地均匀的硬币，出现正面和反面的可能性都是$\frac{1}{2}$；体会转盘和掷骰子游戏的公平性；会求抛一枚正方体的骰子，每一个面的数字出现的可能性是多少等。

6. 能设计一个方案，符合指定的要求

例如，设计一个等可能的游戏规则，或设计一个可能性大小符合指定要求的游

戏规则。例如，设计一个六面有数字的骰子，要求掷出数字 6 的可能性是 $\frac{1}{2}$。

7. 对简单事件发生的可能性做出预测，并阐述自己的理由

例如，在桌面上摆 1～9 点的 9 张扑克牌，同座两人预测摸到单数牌或双数牌的可能性各是多少，并说明自己的理由。

(三)概率初步知识教学的重点和难点

1. 教学重点

(1)认识确定现象和不确定现象，理解大量重复的不确定现象存在着统计规律。

认识这一点学生就能懂得学习概率的意义和目的，从而产生学习的兴趣和动力。因此这是概率初步知识教学的第一个重点。例如，天气现象是一种不确定现象，但是对大量的天气现象进行分析研究，也能找出其中的规律，从而对天气做出预报。民间有许多天气谚语，如春无三日晴，夏无三日雨。春寒有雨，春暖得晴。这些就是通过多年的观察发现的天气规律。

(2)体会事件发生的可能性的大小，对简单事件发生的可能性做出预测。

能体会到一个事件发生的可能性的大小，并预测简单事件发生的可能性，就意味着学生对概率有了最基本的认识，这是进一步学习概率的基础。因此也是教学的重点。

2. 教学难点

(1)理解事件的等可能性。

其困难之处在于，一个试验有几个结果，究竟出现哪个结果本来是不确定的，但是在一定的条件下，每一个结果的出现却是等可能的，这看起来是矛盾的，学生往往难以理解。

(2)对简单事件发生的可能性做出预测。

这要求学生理解影响可能性大小的因素是什么，如黑球比白球多，虽然是随便摸的，但摸到黑球的可能性却比较大，并且这种可能性要经过大量摸球才能表现出来。这也是学生较难理解的。

3. 概率初步知识教学的要点

(1)明确"事件"的概念。

"事件"是概率的最基本的概念，在可能性的教学中，教师经常要给学生举各种"事件"的例子，因此要明确"事件"的概念，并能正确地举出必然事件、不可能事件和可能事件的例子。首先要明确，"事件"是实际发生的一件事，具有动态性。"10月 1 日是国庆节"不是实际发生的一件事，只是一个判断，没有动态性，所以不能

作为必然事件的例子。"事件"又是将要发生或者可以重复发生的一件事,它具有预测性。例如,"明天本地是晴天"是预测将要发生的一件事;"抛一枚质地均匀的硬币正面向上"是一件可以重复的事,而"奥巴马当选美国总统"是已经发生过的事,不具有预测性,所以不能作为事件的例子。

作为例子,判断一下,下列 10 项,哪些是必然事件,哪些是不可能事件,哪些是可能事件?

①玩石头、剪刀、布游戏时,对手出哪一种手势。

②下次数学考试你的得分。

③在海边生活时,水加热到 100℃沸腾。

④某次摸奖活动设一、二、三等奖,有人摸到一等奖。

⑤下周一某超市的营业额。

⑥长沙市明年七月份下雪。

⑦明年某家果园的水果产量。

⑧用尺量一个长度没有误差。

⑨明年本地发生地震。

⑩抛 5 次硬币全部正面朝上。

(2)通过实际例子来理解不确定现象及其统计规律。

教师要多举学生熟悉的例子来帮助他们理解,如天气和天气预报、新生儿的性别、游戏的公平性、摸奖、摇奖等。现实生活中摸奖、摇奖是常见的现象,学生一般都经历过。虽然摇奖的过程是不确定的,但是中大奖的可能性总是很小的,这是一个很有说服力的例子。如果学生能自己举出正确的例子,就表明他们已经理解了不确定现象具有统计规律。

(3)让学生亲自动手体会可能性的大小。

概率的一个特点是,基本事件的可能性的大小是通过试验来确定的。历史上一些数学家一再进行抛硬币的试验,就是因为其概率只能由试验确定。要使学生相信抛硬币出现正面和反面的可能性都是 $\frac{1}{2}$,也要让他们亲手做试验。为了简便,可仿照美国人维尼的办法,让每个同学抛 10 次,然后先分小组统计,再全班统计。这样既有大量的次数,又体现了抛的次数越多,可能性越接近 $\frac{1}{2}$。此外,掷骰子、转转盘等都应该尽量让学生多亲手操作,以加深对他们对概率的感受和理解。

思考与练习

1. 解释名词：随机试验，事件，基本事件，复合事件，必然事件，不可能事件。

2. 举例说明古典概率、统计概率和几何概率各适用于什么情况。

3. 为什么要让学生通过实际例子来理解不确定现象及其统计规律？

4. 为什么要让学生亲自动手体会可能性的大小？

5. 本节所列举的 10 个事例中，哪些是必然事件，哪些是不可能事件，哪些是可能事件？

主要参考文献

1. ［美］M. 克莱因．现代世界中的数学．齐民友等译．上海：上海教育出版社，2004.

2. ［英］G. H. 哈代等．科学家的辩白．毛虹等译．南京：江苏人民出版社，1999.

3. ［英］帕梅拉·利贝克．儿童怎样学习数学——父母和教师的指南．方未之译．北京：人民教育出版社，1986.

4. ［苏］B. A. 苏霍姆林斯基．给教师的建议．杜殿坤编译．北京：教育科学出版社，1984.

5. ［英］Paul. Ernest. 数学教育哲学．齐建华等译．上海：上海教育出版社，1998.

6. ［日］米山国藏．数学的精神、思想和方法．毛正中等译．成都：四川教育出版社，1986.

7. ［美］M. 克莱因．数学：确定性的丧失．李宏魁译．长沙：湖南科学技术出版社，1997.

8. ［美］R. 柯朗，H. 罗宾．什么是数学——对思想和方法的基本研究．左平、张饴慈译．上海：复旦大学出版社，2005.

9. ［苏］Л. M. 弗利德曼．中小学数学教学心理学原理．陈心伍译．北京：北京师范大学出版社，1987.

10. ［古希腊］欧几里得．欧几里得几何原本．兰纪正，朱恩宽译．西安：陕西科学技术出版社，2003.

11. ［俄］A. D. 亚历山大洛夫等．数学——它的内容、方法和意义．王元，万哲先译．北京：科学出版社，2001.

12. 徐利治．徐利治论数学方法学．济南：山东教育出版社，2001.

13. 许良英，范岱年．爱因斯坦文集(第一卷)．北京：商务印书馆，1976.

14. ［法］昂利·庞加来．科学的价值．李醒民译．北京：商务印书馆，2010.

15. ［美］R. W. 柯普兰．儿童怎样学习数学——皮亚杰研究的教育含义．李其维等译．上海：上海教育出版社，1985.

16. ［美］W. 海敦斯．美国现代小学数学．程子民等译．武汉：华中师范大学出版社，1989.

17. 中华人民共和国教育部．义务教育数学课程标准(2011年版)．北京：北京师范大学出版社，2011．

18. 钱宝琮．中国数学史．北京：科学出版社，1964．

19. 裘光明．数学辞海(第一卷)．太原：山西教育出版社，2002．

20. [荷]弗赖登塔尔．作为教育任务的数学．陈昌平等译．上海：上海教育出版社，1995．

21. [美]乔治·波利亚．数学的发现．欧阳绛译．北京：科学出版社，1982．

22. [荷]弗赖登塔尔．数学教育再探——在中国的讲学．刘意竹等译．上海：上海教育出版社，1999．

23. [英]L.霍格本．数学的奇境．贺明明，吴聿衡译．西安：陕西科学技术出版社，1980．

24. [美]G.盖莫夫．从一到无穷大．暴永宁译．北京：科学出版社，1978．

25. 刘兼，孙晓天．全日制义务教育数学课程标准解读．北京：北京师范大学出版社，2002．